U0509546

上海助力打赢脱贫攻坚战口述系列丛书

浦东的责任

中共上海市浦东新区委员会组织部
中共上海市浦东新区委员会党史办公室
上海市浦东新区人民政府合作交流办公室　编

上海人民出版社　　学林出版社

编委会

主　　任	翁祖亮
常务副主任	杭迎伟
副　主　任	单少军　谈上伟　李国华　吕雪城
编　　委	（按姓氏笔画为序）
	卢　刚　王　樱　张长起　章灿钢
	柴志光
主　　编	柴志光
副　主　编	杨　隽　龙鸿彬（执行）
编　　辑	杨继东　陈长华　丁丽华　谢晓烨
	司春杰　任姝玮　陈丽伟

目录

CONTENTS

他们有一个共同的名字：浦东干部

张长起，1967年7月生，天津人。现任中共上海市浦东新区区委机构编制委员会办公室主任、组织部副部长。

口述：张长起

采访：龙鸿彬　司春杰

整理：司春杰

时间：2020 年 7 月 1 日

习近平总书记指出："东西部扶贫协作和对口支援，是推动区域协调发展、协同发展、共同发展的大战略，是加强区域合作、优化产业布局、拓展对内对外开放新空间的大布局，是实现先富帮后富、最终实现共同富裕目标的大举措，必须认清形势、聚焦精准、深化帮扶、确保实效，切实提高工作水平，全面打赢脱贫攻坚战。"作为一名具体从事扶贫协作和对口支援干部选派工作的党员干部，这些年来，有幸见证了浦东新区区委、区政府以习近平新时代中国特色社会主义思想为指导，认真贯彻落实总书记重要讲话精神，把东西部扶贫协作和对口支援作为重大政治任务狠抓落实、全力推进的生动实践，也充分体悟了这项工作的重大政治意义与实实在在的成效。

"盖有非常之功，必待非常之人。"东西部扶贫协作和对口支援是一项非常宏大、系统的国家战略，具体到实施环节，需要一个个干部扎扎实实地去帮、去扶、去协作，久久为功。浦东新区积极响应中央、市委号召，一直以来高度重视干部选派工作，坚持一张蓝图绘到底，一茬接着一茬干，从西藏日喀则到新疆喀什，从青海果洛到云南大理，从贵州遵义到河北雄安新区，共计选派干部近 170 人，切实承担并圆满完成相关干部保障任务，这一批批、一届届、一

上海市对口支援
新疆工作前方指
挥部莎车分指
挥部

任任的援派干部，用自己的行动贡献了浦东之力，书写了一篇篇接续奋斗的感人篇章。

这是一项重大的政治使命，"选最忠诚的干部"去勇挑重担

2016 年，中共中央办公厅、国务院办公厅印发的《关于进一步加强东西部扶贫协作工作的指导意见》中明确了四条基本原则，即坚持党的领导，社会广泛参与；坚持精准聚焦，提高帮扶实效；坚持优势互补，鼓励改革创新；坚持群众主体，激发内生动力。其中，坚持党的领导位列四条基本原则之首。浦东新区的援建干部选派工作，牢牢把握这一首要原则，坚持最高标准、最严要求，"首关"不过，"余关"不论，无论是编制设定、部署实施，还是完善机制、成效考核等各个环节，都始终在区委的正确领导下切实推进。区委、区政府主要领导每年都多次专题听取工作报告，亲自部署、亲自对接；即使公务繁忙，也一定亲自带队实地调研对口地区，关心贫困群众生活，了解脱贫攻坚进展。可以这么说，浦东新区在干部选派方面从来都是"不遗余力"的，用"三个最"来概括：在全市各区中数量最多、分布最广、任务最重。这是浦东的义务，也是浦东的光荣。

◀ 翁祖亮书记在大理农村现场调研时看望基层群众

　　思想是行动的先导。在区委的正确领导、率先示范下，全区上下对援建干部选派工作的思想认识都很充分。在具体分解援派任务时，我们真正感受到了各单位、各部门都把其作为一项重大政治使命予以坚决落实的高度自觉。

　　"服从区委指挥，听从组织安排""把优秀的同志推荐出来"是我们工作开展中听到最多的心声。这种"旗帜鲜明讲政治"的自觉，不仅仅体现在各级党组织的工作推动上，也体现在援建干部本人的政治素养与政治追求上。我讲一个生动的案例：

　　以前，选派援建干部多是组织上综合考量后指定人选。现在，援派"征集令"一发出，干部报名就特别踊跃。选派干部从过去的"点名"转成了"竞争上岗"。我印象较深的是，2019年第九批援藏干部选派的工作通知一下发，立即收到一批报名表。其中有一位1971年出生的干部，强烈要求去援藏。按照要求，原则上挑选45周岁以下干部。但是，该同志多次主动找到组织部，请求"出征"。他向组织汇报说，自己曾在西藏当过兵，援藏不是为了晋升，而是希望能有机会再回西藏贡献才智。面对这样一位赤诚、真挚的同志，经过医院体检、单位走访等环节，组织同意他援藏。事实证明，这位同志在西藏当地发挥了很好的作用。

当然，这仅仅是一个缩影。我们的援建干部大多朴素无华，没有太多豪言壮语，却把"两个维护"的坚定默默转化为了主动援建的赤子之心、转化为了认真履职的奋斗热情。我常常感叹，"为中国人民谋幸福、为中华民族谋复兴"，非常鲜明地体现在这些援建干部身上，他们真正做到了把"初心"落在行动上，把使命担在肩膀上。这些可敬可爱的干部群像，折射的正是浦东新区始终把"对党忠诚"作为干部选派工作第一位的标准。这既是区委对选派工作的根本要求，也是我们日常遵循并将长期坚持下去的工作指南。

这是一场实打实的硬仗，"派最能战斗的人"投身主战场

东部援助西部，是一条相隔千里、跨越山海的倾情帮扶之路。浦东新区的援建干部们，从东海之滨到西部重峦，从开发开放前沿到脱贫攻坚战场，山高水远，道阻且长，这一路，既是价值实现的信念之路，也是曲折不易的硬仗征程。然，为者常成，行者必至。

习近平总书记强调："要组织和动员有志于为党和人民建功立业、做一番作为的干部到西部地区来……努力在艰苦条件下、在攻坚克难中使自己成长为可以担当重任、能打硬仗的高素质干部。"这是号令，也是要求。浦东新区就是按照这样的标准，派最能战斗的干部去锤炼党性、磨炼意志、砥砺品格。

硬仗配"铁军"。这些年来，浦东新区选派援建干部，有四大"硬指标"，即政治过硬、能力过硬、作风过硬与身体过硬。具体来说，一要政治素质好，胸怀大局，充满使命感；二要能力本领强，能够解决实际问题；三要工作作风好，吃苦耐劳，作风扎实，清正廉洁；四要身体素质好，能够顺利履职。我们的援建干部，都是项项过硬的"铁人"。

能战斗，体现在"逢山开路、遇河架桥"的攻坚克难中。以最近几个批次援建干部的领队为例，我们就能感受到他们在复杂环境下增强斗争精神、提高斗争本领的自强不息与担当作为。第八批援藏干部的领队，曾两次"请缨"援藏，不仅助力当地脱贫攻坚，更让贫困群众转变观念，从"要我脱贫"转变为"我要脱贫、我要致富"。第八批援疆干部领队，有着丰富的管理经验，在莎车

▲ 上海市东方医院江孜县先心病救治项目成功启动

的三年能够与当地百姓紧紧团结在一起。第十批援滇干部领队，从文山转战大理，以"夜里总开会"的工作投入度，三年时间助力当地 11 个县脱贫攻坚。

能战斗，体现在革故鼎新、精准聚焦的创新突破上。针对支援当地经济社会发展的需要，浦东新区选派了许多发展改革、财政、城建等条线的干部。比如，第七批援藏干部中有农业方面的专家，他们在当地建成了红河谷农业示范园，探索"两头在上海、中间在江孜"的发展模式，成为全国产业援藏工作的亮点和精品工程。第十批援滇干部中，一位到大理州剑川县任职的同志，为了帮助当地解决"剑川红"土豆滞销难题，主动转换角色，借着浦东新区农产品博览会等机会当起"店小二"，站台吆喝推销。

能战斗，还体现在俯下身去、帮助群众的民生情怀里。近些年，对口地区急需医生、教师等专业人才，浦东新区也是全力选派。我们有一名兼具临床诊疗和医院管理经验的年轻医生，先是参与了第七批援疆，在新疆的 540 多天里，开展了 283 例手术，夜间通宵急诊手术 50 多次。援疆回来才两年，他又主动请缨参加援藏，在高原经常边吸氧边手术，还为当地带去了腹腔镜手术、微生物实验等 9 项新技术，新建 3 个临床专科、2 个重点学科。

东西部扶贫协作和对口支援，必须有足够的可持续力量。我们把那些综合素质好、发展潜力大的优秀年轻干部，优先选派到复杂环境中去经受挑战、"蹲苗"成长，让他们带着爱党爱国的忠诚、丰厚的知识储备、先进的工作理念、创新的发展思维去融入当地、建设当地，化雄心壮志为真抓实干。2019年，是援派干部的一个集中轮换年，浦东新区先后选派 29 名党政干部分赴西藏、云南、新疆等地，这其中 80 后有 12 名，占比超过 40%，援藏和援疆干部领队均为 80 后，是当时区里最年轻的两位街镇专职副书记，也是市委党校第一、二期中青年干部培训二班的学员。

这是一片壮阔的建功天地，"用最见真章的办法"攻脱贫之坚

"要真扶贫、扶真贫、真脱贫"，是习近平总书记对援助帮扶工作提出的明确要求。中共上海市委书记李强同志在会见援派干部代表时，曾寄望大家，要努力当好脱贫攻坚的"突击队"，搭建好密切党同人民群众联系的"连心桥"，跑好持续对口支援帮扶的"接力赛"，走好人生宝贵的"历练路"。

我们的援建干部们，自带"迎难而上、敢于担当，勇于创新、注重协同，追求卓越、争创一流"的浦东精气神，不以事艰而不为，不以任重而畏缩，用一张张漂亮的成绩单交出了让组织与人民满意的扶贫答卷。

在西藏雪域高原——日喀则市江孜县，浦东新区的援藏干部，勇于挑战4000 多米的海拔带来的身体极限，走遍对口援助地区的大小村落，了解当地百姓所需。第三批援藏干部，在拉孜县曲下镇试点盖起了蔬菜大棚，让当地百姓尝到了新鲜蔬菜。第九批援藏干部，三年内使江孜县实际综合贫困发生率下降到 0.5%，全县已于 2019 年脱贫摘帽，脱贫攻坚战取得阶段性成果。

在新疆维护稳定的前沿——喀什地区莎车县，浦东新区的援疆干部一手抓稳定，一手抓经济，千方百计解决各族群众最关心、最直接、最现实的民生问题。把扩大就业作为脱贫的重要渠道，在建立三级就业网络体系、发展劳动密集型产业以及促进一、二、三产业联动发展等方面持续用力，以产业促就业，以就业促脱贫，努力使贫困户实现一人就业、全家脱贫。莎车将在 2020 年确保完成脱贫任务。

作为滇西脱贫攻坚的主战场，游客只知道苍山洱海风光旖旎，却不知大理

州藏在深山里的贫穷。2017 年 1 月，根据上级有关安排，浦东新区转为帮扶大理州的洱源、剑川、鹤庆、云龙、弥渡 5 县；2018 年 1 月，又增加了祥云、宾川、巍山、南涧、漾濞、永平 6 县。浦东新区集全区之力，在一批批援滇干部的不懈奋斗下，为大理的老百姓铺好一条条脱贫致富路、修好一栋栋安居乐业屋、谋出一道道产业扶贫计，织就一张扶贫网，走出一条浦东特色援滇路。

这些干部，在没有硝烟的"战贫战场"将为民"初心"淬炼成钢，把党的关怀、上海和浦东人民的情谊，传递给援派地的老百姓，生动诠释了什么是勇挑重任、不辱使命。

这是一份义不容辞的责任，"聚最广泛的力量"筑牢大后方

浦东新区二十多年的扶贫协作和对口支援工作表明，我们的援建干部，从来都不是一个人在战斗，他们的身后是全区上下义不容辞、全力以赴的坚强支持。

"洪范八政，食为政首。"援建干部在当地，不仅要按照计划开展帮扶工作，更要针对当地群众急需解决的各种难题谋求更多帮助。伸出援助之手的，就是浦东新区的各类机构组织、企业、各界人士等。据了解，第九批援藏干部开展的"携手奔小康——浦东人民认领江孜人民心愿"活动共包含 30 个"心愿项目"，涉及安全饮水、产业发展、教育均衡、文化促进等各领域，浦东新区合计援助资金 4001.8 万元。正是这些广泛的力量，让帮扶既有了吹糠见米的高效，又有了久久为功的韧劲。

幸福有几多，心安是大头。浦东新区对援建干部的关心落细落实、无处不在。一方面，组织时刻关心援建干部的思想状况，以领队为带头人，有计划地开展经常性的政治学习和谈心交流，帮助援建干部始终保持昂扬的工作热情。另一方面，在政策允许条件下，生活上加强关心、关爱。比如，干部遇到需要组织出个面、搭把手的事，我们尽力为其排忧解难，解决好他们的后顾之忧，让干部本人放心、家人安心。

关爱充盈的是动力，激励树立的是导向。浦东新区始终注重加强对援建干部的跟踪考核，依据相关政策，及时做好援建干部中期考核、提任考察和援派

▲ 上海市香山中学与日喀则市江孜县闵行中学举行"枫荷喜华诞，汉藏一家亲"活动

期满考核工作。同时，坚持严管与厚爱相结合，树立鲜明的用人导向，积极选用有援建经历且表现优异的干部，确保干部在接受重大历练、个人素质得到提升后，能在更高层次、更大空间上发挥作用。通过对援建干部委以重任、大胆使用，引领广大党员干部担当作为。

东西部扶贫协作和对口支援，是一部波澜壮阔的壮丽史诗。习近平总书记指出："这在世界上只有我们党和国家能够做到，充分彰显了我们的政治优势和制度优势。"我们有幸见证、参与、融入这恢宏壮美的篇章，也必将在决战决胜关键之时，进一步增强"四个意识"、坚定"四个自信"、做到"两个维护"，在区委、区政府的正确领导下，以更大决心与更实举措，用心、用情、用力做好干部选派工作，努力当标杆、做示范，为打赢脱贫攻坚战、全面建成小康社会贡献智慧和力量。

我们有一个共同的使命：
携手奔小康

　　王樱，1972 年 10 月生，上海人。现任上海市浦东新区人民政府办公室副主任、合作交流办公室主任。

口述：王　樱
采访：龙鸿彬　任姝玮　丁丽华
整理：任姝玮　龙鸿彬
时间：2020 年 7 月 29 日

　　开发开放三十年，浦东新区坚定不移地加强对口支援，不断推进合作交流工作。作为上海市唯一同时肩负援滇、援疆和援藏任务的区，浦东对口帮扶云南省大理白族自治州的 11 个贫困县和新疆维吾尔自治区喀什地区莎车县、西藏自治区日喀则市江孜县，是承担对口支援县最多的一个区。作为选派干部人才最多、投入资金最多的区，浦东新区人民政府合作交流办公室（以下简称"合作办"）发挥合作平台的作用，制定规划、对接项目、整合资源，共享人、财、医、物，助力对口帮扶地区打赢脱贫攻坚战。

对口支援　不遗余力

　　浦东新区开发开放三十年来，在党中央、国务院部署要求下，在中共上海市委、市政府的统一安排下，浦东新区对口支援工作开展了二十四年，主要经历了四个阶段。

　　第一阶段从 1996 年 6 月到 2010 年 6 月，浦东对口支援新疆维吾尔自治区阿克苏地区，西藏自治区日喀则地区的拉孜、亚东县，云南省文山壮族苗族自治州的文山市和广南县，重庆万州区。

其中亚东、文山、广兰三县属于原南汇区对口支援的地区。2009 年 8 月，原南汇区整体划入浦东新区，两区对口支援地区相互叠加。

第二阶段从 2010 年 6 月到 2013 年 6 月，浦东主要对口支援新疆维吾尔自治区喀什地区莎车县、西藏自治区日喀则地区的亚东县、青海省果洛藏族自治州的达日县、云南省文山壮族苗族自治州的文山市和广南县、重庆市的万州区。

此时，上海市对口支援的地区共有 6 个，浦东占了 5 席，在上海市各区中对口支援地区最多、任务最繁重，面对环境最复杂。有海拔 4000 米以上的高原——西藏亚东、青海达日，有反三股势力的前沿阵地——新疆莎车县。

第三阶段从 2013 年 6 月到 2016 年 12 月，浦东主要对口支援新疆维吾尔自治区喀什地区莎车县，西藏自治区日喀则市的江孜县，云南省文山壮族苗族自治州的文山市和广南县，仍是上海市唯一一个既有援疆又有援藏任务的区。

第四阶段从 2017 年 1 月到现在，浦东主要对口支援新疆喀什的莎车县，西藏日喀则的江孜县。2017 年 1 月开始，浦东新区东西部扶贫协作对口帮扶云南省大理白族自治州及弥渡、洱源、云龙、剑川和鹤庆等 5 县。2018 年 1 月开始，浦东对口大理州又新增南涧、巍山、永平、漾濞、宾川、祥云 6 个县，至此实现对大理州 11 个贫困县全覆盖。

与对口支援工作相应的是，浦东新区人民政府合作交流办公室机构设置也不断进行调整，逐步提升和完善。

1997 年 4 月，上海市浦东新区协作办公室（简称"协作办"）成立，也就是"合作办"的前身。当时与浦东新区经济贸易局（简称"经贸局"）合署办公，挂牌在经贸局下，由经贸局局长兼任协作办主任，分管副局长兼任副主任。2005 年 12 月，"协作办"改名为上海市浦东新区人民政府合作交流办公室，设置不变。

2010 年 10 月，浦东区委、区政府发文成立浦东新区对口支援与合作交流工作领导小组，由区委书记任组长，区长任第一副组长。"合作办"挂牌在新区人民政府办公室下，由区府办内设合作交流处。

党的十八大提出：2020 年我国全面建成小康社会。在中央和中共上海市委的部署下，浦东也将助推对口帮扶地区打赢脱贫攻坚战，作为对口支援与合作交流工作最重要的政治任务。

2017年11月，"合作办"扩容，成员单位从原先26个委办局扩充到65个街镇企事业单位，实现了对口支援的浦东全区力量齐参与的格局。目前翁祖亮书记担任领导小组组长、杭迎伟区长担任第一副组长。

从资金量也不难看出浦东对口支援力度不断加大。2014年，浦东新区对口支援资金总额为85178万元。到2019年，东西部扶贫协作和对口支援13个县的援建项目为143个，援助资金152883.6万元，资金增长近80%。

可以说，浦东对口支援工作不断深入，将"上级要求、当地所需、浦东所能"相结合，形成了全区"一盘棋"和"归口管理、分工负责、前后方协调、社会齐参与"的工作机制。

携手奔小康　全区齐参与

习近平总书记2016年7月20日在宁夏银川主持召开的东西部扶贫协作座谈会和2017年6月23日在山西太原主持召开的深度贫困地区脱贫攻坚会上都强调要完善结对，深化帮扶，探索乡镇、行政村之间结对帮扶。

上海市委、市政府也多次强调要深化对口县结对、探索镇村结对，强化部门对接，上海市的《考核实施意见》规定了每个对口县至少一个以上结对帮扶的贫困乡镇和贫困村的考核指标。

2018年，浦东新区对口支援与合作交流工作领导小组办公室向全部成员单位和援疆工作莎车分指挥部、援藏干部江孜小组、援滇干部大理小组印发了《关于深化携手奔小康行动的实施方案》。探索扶贫协作新方式、新举措，完成了帮扶结对全覆盖、镇村（居）全参与、社会齐动员的整体布局。

经统计，浦东东西部扶贫协作云南大理州11个县，有贫困乡镇235个、541个贫困村，153个为深度贫困村（其中33个深度贫困村由市属国企结对帮扶）；对口支援新疆喀什地区的莎车县，有21个深度贫困乡镇、264个深度贫困村；对口支援西藏日喀则市的江孜县，有7个深度贫困乡镇、55个深度贫困村，目前已实现结对帮扶全覆盖。

▶ 由上海援建的"交钥匙"工程——莎车市民中心

　　其中，浦东对口支援的西藏江孜县与唐镇、北蔡结对帮扶；浦东对口支援的新疆莎车县与川沙新镇、祝桥镇、金杨新村街道、金桥镇、曹路镇、三林镇等6个街镇结对帮扶；浦东东西部扶贫协作对口的大理州，有南汇新城镇、祝桥镇、金桥镇、张江镇、合庆镇、高桥镇、高东镇、高行镇、康桥镇、周浦镇、航头镇、新场镇、宣桥镇、惠南镇、老港镇、万祥镇、大团镇、泥城镇、书院镇等19个镇与对口帮扶的大理州11个贫困县35个贫困乡镇结对帮扶，并动员组织村（居）、企业和其他社会力量与35个贫困乡镇中的深度贫困村结对全覆盖。

　　值得一提的是，"合作办"还发动浦东新区国资委和工商联动员组织各类所有制企业与本区结对县的深度贫困村开展结对帮扶，浦东区属企业与大理州11个县的40个深度贫困村、西藏江孜县的14个深度贫困村、新疆莎车县的47个深度贫困村开展企村结对；浦东民营企业与大理州11个县的18个深度贫困村、西藏江孜县的6个深度贫困村、新疆莎车县的26个深度贫困村结对帮扶。培育致富带头人，以产业强村转变村容村貌，改变人居环境，聚焦贫困村脱贫摘帽。

　　2017年38人、2018年346人、2019年398人……随着沪滇协作帮扶和项目合作的深入开展，新区和对口帮扶地区的医疗人才、教育人才频繁流动，来自浦东的优质医疗、教育资源越来越直接地惠及对口帮扶地区的贫困群众，让贫困群众享受到了先进地区的医疗、教育资源。

2018 年 10 月，区对口支援与合作交流工作领导小组办公室又发布了《浦东新区助力对口地区打赢脱贫攻坚战三年行动计划》，明确了浦东精准扶贫的八大行动，即产业扶贫行动、劳务协作行动、教育扶贫行动、健康扶贫行动、人才交流行动、贫困乡村提升行动、携手奔小康行动、社会公益扶贫行动。

浦东通过发挥新区在人才、规划、市场、信息、资金等方面的优势，在农村建设、产业合作、劳务协作、社会事业帮扶、人才智力支持等方面建成一批示范性项目，帮助贫困群众坚定脱贫信心、提升劳动技能、走上致富之路，帮助对口地区稳定解决贫困群众"两不愁三保障"问题，努力实现人居环境明显改善、特色产业形成规模、基本保障完全覆盖、基层组织焕发活力，如期完成全面脱贫任务。

产业扶贫　接力前行

浦东的产业扶贫是全市对口帮扶支援的亮点，我们把当地所需和浦东所能结合起来，致力于构造完整链条，真正助力脱贫摘帽。

在这里我要讲一个浦东企业将"戈壁滩"变成"百果园"的故事。上海闽龙实业有限公司是浦东的一家民企，也是上海市农业产业化重点龙头企业。2010 年在"合作办"的组织下，闽龙实业总经理任长艳跟随浦东商委一同前往新疆实地考察。随后她响应援疆号召，在喀什地区泽普县成立了新疆闽龙达干果产业有限公司，成为首批援疆落户喀什的上海企业。

一点一点地开垦荒地，一棵一棵地种植果树，10 年援疆，克服万难。如今，新疆闽龙达拥有 1200 亩国家级有机红枣种植示范基地和占地面积 340 亩的生产加工产业园。吸纳劳动力稳定就业 200 多人，农忙时节季节性用工 1000 余人次，每年带动种植农户 2500 余户。公司利用本地资源加工红枣、核桃、甜杏等各类林果产品，形成"企业 + 基地 + 农户"的农业发展模式，成为助力脱贫攻坚、增进民族团结的模范企业。

◀ 江孜县红河谷现
代农业示范区

2018年，任长艳的儿子郑金龙子承母业，在莎车县投资1200万元设立了新疆小蜂农业创新发展有限公司，开展巴旦木、核桃油深加工产业项目，带动贫困户就业185人。2020年又应当地政府希望发展藜麦加工产业的要求，用三个月建成藜麦深加工工厂并投产，为当地提供500个就业岗位。

作为援疆企业，闽龙达一直以来围绕脱贫攻坚的根本任务。莎车县是国家挂牌督战的深度贫困县，企业与莎车县18个贫困村结对精准扶贫，助力国家挂牌督战的莎车县按时脱贫摘帽。同时对喀什地区四县（莎车县、泽普县、叶城县、巴楚县）贫困户们种植的农特产展开包收托底，再通过延伸产业链增加就业岗位。三个工厂累计稳定就业人员近1000人，季节性用工1000余人次，可带动10000多个贫困人口脱贫。

十年时间，浦东将丰富经验、先进技术、高效制度、创新思想带到了新疆。把发展产业作为主渠道，把促进就业作为助推力，用"造血"的方式为新疆带来新活力的同时，也带动了喀什地区农村富余劳动力转移就业和脱贫致富，将昔日的"戈壁滩"变成了今朝的"百果园"。

脱贫是一项长期艰巨的任务，是一批又一批的援建干部，通过一个又一个的扶贫项目接力完成的。在这里我要讲一个关于藏红花的故事。

2017 年金秋十月，46 万株藏红花在西藏江孜盛放，这便是浦东多年援藏创造的一个奇迹。藏红花虽然叫藏红花，却不产于西藏，是明朝时传入中国的一种名贵中药材，但并不能在 4000 米海拔以上生长，因为高原的紫外线、寒冷会"杀死"它。奇迹的发生，是浦东援藏不断探索的成果。浦东第七批援藏干部在江孜援建了红河谷农业园，园区里建造了藏红花生长必需的现代化农业大棚，这让之后藏红花种植成为可能。

浦东第八批援藏干部在调研中发现了种植藏红花的可行性，并从上海引入企业入驻红河谷农业园区，由企业提供藏红花种苗并负责包销，带动了当地 22 户贫困农牧民参与到藏红花的种植中。红河谷农业园区还有 1400 平方米的培训中心，为藏区农牧民提供了培训场地。

如今，江孜藏红花繁育基地已建立并粗具规模，成为西藏自治区唯一的藏红花种植基地。藏红花饼、藏红花香皂、藏红花精油等系列产品经过研发，部分产品已经投产。浦东援藏江孜小组提出的把产业援藏与脱贫攻坚相结合的发展思路，经过一批又一批浦东援藏干部的接力，终于成为现实。江孜县"十三五"规划将藏红花列为全县重点发展产业。

目前，江孜已形成以藏红花种植与销售、藏红花药品研发、藏红花食品及日用品生产为一体的产业链，以创建合作组织、产业化经营的模式，带动 20% 以上贫困农牧民致富，实现年销售产值 10 亿元。

消费帮扶　爱心礼包

产业扶贫的根本是通过产业产生效益，说到底，解决了生产力后就是销售问题。产销一体化，解决销售问题，生产就能兴旺，产业才能兴旺。产业形成规模后，消费扶贫就成了浦东大后方的任务。

2019 年 9 月《关于浦东新区深入开展消费扶贫助力打赢脱贫攻坚战的实施意见》出台，以《意见》的形式激发全社会参与消费扶贫的积极性，帮助对口帮扶地区改造生产链、畅通流通链、提升价值链、聚焦新区对口帮扶地区的 13 个县，直接联结贫困县、贫困村和贫困人口的产品与服务。

浦东各级机关和国有企事业单位等带头参与消费扶贫，各级机关、国有企事业单位、教育、医疗及养老服务机构等在同等条件下，优先采购对口帮扶地区产品，引导干部职工自发购买对口帮扶地区产品和服务。机关和企事业单位置办办公、会务用品时应明确一定额度或一定比例定向采购对口帮扶地区的相关产品，各内部食堂应为对口帮扶地区产品展示、展销提供便利。

鼓励各级工会按照有关规定，元旦、春节、中秋、国庆等节假日发放职工福利物品时，应确保不少于 50% 额度定向采购对口帮扶地区产品。

动员区内非公有制企业、社会组织和市民参与消费扶贫。鼓励民企、外企和"两新"组织等采取"以购代捐""以买代帮"等方式采购对口帮扶地区产品和服务。发挥行业协会、商会、慈善机构等社会组织作用，组织动员爱心企业、爱心人士等参与消费扶贫。在每年 10 月 17 日"国家扶贫日"前后，组织开展消费扶贫主题活动，引导全社会参与。

2019 年 10 月，上海市（浦东新区）对口帮扶地区农特产品展示展销中心启动，同步启动了"指尖上的消费扶贫"线上"云销售"，打造全社会消费扶贫新平台，组装配送销售新疆、西藏、云南等上海对口支援地区优质农特产品"消费扶贫大礼包"，倾尽全力助力国家决战决胜脱贫攻坚。

2020 年的疫情，对对口支援地区旅游业形成很大冲击，旅游扶贫也成为一项新的亮点工作。合作办发挥对口帮扶地区旅游资源和浦东客源地互补优势，组织旅游企业、媒体参与对口帮扶地区旅游线路设计、产品开发、品牌宣传，使对口帮扶地区成为浦东消费者首选旅游目的地。同时将指定的对口帮扶地区红色教育基地、自然人文景观、康养特色小镇等作为新区职工疗休养目的地和爱国主义教育基地，组织职工、青少年赴对口地区疗休养和研学旅行。

携手同心 共赴小康

目前，浦东对口支援的 13 个贫困县中，12 个县已经退出贫困县行列，仅剩下莎车县也将在 2020 年内完成脱贫任务，退出贫困县行列。

按照"扛红旗、当标杆、争第一"的工作目标，聚焦关键、强化统筹、补足短板，全力以赴助力对口地区打赢脱贫攻坚战，区委、区政府主要领导坚持每年都到对口帮扶地区学习考察，召开两地联席会议，为援建干部、援建企业

◀ 杭迎伟区长在大
理农村现场调研

投身援建事业带去了信心，也给当地贫困人口赢取脱贫攻坚胜利增添了信心。

从 2017 年开始，上海市对各区东西部扶贫协作和对口支援工作开展情况进行考核，浦东已经连续三年在考核中取得第一档次的好成绩。专业人才选派数、携手奔小康帮扶资金投入量和落实转移就业人数等指标一直处于领先地位。

这个成绩属于每一位在受援地支援建设的浦东干部、每一位无私奉献的科技工作者、每一家默默奉献爱心的企业、每一位贡献自己绵薄之力的浦东群众。未来，我们还将一如既往地继续支持受援地的建设，巩固脱贫成果，带动大家一起奔小康。

建功高原　写在红河谷的援藏华章

赵卫安，1958年3月生，上海人，2001年5月至2004年6月，为上海市第三批援藏干部，任中共西藏自治区日喀则地区江孜县委书记。现已退休。2014年荣获"全国支援西藏工作先进个人"称号。

口述：赵卫安
采访：陈长华　陈丽伟
整理：陈丽伟
时间：2020 年 6 月 19 日

转眼间，距离我与上海市第三批援藏的兄弟们在高原江孜埋头苦干的岁月已经过去十六载。但是，曾经战天斗地的豪情，为江孜人民服务、建功高原的激情今天仍然在我心中澎湃，当年的情景依旧历历在目。

2001 年，上海市选拔第三批支援西藏干部，浦东新区报名非常踊跃，几乎符合条件的干部都报名了，我也积极报名，浦东新区选拔出的 6 位同志，第一批三人遗憾未能通过体检，我曾经在部队工作二十年，身体素质较好，所以顺利通过层层选拔，光荣成为上海市第三批援藏干部。

2001 年 5 月 27 日，带着上海、西藏两地组织的信任与嘱托，肩负江孜人民的期望与期盼，我们走进红河谷，到达西藏自治区日喀则地区江孜县，我担任中共江孜县委书记。

按照 1994 年召开的中央第三次西藏工作座谈会确定的"对口支援、分片负责、定期轮换"的援藏工作原则，我们第三批援藏干部原本是最后一批援藏干部，将在 2004 年为援藏工作制度实施十周年画下圆满的句号。

2001 年 6 月，我们抵达江孜不久，中央召开第四次西藏工作座谈会，决定将对口支援西藏工作延长十年，援藏工作进入一个全新阶段。在中央第四次西藏工作座谈会精神的指导下，第三批援藏干部要肩负起承上启下、继往开来的重担，我和同志们的任务更加艰巨。此后的三年里，我与江孜的干部群众一道，光荣与艰辛相伴，泪水与汗水交织，共同度过了一段激情燃烧的岁月。

统筹全局，"自留地"融入"责任田"

西藏作为高海拔、欠发达地区，那时候很多人都认为只要带去一些援藏资金就是援藏了，也有人安慰说，当地条件艰苦，高原反应严重，就是躺三年也是贡献。但是作为援藏干部必须有所担当、有所作为，才能不辜负两地人民的信任与重托，才能真正落实党中央对口支援西藏工作的要求，在当地百姓心中留下口碑，做出援藏干部的应有贡献。

一到江孜，我就率领来到江孜县的援藏干部，一天也顾不上休息，克服高原反应和生活不适，采取"统分结合，成果共享"的办法下乡、下基层调查研究。每次下乡，我们就带点干粮，我给自己定下半个月跑遍江孜县，完成第一轮全面调研的目标，这并不是组织的要求，而是一种紧迫感使然。西藏的气候，只有5月底到9月底的短短四五个月适宜施工，如果按部就班的适应，当年的项目就泡汤了，其他工作也无法及时开展。

就这样，我半个月里走遍了全县的19个乡镇和大部分基层单位，调查县情，了解民意，当月就结合上级要求、江孜的实际和前几批援藏工作的经验，起草了《江孜小组三年援藏工作规划》，确定了三年援藏的指导思想、总体目标，工作方针、工作重点，提出了"立足新起点，明确新目标，争创新作为，使援藏工作在稳定中求突破，连续中求提高"的总体目标。

我们第三批援藏干部派到江孜的几乎是整套班子成员，从县委书记、副书记、常务副县长到分管城管的副县长、分管经济的副县长、县委办主任以及城管局长、乡镇企业局长等，共8位援藏干部，来自上海市闵行、徐汇、奉贤、虹口和浦东新区五个区。这与后来援藏工作中，以援建项目为主的工作模式和定位不同，作为江孜县委书记，我必须全面挑起领导全县经济社会发展的工作重担。

我把援藏工作和江孜县的全面工作形容为"自留地"和"责任田"，援藏的具体工作是"自留地"，当地的社会经济建设全面发展是"责任田"。江孜人民都看着我们，对他们来说，我们是中央派来的来自上海的援藏干部，浦东作为开发开放的"桥头堡"更是名声在外，只考虑援藏项目的"自留地"必定会辜负两地组织和人民的信任与期待。因此，我们要全盘考虑、长久谋划当地的发展，心中要有江孜县全面建设、持续发展的"大田大地"，将"自留地"纳入"责任田"的总体格局，才能"地肥田丰"。因此，要做好援藏工作，必须要正确认识和处理援藏工作与推动当地全面持久发展的关系，要有境界，有担当。否则就会陷入顾此失彼的"两张皮"的工作状态。

全面谋划就要求体现全面担当与责任，比如我们着力推进并由援藏干部具体分管完成的全县土地清理整治和财政清理整顿两项工作，就是这方面的体现，上级并没有要求，而是我们要解决问题，创新发展。

以往江孜所有项目用地都是划拨使用，没有缴纳相关费用，普遍存在土地使用不规范、无合法手续甚至非法占用等情况。通过清理退地，拆除非法建筑，追缴土地费，将清理出来土地实行公开拍卖，不仅增加了江孜财政收入，还保护了当地的土地资源，规范了土地使用。其中，我们通过从援藏项目经费、援藏干部慰问金、办公经费中省下来、挤下来等方式筹集经费，主动为第一批、第二批援藏项目所用土地补缴了两百多万元土地费用。援藏的用地规范，为规范用地做出样子。

拍卖土地，用地市场化，这是西藏历史上县城第一次土地拍卖，两个地块拍卖获得约五十万元，所拍土地按市场化运作方式建设了一个小型加工厂。随后，我们又进行了江孜县历史上第一次财政清理，催还当地财政的两百多张私人欠条共计一百多万元的欠款，并建立完善财务制度。对县属事业单位实行会计委派制度。

这些工作矛盾多、难度大，解决了多年历史遗留问题，彰显了援藏干部有担当、敢碰硬的决心和"民有所呼，我有所应"的工作作风，赢得了当地干部群众的赞誉。

求真务实，一心做好为民实事

随着援藏项目工作和江孜全面工作的逐步展开、深入，我们在具体工作中坚持服务为民、求真务实的原则，高标准、严要求的工作作风，让更多当地干部群众感叹："上海干部就是行。"

当时，西藏县层面的工程施工标准比较低，施工队伍素质不高，质量管理、施工监管等制度缺失。在援藏项目和当地项目中，我们重新制定了从建筑要求到整个施工过程，包括建筑抗震级别等的建设标准，此后，这套标准成为上海市援藏项目的建设标准。有一次，我们去一个希望小学施工现场检查，标准要求楼板现浇，但他们仍采取预制板，还有偷工减料情况，我们发现后当场把不合格的建筑敲掉，并约谈施工队老板，召开施工现场会提出要求。这在当地是第一次，当地干部群众在惊讶过后无不竖起大拇指，称赞道："上海干部是来真的。"

江孜县在援藏工作中率先探索了"安康村"建设，为做好这一实事工程，我们从制定标准、确定指标到具体实施，形成了"江孜模式"，后在上海援藏县中面上推广。试点期间，我们援藏干部天天待在村里，和村里干部、群众一起摸爬滚打。实现了所在村"党建加强，文明提升，村容美化，设施完善，群众增收、发展持续"的目标，每村投入几十万元，采取"以工代赈"的方式，让群众自己干，既增加他们的收入，又引导群众"自己家园自己建，自己家园自己爱"的热情，"安康村"建设受到当地干部群众的一致好评。

在江孜全面推进社会经济建设过程中，我们不仅下真功夫、动真格，更是从当地长远发展和人民需求出发谋划工作。2001年，我们到江孜的第一年，为了实施好江孜"达马场"建设这一重要项目，我多次带领援藏干部到现场调研论证建设方案。当时江孜县城发生了历史上罕见的地表涌水灾害，宗山脚下五十多户居民家中涌水，土坯房开裂倒塌。面对老百姓有家难回、无家可归的灾情，面对国家救灾资金一时无法从根本上解决问题的现实，我立即与小组同志研究，决定缓建"达马场"，实施宗山广场二期建设，经过沟通，这一建议很快得到援藏工作联络组和地委行署主要领导的同意，得到了江孜干部群众的认可。随后，边组织江孜有史以来最大规模的居民搬迁，边委托设计，边做群众工作，边抢抓工期，让老百姓当年入冬前就入住新居。实践证明，这是一个一举多得的决策。投资1100万元（其中200万元争取了国家对居民搬迁补助，

▶ 鸟瞰宗山（尼玛
扎西　摄）

其余由浦东的援藏资金支付）搬迁建设了两个居民新区，建成了三万多平方米
的新公园，老百姓休闲娱乐有了新的去处，旅游开发形成了新景点，宗山景区
受到保护，城市品位大有提升，使宗山这个"全国爱国主义教育基地"更加熠
熠生辉。

　　我们这批投入江孜援藏资金3000万元，在上海对口支援的县里是最多的，
实施的25个项目都是解决群众生产生活中急难愁的项目。为实施项目拉动战
略，利用纪念抗英100周年的契机，我还赴北京向国家农业部争取项目，三年
中实施国家财政项目2.8亿元，离藏那年留下立项批复项目三亿多，这在当时
是个了不起的数字，江孜历史上也从未有过，对民生改善，促进发展作用重
大，令当地干部群众刮目相看。

调整结构，江孜走过转型阵痛

　　当时的江孜，正面临着走过辉煌之后的阵痛，处在由粮食大县向农牧经济
强县的转变之中。在这个过程中，江孜也遇到西藏其他地区同样的难题——资
金短缺。我通过引入市场化手段解决历史遗留问题，大力扶持牧业生产、积极
推进经济作物种植等方式来调整产业结构，帮助当地农牧民致富。

　　根据第四次中央西藏工作座谈会的精神和上海对援藏工作的要求，援藏工作要秉承连续性、稳定性和开拓性，确保援藏工作的时效性。

　　援藏初期，江孜为了探索工、农、牧协调发展的经济发展模式而建立的江孜经济技术开发区——星火技术密集区，虽经过数年的探索，但由于多种原因，早期援藏投入的经济项目基本处于关停状态，无法正常运转。我们总结前两批援藏项目后续管理运作的经验教训，对有的经营乏力但有一定潜力的援藏项目，我们努力筹集资金，引入股权＋租赁、资产重组、承包经营等市场化的思路和方式，盘活了其中的水泥厂、塑料厂、矿泉水厂等项目，保持了援藏工作的连续性，推动援藏项目继续发挥功能，解决就业，增加当地税收。盘活这些项目，不仅是援藏工作的形象问题、效能问题，还影响着当地人民对援藏工作的认可度。

　　为了救活星火技术密集区内企业，激活工业区，促使其正常运转，我牵头制定了优惠招商引资政策，通过多种渠道大力引进人才与技术，援藏干部、分管江孜招商的副县长，跑遍内地招商引资，筹办召开具有影响力的招商引资会议，西藏自治区主席亲临会议指导，这一系列举措一举改变了该区的不利局面，星火技术密集区企业全面出现生机，不断有民营企业进驻并正常经营，吸纳当地就业近百人。2003年4月，江孜国家级星火技术密集区管委会被国家科技部、农业部评为"全国星火计划先进集体"。

　　星火技术密集区被激活，对江孜全县的经济发展起到了一定的带动作用，全县三次产业结构调整进一步推进。江孜县历史上既是农贸大县也是粮食大县，青稞产量占了西藏的十分之一，有"西藏粮仓"的美誉。我们拓展多种经营模式，帮助农牧民走上致富之路，兴建农贸市场、奶牛种牛场。当地特产酥油，我们兴建奶牛场，鼓励全县农户养奶牛；设立牛奶收购站，统一收购牛奶以保证酥油原材料的质量；为了更好地销售农副产品，建设了7000多平方米的江孜农牧产品交易市场。

　　江孜历史上曾是口岸，当地种植的大蒜曾出口尼泊尔，但是当时已经少有农户种植，为了改变江孜单一的青稞种植，帮助农牧民致富，我们和日喀则地区外经贸部门经过反复研究，决定振兴江孜的大蒜种植业。2002年，我与地区经贸委领导一起赴尼泊尔考察，了解海外市场，与尼泊尔有关外贸企业签订了每年出口尼泊尔约 150 吨大蒜的供销合同，江孜县的大蒜种植产业复兴并渐渐形成规模。

一系列扎实有效的工作不仅切实贯彻落实了中央西藏工作座谈会的精神，践行了上海对口支援西藏的要求，也树立了援藏干部在当地干部群众心中的威信。我们在江孜三年，全县 GDP 年均增长 13% 左右，农牧民人均收入达到 2300 元以上，主要经济社会发展指标已基本达到国家小康标准。

"第二故乡"，人生一辈子的眷恋

三年援藏，我常常感慨，西藏人民善良淳朴，是世界上最好的老百姓。江孜当年甚至夜不闭户，罕有偷盗。

江孜县里有一个偏远小村庄，一共 28 户人家，2002 年时还没有通电。我们协调电力部门等有关方面将电路通到村里，我们 8 位援藏干部，个人出资筹集了一万余元，购买了灯泡等物资让 28 户人家都亮起了电灯。村民们非常感恩，逢人就说共产党好，援藏干部好。

同时，我们的援藏干部个人出资，每人对口帮扶一个藏族儿童，资助他们完成从初中到大学的学业。我当时资助的藏族孩子宗巴，后来考入了拉萨师范学院，他毕业工作后还带着自己制作的糌粑来看望我，令人欣慰感动，我们的沪藏情谊一直延续到今天。

2004 年 6 月，三年援藏期满，我们离藏返沪。经过三年的同甘共苦，离开的时候大家拥抱在一起流泪。更让我感动的是，得知上海援藏干部要启程回沪，江孜人民自发前来送行，县城大街上，闻讯而来的群众在两边夹道欢送，一路上不断向我们献上哈达。我是县委书记走在最前面，大概一公里的路，挂在身上的哈达越来越多，我甚至无法向前迈步，几次拿下，又几次被群众的哈达"覆盖"，当地人民发自内心的认可让我们热泪盈眶。

回忆西藏往事，我至今还记得我在江孜住的小小宿舍，十多个平方米的平房，家具不过是款式最简单的四条腿一个面的木桌子和木板床，油漆粉刷的墙裙是唯一的装饰。门后总是挂着一顶带檐毡帽和一把雨伞，高原地区紫外线强

▲ 上海援藏干部
"一帮一"援资
助学座谈会

烈，下乡跑基层，戴上毡帽和墨镜，还真是别有风格。

　　但是，高原缺氧的气候还是给我留下了独特的"纪念"。我曾当过兵，去西藏之前，已经做好去吃苦的思想准备。但是到达当地后，严重的"高反"还是像海上恶浪，向我们汹涌袭来。身体为了应对高海拔引起的缺氧，快速消瘦降低身体所需的含氧量，再加上工作繁忙，到江孜当年，我就瘦了二十多斤。在高原强烈的紫外线下，我晒得又黑又瘦，2002年冬天，我第一次回家过春节，在虹桥机场，一直到我走到爱人面前了，我叫她，她才猛然认出我，心疼得眼泪夺眶而出。

　　三年援藏相比，援藏干部可以定期轮换，而当地干部是无法轮换的，他们的付出远比我们大，我和当地干部并肩作战，他们非常讲政治、顾大局，全力支持配合我们的工作，我一直惦记牵挂他们，对他们充满敬意和感谢。

　　援藏三年，我品尝了艰苦，也享受了荣耀。2014年，全国对口支援西藏工作二十周年之际，党中央、国务院授予在国家援藏建设中做出重大贡献者"全国对口支援西藏先进个人"称号，进行表彰，全国只有一百名同志获得这一称号，我荣幸地获得这一殊荣，这也是第三批援藏兄弟的光荣。

　　三年援藏能够顺利完成任务并取得了一点成绩，我要深情地感谢沪藏两地党委和政府对援藏工作和援藏干部的关心、支持和帮助。政治上信任，工作上放手，物质上支持，生活上关心，家庭上照顾，使我们有了克服困难、做好工作的不竭动力。上海第三批援藏工作联络组前线一线指挥卓有成效；江孜援藏小组的兄弟们个个缺氧不缺精神，吃苦不怕艰苦。作为浦东援藏干部，援藏期间也得到了浦东各级组织领导和有关方面的帮助关心，我心存感恩。

援藏工作留给我的不仅是激情的回忆，崇高的荣誉，还有沉甸甸的人生历练和工作经验。我们通过在西藏的工作，锤炼了党性，培养了大局意识。援藏干部对民族团结、尊重宗教风俗等有了直接的认识，更深的感触。对国家反分裂斗争的长期性、复杂性、艰巨性有了更深的理解。回到上海后，工作中遇到矛盾和困难，有担当、有底气，更能够独当一面，这要得益于在西藏的历练和经验。

在心中，我早已把江孜当作"第二故乡"，视江孜人民为"父母"。援藏时，做江孜人、谋江孜业，尽心尽责，不辱使命，回沪后，心系高原，时刻关注江孜发展的新动态。随着对口支援西藏工作和制度的不断发展和深化，上海的援藏工作也在不断开拓创新，希望每一批援藏干部走上高原那一刻起，能接过"特别能吃苦、特别能战斗、特别能忍耐、特别能团结、特别能奉献"的"老西藏精神"的大旗，为西藏的繁荣发展再立新功。

站在现在的角度回答援藏"三问"

金正国，1962年10月生，上海人，2001年5月至2004年6月，为上海市第三批援藏干部，任中共西藏自治区日喀则地区拉孜县委常委、县人民政府常务副县长。现任浦东新区宣桥镇人民代表大会主席。

口述：金正国
采访：陈长华　司春杰
整理：司春杰　龙鸿彬
时间：2020 年 6 月 12 日

2001 年 5 月 27 日，我作为上海市第三批援藏干部，离开东海之滨、离开自己的家乡，踏上雪域高原，开始了为期三年的援藏之路。迄今，虽已时隔近 20 年，但回忆起那段在西藏学习、工作、生活的时光，却仿佛历历在目。在我人生履历上，这是一段值得回忆的经历，一段难以忘怀的岁月。

援藏为什么？干什么？留什么？——这是每一位援藏干部在进藏前、援藏中、甚至返沪后都要面对、思考并回答的现实命题。虽然是一样的命题，但是对于每位援藏干部来说，不同时期、不同经历，其感受也会不一样。时隔近 20 年，今天的我再次用自己在西藏三年的亲身经历回答援藏"三问"，感触很深，"让拉孜人民高兴、使家乡人民放心"的诺言又一次在耳边响起。

极度艰苦的旅途考验

西藏是一个神秘的地方，博大精深的藏传佛教和举世无双的高原风光，吸引着人们不远万里、跋山涉水也要一睹它的风采。但真要在这里待上几年，高寒缺氧、设施落后的生活环境确实让人很难坚持下去。

"明知山有虎，偏向虎山行。"尽管知道西藏艰苦，我们 50 位上海援藏兄弟依然毅然前往，我跟 6 位援藏干部就在拉孜县工作。

拉孜县，海拔超 4000 米，是日喀则地区西部的人口大县、经济大县，也是 318 国道上的主要驿站，更是高原贫困地区。这里，国家电网不通，自来水没有，就连国道也是土石铺设的。我们就靠点蜡烛、点汽灯和每天两小时自发电过日子，没有水就从山上引水，雨季来临时洗好的衣服全被"染色"（发霉）了。每次离开县城下乡调研就更危险了，因为县城以外的通信状况不好，经常"失联"，而且路况不好，常会陷入迷路的窘境。

2001 年 8 月，我曾因为工作出差，没想到这次艰苦的旅途，居然对我来说是一次生死考验。

当时，我接到日喀则地区经济贸易局的通知，第一次从县城到地区开会。到了会场才知道，地委行署决定组建日喀则地区代表团赴阿里地区进行西藏和平解放六十周年慰问并开展两地经贸交流活动。领导点名，拉孜县、聂拉木县分管副县长在列（主要原因是"拉孜藏刀""聂拉木藏药"在西藏享有盛誉）。

我早就听闻，阿里堪称"世界屋脊"的"屋脊"，援藏干部的楷模孔繁森同志曾在那里工作过。当地司机跟我说了大实话。"从拉孜到阿里相距 1300 多公里，要走三天时间，而且都是山路、小路，甚至从措勤到改则是没有路的，途中没有通信，很容易迷路，自然环境极其恶劣。"

可是不管旅程有多么艰苦，我都必须去，因为这是工作需要，援藏干部更不能带头退缩。

车队行进在 216 国道上，全程在颠簸、寻路、翻山中前行。第一个晚上，我们就借宿在"道班"（没有任何住宿条件的小木房，供道路工人临时休息的地方）里，把随身携带的睡袋铺在土坯上，人钻进睡袋里睡觉。路上用餐，根本找不到饭店，全靠自带馒头、土豆、方便面来填饱肚子。途中，我们经历了严重的沙尘暴，还路过许多沼泽泥坑，看到过两次旅游车陷进去，我们赶紧用自己的车牵引旅游车开出来。

去程艰辛，回程依旧。在结束阿里的活动后，我们路过仲巴县时还是住在一个道班里。那天晚上，我感觉身上瘙痒难受，一直无法入睡，总算熬到天亮，与同车人员商量迅速赶路，没想到的是太阳出来后出现浑身潮红。

赶回拉孜后，我赶紧洗澡、换衣服，可碰到水后红肿情况更加严重。带着极度心慌和焦虑，我赶紧前往日喀则地区人民医院就诊，被诊断为严重的病毒性带状疱疹。医院的援藏兄弟把我安排在病房值班室输液治疗，而在输液过程中我竟然昏了过去……经医务人员全力抢救，我慢慢苏醒过来。医生对我说是严重药物过敏，不光是浑身潮红，而是出现全身肿大，弄不好会引发器官损伤、呼吸衰竭、危及生命，我们都有些后怕。我忍不住流下了眼泪。

然而，这次经历也无法动摇我援藏的决心。是啊，生活的苦、身体的痛，怎能让我们离开藏族同胞不管呢？我还有使命在身，必须站好自己的这班岗。

一起经历生死的情谊

援藏三年，我跟一起援藏的兄弟结下了深厚的情深，这是一起经历生死的情谊。

西藏不仅生活条件艰苦，交通事故也多发。因为都是沙路，车子驶过，尘土飞扬，遮挡视线，极易导致交通事故，在雨水季节时常出现泥石流冲垮道路而无法通行。三年间，自己虽然比较幸运没有碰到交通事故，但也有过夜间上措拉山顶处理翻车事故的经历；有过在卡若拉冰川山腰间因货运车陷入路边水渠而被堵车四个多小时的经历；有过在樟木318国道上因泥石流冲垮道路等待救援通行的经历……

2002年3月31日，星期日。那天是我妻子的生日，早上起床后，我和爱人通了一个祝福电话后，就去参加县委常委会议。期间，我突然接到来自锡钦兵站的电话，说在距兵站约2公里处发生两车相撞事故，一方是定日县车辆，车内有定日的援藏兄弟，另一方是拉孜县车辆，情况十分紧急。

我和另一位兄弟根据书记的嘱咐，赶紧在县城买了些药、毛巾（纱布没货）等物品，驱车赶往事故现场。兵站卫生员告诉我们，定日车内的援藏兄弟头破血流，还有一位定日干部可能骨折，其他人员只是皮外伤，没有大碍，都已作了简单处理。我们马上分工，我赶紧把两位伤势较重的同志送到日喀则地区人民医院医治。到了医院门口，受伤的援藏兄弟被早已等候在那里的援藏兄弟快速接走医治；另一位受伤的人员则由我负责挂号，陪同检查治疗。

2002 年 7 月 27 日下午 6 点左右，我接到援藏兄弟打来电话，在青藏公路上的拉萨当雄发生车祸，司机伤势严重，同车人员都有受伤。我不假思索赶紧拿了钱、备了物、叫了车，从拉孜出发赶往相距 440 公里的拉萨。一路上，我心急如焚，赶到拉萨医院已是子夜一点多，看到司机生命体征已稳定、受伤的两位兄弟和其他人员都得到救治处理，悬着的心才得以放宽。我想，这既是对我们援藏干部能否经受"艰苦不怕吃苦、缺氧不缺精神"的考验，也是对来自上海各地兄弟们能否守望相助、情同手足的检验吧。

用心帮扶换来农牧民获得感

在藏干什么？我们确定了援藏的方向和目标：针对拉孜县农牧民人均收入不足千元的现状，尽力为藏族同胞多做切合当地实际、符合百姓需求的实事，增加农牧民收入，提高他们的获得感。

在西藏，蔬菜是非常稀缺的。因为当地气候多变，寒冷的时间长，蔬菜很难种植。老百姓要吃蔬菜，不仅要到县城购买，还很贵。

我们援藏小组经过调研后，决定腾出一部分资金用于援建蔬菜大棚项目。考虑到县政府所在地曲下镇相较于偏远地区来说，百姓的观念要先进一些、蔬菜销售也更为方便，项目点就选在了这里。可没想到的是，曲下镇的老百姓反馈，因为"不会种、种不好、卖不掉"，参与项目的热情还是不高。后来，经过与镇、村干部的反复沟通和研究，通过援藏资金分点投入、专业技术人员现场指导、蔬菜基价包收等系列举措，解决了"三不"问题，把项目做成了，当地百姓的收入一下子就提高了。

当地老百姓仅靠农牧业，收入非常微薄，无法从根本上改变贫穷的面貌。而增加农民收入最有效的途径，就是劳务输出。

2002 年，恰逢国家重大基础设施项目青藏铁路（格尔木至拉萨）再次启动实施，自治区专门成立青藏铁路建设指挥部，监督承建单位必须使用当地民工也是指挥部的职责之一，纳入指标考核。我在地区参加相关会议时得知了这个信息后，就直接去地区劳动局找到熟悉的领导，请他出面联系青藏铁路建设指挥部的领导，而后我直接赶往拉萨，当面向指挥部领导说明来意，希望能给

▶ 援建蔬菜大棚

拉孜县一些劳务工名额（实际上拉孜县与青藏铁路建设工地相距较远，使用拉孜劳务工名额不属于考核地域范围）。由于第一时间的热情对接，指挥部领导开出了第一张考核地域范围以外的劳务输出 80 个名额的联系单，让我与中铁四局项目部直接联系。

劳务工名额争取到了，我兴奋不已回到县里，迅速在县城周围四个乡镇组织发动。可意想不到的是，前来报名的竟寥寥无几。原来，几年前县里曾组织过外出打工，劳动强度大，劳动报酬低且不能全部现金兑现，劳动条件相当艰苦，民工经常露宿工地，所以当地人没兴趣外出打工。

针对上述情况，我们觉得必须深入一线，直接到工地去看看，才能掌握实情，也才能有效化解百姓疑虑。于是，我带上查务乡副乡长（县委决定，他是现场驻点负责人）、出生在那曲地区的一位公安民警（因为藏语也有方言），一同驱车前往 1100 公里之外的，属于 4700 米以上的高海拔地区的青海雁石坪中铁四局项目部，开展一次实地考察。项目部同志很热情，先陪同我们考察了务工人员所从事的工作，主要是堆土、夯路基、两侧防护水泥柱安装等简单劳动；再考察务工人员的宿舍，标准帐篷、整齐排列，各类用品、一应俱全。我们气喘吁吁地一边看，一边用摄像机全程录像。后来，我们与项目部同志座谈交流，在达成一致意见基础上签署协议，比如：项目部要求务工人员必须持有身份证、健康证，务工期间必须严格遵守法规纪律，自觉践行环保要求；项目部承诺务工报酬每天为 60 ～ 70 元，免费提供食宿和工作服。当晚，我们就住在用集装箱改造的房间里，虽然大家都有高原反应，但都感到睡得很舒适。

在返回拉孜的路上，到了有手机通信讯号的那曲地区，我就向县委书记做了汇报，并提议扩大发动范围，三天后县里集中动员、当场报名、统一体检、采集信息。

在集中动员报名会上，通过视频播放、协议文本的展示，百姓的担忧和疑虑顿时打消，来到现场的六七十人都报名了。随后，县医院负责为他们体检，公安局负责采集还没有做身份证的务工人员信息，统一送拉萨制作居民身份证。后来经过口口相传，实际参与务工人员近 90 人（想去的人中，有部分人员因体检未通过和来不及办理居民身份证等原因未能成行）。

为加强务工人员管理，我们还成立了现场驻点管理部，并制定了《十要十不要》的守则，要求所有人员必须遵守，这些举措得到了承建单位的高度认可和表扬。

三个月后，承建单位把务工人员的结算剩余薪酬通过邮局汇款给到了县财政局。我们在县里开了一个报酬结算领取和工作总结会，一沓沓厚厚的现金分发到了务工人员手里。

三年间，我认真履职、倾我所能，推动援藏项目如期落地，争取更广泛的社会资金援助拉孜，看着当地受益百姓的张张笑脸，我也从中分享到了他们的喜悦与欢乐。

人生意志就是这样磨炼的

我们始终秉承"特别能吃苦、特别能战斗、特别能忍耐、特别能团结、特别能奉献"的"老西藏精神"，牢记援藏干部的使命和担当，身体力行促团结、同进步、共发展。

除了项目经费外，我坚持访贫问苦、在藏协调事务相关费用、甚至长途电

▲ 捐赠电视机，丰富群众文化生活

话费等，不用当地财政一分钱。

严格管理和严以自律是树立上海援藏干部形象的基石。都知道西藏什么都缺，就是不缺时间、不缺无限风光。一方面，三年间我以强烈的事业心和责任感，走遍了拉孜的 11 个乡镇和大部分的行政村，深入基层，了解民情，倾听民意；另一个方面，我能严格遵守联络组规定，没去过与工作无关的地方，就连我们上海对口援助的亚东县至今也没去过。期间虽然可以找很多理由回沪，但我除正常休假外（与西藏干部同等待遇），三年间没有自行回过上海。记得 2003 年 11 月 20 日，是我在藏三年间唯一一次藏外活动，去成都参加日喀则地区旅游规划项目评审会（承担项目编制的北京大学项目组担心教授们有高原反应而影响评审质量，就把会议地点定在了成都）。到了成都，我出现了比较明显的醉氧反应，当时距离规定的返沪休假时间已经很近了，内心很想从成都直接飞回上海。于是，会议结束后，我给领导打了个电话，说身体感觉有点不舒服，领导回复："那你就在成都多待几天，好好休息。"接到回复后，我立刻放弃提前回上海的念头，飞回了拉萨。没想到回到拉孜的第五天，就收到了回沪休假通知。

社会的支持和家人的理解是完成援藏事业的动力。在藏三年间，在保证计划内援助项目和资金到位外，我始终怀着对拉孜人民的深情，积极动员后方资源参与计划外的支持。比如，为拉孜中学、拉孜小学捐赠校服 1000 多套，为公安局添置警用摩托车和刑侦器材等装备，为学校和看守所等单位捐助 400 多床棉被，为县电视台捐赠摄像机、编辑设备……

在藏三年间，每天夜晚都在寂寞中度过，无时无刻不在思念家乡、思念亲人。记得 2001 年 10 月 2 日，是我的生日，也是中秋节后的一天。孤寂夜晚，仰望星空，十五的月亮十六圆，有感而发改编了《十五的月亮》，表达我对家乡的思念之情和对爱人的感激之情：

> 十五的月亮，照在家乡、照在高原。静谧的夜晚，你也思念，我也思念。你陪在儿女的书桌旁，我奔赴在祖国的西南边；你在家乡操劳着事业，我在边疆参与建设。收获果里有我的甘甜，也有你的甘甜；援藏证啊，有我的一半，也有你的一半。

> 十五的月亮，照在家乡、照在高原。静谧的夜晚，你也思念，我也思念。你孝敬父母任劳任怨，我亲身援藏无怨无悔；你肩负着全家的重任，我在增进民族团结。繁荣发展有你的奉献，也有我的奉献；共奔小康，是你的心愿，也是我的心愿。啊！……更是共同的心愿。

深情厚谊的援藏后

为期三年的援藏生涯行将结束，2004 年 6 月 14 日，在我们援建的拉孜文化广场上举行了隆重的欢送仪式，当拉孜的干部职工，尤其是曾经得到过我们帮助而自发前来送行的藏族同胞为我敬献哈达时，当我们看到广场上人群黑压压一片的壮观场面时，当听到车队汽车齐声鸣笛时，大家都相拥而泣。

三年援藏路、一生拉孜情。记得 2009 年 7 月，也是我离开西藏、离开拉孜整整五年后，有机会组织考察团赴西藏学习考察。期间，回到拉孜，我们与当地干部热切交流，慰问南汇选派干部，实地考察历批援藏项目运行情况，走访慰问贫困家庭，还重点落实了两家民营企业为拉孜中学、锡钦小学电化教室、公安局警用装备添置等三个项目 100 万元的援助。

◀ 拉孜文化广场施
工现场

　　2013 年 1 月，我调任浦东新区合作交流办主任，在三年半的任职期间，我满怀着对西藏、对贫困地区、对民族地区的深情厚谊，先后四次到西藏江孜、四次到新疆莎车、四次到云南文山等对口支援地区考察交流，有力保障各类对口支援项目的精准推进和落实，援建干部的工作经费和待遇也得到了更好的保障。

　　1994 年 7 月，党中央召开第三次西藏工作座谈会，确定了"分片负责、对口支援、定期轮换"的援藏工作方针；2015 年 11 月，党中央做出关于打赢脱贫攻坚战的决定，到 2020 年农村贫困人口全部实现脱贫、贫困县全面脱贫摘帽、全国人民携手奔小康。回首往事，在全面贯彻党中央决策部署的征程上，有自己曾经留下的汗水和足迹，有自己亲身经历的奉献和付出，至今想来我仍感到自豪和荣光。

西藏三年　回忆一生

　　苏珏旻，1976年10月生，上海人。2004年6月至2007年6月，为上海市第四批援藏干部，任上海市第四批援藏干部联络组成员、西藏自治区日喀则地区行政公署办公室秘书。现任中共上海市浦东新区纪委委员，沪东新村街道党工委书记、人民代表大会工作委员会主任，一级调研员。

口述：苏珏旻

采访：龙鸿彬　任姝玮　丁丽华

整理：任姝玮

时间：2020 年 6 月 3 日

我虽然只在雪域高原工作生活了三年，但那风尘仆仆、风餐露宿、艰辛和快乐并存的一千多个日日夜夜却历久弥新。多少次，梦回日喀则，许多往事浮现眼前。

咱们一起去援藏

2004 年，我担任浦东新区城区团工委书记，是一名喜欢旅游，无牵无挂的单身汉。我报名援藏，想在参加工作四年后，挑战一下自己。

报名一个礼拜后，正在休假的我突然接到我们城市工作委员会赵福禧书记的电话，问我："你报名去援藏啦？是真的想去吗？"我特别坚决地表态："是真的很想去！"

周一的工作例会上，赵书记跟大家说："组织选派我去援藏，体检已经过了。"我这才知道，原来这一批援藏干部的总领队就是赵书记。因为总领队是市里直接选拔，而援藏干部是个人报名，所以我们两个人从不同途径成了上海市第四批援藏干部中的一员。

原本我报名援藏的岗位是萨迦县委副书记，但因为浦东出了一名总领队，就把县委副书记的岗位调整为日喀则行署办公室秘书，组织部找我谈话问我愿不愿意？我说："当然愿意。"回来我跟赵书记一说，赵书记说："蛮好，咱们一起去援藏。"

就这样浦东新区城工委出了一名西藏日喀则地委副书记、常务副专员、上海市人民政府驻西藏办事处主任和一名日喀则地区行署办公室秘书。

2004年6月4日，结束了盛大的欢送仪式，我们50人组成的上海第四批援藏队伍从上海展览中心出发，搭乘航班飞往成都。在飞行途中，机组人员播报："非常荣幸，同机飞往成都的是上海第四批援藏队伍，祝他们在雪域高原工作顺利。"还为我们送上了小礼物，非常温暖。

当天我们住在成都，第二天早上五点多便出发，搭乘当天首个航班飞往拉萨。同机的还有山东省的援藏队伍，我们一起支援日喀则。

为什么这么早？因为全国的援藏队伍虽然是分批进藏，但当时拉萨的接待能力远远不够，除了拉萨和阿里的援藏干部可以停留外，其余地区的援藏干部不允许在拉萨停留。所以当天我们就要赶到日喀则。

我们一出机场，入眼的就是载歌载舞的人群，当地干部穿着民族服装，为我们献上哈达。日喀则及下属的18个县市所有能调用出来的越野车全都调用出来，迎接我们。几十辆车组成的车队，载着上海和山东的援藏干部直接从机场出发。出发前，随队的医生还给我们每个人发了一盒"红景天"、每辆车配备了一个氧气袋。

从贡嘎机场到日喀则，路上需要翻越两座雪山，行程八个多小时，车队行驶会更慢，当天我们用了十个小时才赶到日喀则。路上车队从拉萨绕城而过时，我就在车上远远地看到了向往已久的布达拉宫。

不辞而别的援藏干部

到了日喀则，我才知道什么叫"万人空巷"。人们身着民族盛装，手捧哈达和卓索切玛（藏族语，一种新疆的美食）、青稞酒，以藏族最隆重的礼节欢迎我们这批从上海、山东来的援藏干部。

当天晚上，第三批援藏干部总领队尹弘专门到招待所看望了赵书记，他还特别叮嘱我说："别人都可以倒下，但是你不能倒，你不仅要把领导照顾好，联络组的文字、联系以及同志们的信息情况，你都要安排好。"

其实在前往日喀则的路上，我已经有了高原反应。车辆在翻越第一座雪山，来到海拔5000多米的山口时，我就觉得自己戴的帽子怎么变小了，原来是缺氧头胀，随之而来的还感到手脚发麻。回头看后座的两名同志，正轮流抱着氧气袋在吸氧。我当时年轻，过了山口，尽管山下的公路也要海拔4000多米，但感觉已经好多了。

虽然年轻，当天晚上在招待所却怎么也睡不着。看着和我同室的援藏干部钱厚德一点动静都没有，便以为他已经睡着了。我就吃了一片安眠药，过了几个小时感觉没用，又吃了第二片安眠药。当我准备吃第四片安眠药时，对床的钱厚德突然开口制止了我，他说："不能再吃了，再吃要出人命啦。"原来他也一直没睡着。

其实日喀则的条件还可以，下面县里的海拔更高，条件更艰苦，甚至还没通电，尤其是萨迦和定日。送我们进藏的陪送团团长是时任上海市委组织部副部长、人事局局长的丁薛祥。他专门将萨迦的干部送了过去，回来后，他对我们说："萨迦海拔高，气候差，条件艰苦，你们一定要关心好那里的同志们。"说这话时，丁部长是流着泪的。

果不其然，第二天总领队带着我送第三批援藏干部和陪送团前往拉萨，当天晚上便接到同批援藏的日喀则地委组织部副部长丁宝定的电话，说是萨迦的同志们"高反"严重，有两名同志已经起不来床了。赵书记立即打电话联系，派丁部长和新华医院的陈睦副院长，还有当地的医生，带着制氧机就赶去了萨迦。当联络组和地委要求他们撤到日喀则休养时，五名援藏干部谁也不肯走，说我们不能来了两天就做逃兵。最后，县委书记留了下来，转身挥手，让四个人赶紧走，五个大男人都哭了。

等我们第二天回到日喀则，专门到招待所看他们时，才发现房间里的人不见了，一问才知道，四个人悄悄地走了，说不能让书记一个人在县里面，他们四个人又回萨迦去了。

后来这个故事还被丁部长写了出来，名字就是《不辞而别的援藏干部》。

第三批援藏干部
与第四批援藏干
部交接仪式

赵书记经常在周末就会跟我说，叫他们过来汇报工作，其实就是想借周末的时间，让他们在地委休整两天，改善一下生活。

一路奔波

上海第四批援藏项目投入资金 2.8 亿元。我们建了西藏第一所十二年一贯制学校——日喀则地区上海实验学校，修了一条连着学校和上海路的浦东路，建了有"造血功能"的日喀则上海制氧厂和高压氧舱，还有奠定日后旅游基础的拉孜宾馆、亚东花园酒店、定日珠穆朗玛大酒店……

2004 年 11 月下旬，离休假回沪还有一个多月的时间，因为援建地区人民医院高压氧舱工程进度的需要，我和陈睦根据联络组的安排一起去江西九江采购高压氧舱的主体构件。

我们一路马不停蹄地用了三天的时间赶到九江，用了差不多一个星期的时间考察、谈判，终于完成任务。这时离开援藏干部回沪休假的时间还差十来天。此时如果从南昌回上海，只用飞一个小时，过几天大部队回上海，再把工作情况向总领队汇报也来得及。

但我们觉得这是上海第四批援藏的第一批项目，必须在进度、质量上严格把关。更重要的是上海市委组织部和联络组对援藏干部的出藏休假有规定，我们就应该严格按照规定办事。

所以我们又用了三天时间从南昌经成都回到了西藏。当我们顶风冒雪回到了日喀则，出现在地委大院的时候，见到我们的藏族同志无不惊讶地说："你们这个时候还回来啊？"

十多天后，我们第四批上海援藏干部陆续开始第一次离藏回沪休假。总领队带着我们联络组的同志在元旦前，作为最后一批离开。

2005年2月，春节刚过，我们接到日喀则地委通知，西藏自治区要求援藏干部回单位参加保持共产党员先进性教育活动。2月15日大年初七，比规定的休假时间整整提前一个月，我们47名同志（3名同志因病住院暂不能进藏）在总领队的带领下奔赴拉萨。

2月的高原，气流变幻莫测，飞机剧烈地颠簸，整个机舱里基本就我们这批援藏干部。因为颠簸，飞行全程取消了客舱服务。我的胃里翻江倒海般地难受。这样颠簸地飞行了一小时，我们终于脱离云层，见到清澈的雅鲁藏布江的时候，有种劫后重生的感觉。

此时的拉萨街头空空荡荡，饭店、宾馆一般从10月到来年的5月都放假不营业。西藏自治区迎宾馆虽然营业但不供应伙食，我们刚安顿下来，47个人的吃饭问题就摆在了面前。

我和司机巴桑师傅二人出去找吃的，差不多转遍了整个拉萨，终于发现拉萨百货商店对面的邮政饭店还在营业，47人的晚餐终于有了着落。但邮政饭店也没有那么多食材，基本是有什么就做什么，我们五桌人也是给什么就吃什么，没有一桌的菜是完全相同的。

第二天我们就赶回了日喀则，成为当年进藏最早，人员最齐的援藏干部队伍。

舌尖上的眷恋

援藏三年，适应当地的饮食是我们必须攻克的难题，不过最眷恋的还是家乡的味道。

我到行署办公室上班的第二天，综合科科长派央金大姐协助我整理材料，当她知道我没喝过酥油茶，便从自己家里提来了一壶刚打的酥油茶。喝下第一口，央金大姐说，第一次喝会觉得味道怪怪的，喝多了就习惯了，喝酥油茶一来可以治高原反应，二来可以预防嘴唇爆裂，三来可以御寒。再喝果然醇香流芳。

后来，地委、行署的很多藏族同志都知道我爱喝酥油茶，吃糌粑，还能说上几句藏语，便经常邀请我去家里吃地道的糌粑。吃糌粑也是个技术活，盛了青稞炒面粉的碗里倒上酥油茶，先用中指将炒面向碗底轻捣，以免茶水溢出碗外；然后转动着碗，用手指紧贴碗边把炒面压入茶水中，待拌匀后捏成团，就可以吃了。看到我熟练地吃糌粑，藏族同志总开玩笑说我是"老西藏"。

虽说藏餐很有特色，但身在高原，心中时常挂念的却还是家乡的味道。为照顾我们的生活，地委、行署把援藏干部的一日三餐安排在地委小餐厅，主要以米饭、炒菜为主。最初是一位藏族师傅掌勺，后来换了一位四川师傅。

记得有一次开饭端出一盘西红柿炒鸡蛋，冬天西藏的蔬菜品种单调、供应相对紧张，一盘西红柿炒鸡蛋也能吊起大伙的胃口。但仔细一看，就下不了筷子，因为师傅习惯性地在里面加了一大把花椒。

2004年10月，浦东有一个代表团进藏带给我一些黄泥螺。这样的佐餐美味，因为数量有限、每人每餐只能吃两个，就这样大家还是高兴了半个月。

每逢周末赵书记就召集大家到地委小院他的家里改善生活。那时经常下厨的有我、周维春和方浩三个人，尤以周维春做的红烧肉最受大家欢迎。有一次下乡后回到地区，30斤猪肉被十几个兄弟一扫而光。从此"维春肉"的雅号不胫而走，成了上海援藏干部的招牌菜。新调任的地委书记格桑次仁在上海挂过职，喜欢上海菜，听说后，周末也常跑过来品尝我们的"上海名菜"。

派驻下面县市的援藏干部条件艰苦，每每县里的同志来地区，福禧书记也总要把他们请到家里，谈谈心，交流交流工作，再招待他们吃顿红烧肉。现在回想起来，一碗红烧肉满载了我们对万里之外家乡的眷恋。

和地区相比较，县里的海拔更高，条件更艰苦。2005年5月，我跟随总领队去定日县曲当乡调研援藏项目，世界最高峰珠穆朗玛峰就在这个乡。中午时在靠近珠峰大本营的乡政府用餐，吃了一口米饭才发现是夹生饭，县里同志解释说："我们县海拔高，用高压锅煮饭也常常这样。"即便如此，饥不择食的我们吃着夹生饭配着炖土豆，风卷残云般地吃光了。因为空气稀薄，吃饭快、动作大，放下碗后，大家都坐在那里直喘粗气。

2005年秋天，318国道修通了，从日喀则到贡嘎机场只需要三个小时，从上海一日赶到日喀则成了可能。

一天下午我接到在上海出差的上海市建交委援藏干部金晨的电话，说他买了50个大闸蟹，明天就回日喀则，让我们做好准备。我立刻把这个消息通知了在地区的所有援藏兄弟，包括正在地区公干的各县援藏干部。

第二天下午大家聚在食堂，由于出了机场手机就没有信号，大家一边等一边计算着时间。晚餐时分，金晨风尘仆仆地赶了回来，除了让我们垂涎欲滴的大闸蟹，还有一箱石库门黄酒，那久违的味道让我们谈论了很久很久。

意想不到的住处

援藏三年，住过不少地方，下面除了江孜，其他县里的住宿条件都比较艰苦，还有不少意想不到的住处。我的宿舍在地委大楼的后面，每天一抬头就能看见扎什伦布寺高高的晒佛台。因为缺水，我们在藏三年水龙头几乎成了摆设。

我宿舍浴缸的水龙头是24小时常开，偶尔来点水就攒在浴缸里，一个月也攒不满一缸水。开始不习惯，到后面一盆水我可以刷牙洗脸洗衣服冲厕所，对水的节约和综合利用可谓到了登峰造极的地步。

由于气候寒冷，日夜温差大，援藏干部楼的宿舍在我们休假期间无一例外地会爆水管，地毯、家具全部被水浸透，"受灾"最严重的丁宝定、吴启亮、陈睦、倪传仁等同志的家，不只"水漫金山"，甚至天花板都脱落了。

还记得2004年，我们去亚东县开第一次全体会议，住在县委招待所。老旧低矮的招待所在亚东河边上，水声极大，人在房间里听外面仿佛暴雨如注。晚上没电，服务员给每个房间送了一桶水用于洗漱、冲厕所，大家摸黑洗漱后便上床睡觉。第二天天亮才发现水里虫子、树叶、枯枝什么都有，估计是从河里直接提上来的。

2006 年初，我随总领队陪同西藏自治区党委书记张庆黎到江孜、亚东等县考察调研工作，晚上也住在亚东县委招待所。那天，为了张书记晚上找干部谈话和工作方便，县里特意准备了柴油发电机。没想到由于年久失修，张书记房间电线老化，漏电着火了。幸好张书记及时发现，马上扑灭，虚惊了一场。张书记不愿意麻烦大家，就到秘书小蔡的房间凑合了一晚上。

2006 年，总领队带领地区工作组去仲巴县检查震后灾民安置房建设工作，我也一同前往。仲巴是日喀则地区条件最为艰苦的县之一，县城海拔将近 4800 米，由上海宝钢对口支援并派驻了两位援藏干部在县里工作。忙了一天，晚上我们被带到了县人民医院，原以为这也是要检查的项目，没想到县里的同志对我们说："不好意思，县里条件太差，晚上你们就住县医院的病房吧！"这"病房旅馆"恐怕是我此生住过最特别的旅馆了。

从仲巴回日喀则，经过拉孜县时我们停留了一天，考察建设中的拉孜宾馆。晚上，我们住在藏式家庭小旅馆里，聚在旅店的油灯下，看着形形色色的游客，福禧书记对我们说："现在看来，我们进藏后除了继续做好安康工程外，把支持旅游业，加大旅游基础设施建设作为我们第四批援藏的重要内容是走对路了。你们看，拉孜作为一个交通枢纽，亚东乃堆拉口岸也即将开放，定日更是珠峰大本营，旅游的热点地区，现在接待能力都非常有限，硬件条件也非常不好，再过一个月，青藏铁路就要通车了，我们在亚东、拉孜、定日三个县新建的宾馆要加快施工，尽快交付县里使用啊！"

很多年以后，我在上海听西藏来的同志谈到，我们援建的拉孜宾馆、亚东花园酒店、定日珠穆朗玛大酒店等几个宾馆，经营状况都非常不错，成了名副其实的"造血工程"。

行驶在天路上

援藏三年，下乡、出差，这路上的时间恐怕要占了将近一半，最长的一次下乡前后行程达 9000 多公里，三年的路上印象绝对是难忘的记忆。

在藏的头两年，318 国道没有修通，去拉萨需走 304 省道。过了日喀则市

◀ 上海援建的318
国道纪念碑

的联乡大竹卡村就都是沙石土路，过了羊八井才能拐上青藏公路。每次走上平
稳路面，总有胜利的感觉，其实离目的地都还有近 100 公里的路程。

除了道路条件差，还经常遇到危险状况。尽管遇到过多次险情，但 2004
年第一次去定日遇到的塌方情景，让我至今还心有余悸。那天我坐的是车队的
最后一辆车，顺着盘山公路逶迤前行，一侧就是沟壑悬崖，前面有一个 90 度
的拐弯，当我们的车快到拐弯处时，突然路面塌方，明显感到车子忽地就往下
一沉。这时司机顿珠师傅一边猛踩油门一边往右急打方向盘，我们重重地撞在
山上。短短的几秒，恍若隔世，幸亏有经验丰富的顿珠师傅。

2004 年 7 月，我跟随总领队去拉萨开会。一路入眼的是油菜花田，黄绿
相间的大地绵延到天边和远处的雪山相接。渐渐地田野消失，取而代之是广阔
的高山草甸，雪格拉山就在眼前，那是这一路的最高点，山口海拔 5280 米。

我们的越野车沿着盘山路不断往上，刚还阳光明媚的天气，忽然下起雪
来。一句唐诗出现在我脑中，"胡天八月即飞雪"。可惜现实没有那么浪漫，很
快我们就被大雪困在了海拔 5280 米的山口，进也不能退也不是，一同被困的
还有几辆运货的卡车。

我们谁也不敢下车，一来海拔高氧气稀薄，更怕雪地里一脚踩空滚下山

去。车子也不敢发动，没油会更麻烦。大家只好挤在车里互相取暖，我守着车上仅有的两包氧气，看谁的反应大就给谁吸上两口。后来雪停了，但路依然没通，就这样又等了五个小时，养路工人才清扫出一段路面，我们终于可以发动车子下山了。

2005 年，318 国道终于从拉萨到日喀则通车，沿着雅鲁藏布江河谷四个小时就可以到拉萨，三个小时可以到贡嘎机场。但不久我们就发现了新的危险——沿路随时有从山上飞下的大小石块，甚至还有失足落下的山羊。一次我和地区卫生局副局长援藏干部沈行峰一起去拉萨出差，顺便接一台新车回地区。回来的路上，司机南木加师傅一个急刹车，车子还是被山上滚落的飞石砸个正着。刚开上的新车，前挡风玻璃裂开，车顶也塌了个坑，幸好人都没事。

西藏很多地方人走的少，时间长了，本来有的路也模糊了。记得 2005 年 5 月，我跟随总领队去吉隆县调研边贸工作。这里有号称世界上最高的通车点——马拉山口，海拔 5300 多米。山口风景独好，我们却不敢久留。下山的路走着走着没了，只好循着以前的车轮印走，车子和路面已经呈三四十度角，人在车里都要站起来了，简直是从山口直线往山脚下开。幸亏司机巴桑师傅技术高超，控制着车速，慢慢开了半个多小时才到山脚。到县城检修车辆时，才发现刹车皮早就磨光了，真是后怕不已。

说句心里话，援藏是辛苦的，我们会面临着各种预想不到的困难和挑战；但援藏又是非常有意义的，我们每位援藏干部能带着上海人民、浦东人民的深情厚谊参与当地的发展和建设，这是光荣使命和责任担当，当然对自己也是种考验和锻炼。三年援藏，给我留下了刻骨铭心的记忆。至今，我还清晰地记得在最后的告别大会上我为书记写的稿子。稿子内容并没有强调我们三年援疆的成绩，更多的则是感谢。感谢藏族同胞的手足之情，是他们的真诚和朴实陪伴着我们顺利地完成了三年援藏任务；更要感谢那些几代人奉献在西藏的"老西藏"们，是他们无私的言传身教，给予了我们更多的激情和动力。我们只是短暂的"过客"，而他们才是守护边疆、建设西藏的丰碑。

"云上"的西瓜

瞿元弟，1963年10月生，上海人，2004年5月至2007年4月，为上海市第四批援藏干部，任中共西藏自治区日喀则地区拉孜县委常委、县人民政府常务副县长。现任上海市农业农村委员会一级调研员。

口述：瞿元弟
采访：龙鸿彬　谢晓烨
整理：龙鸿彬
时间：2020 年 5 月 25 日

回想援藏三年，将上海成名的"8424"西瓜移植到西藏日喀则地区拉孜县，培育成一个"拉孜西瓜"品牌，两年"建园、示范、带动、创牌"的创业历程历历在目，心情依旧激动不已。

殷切关怀　力量源泉

我是 2004 年上海市第四批援藏干部。此前我一直在南汇区农业条线上工作，当时刚报名援藏时，我就在想如果我被选上，就在拉孜建设一个农业示范园，引领农民致富。临行前，我们到市经济党委党校参加赴藏人员培训，市委组织部精心安排，介绍当地风俗情况，讲解领导艺术、人生修养，更有领导谆谆教导、殷切期望和要求注意身体健康等内容，以此武装我们赴藏人员。

6 月 3 日，在上海展览中心召开包括家属、所在区县、所在单位领导参加的欢送大会，市委副书记王安顺、市委组织部长姜斯宪等领导会前和我们亲切握手。那次的送别情景至今让人感怀，眼泪在我们眼眶里打转。

使命光荣　义无反顾

2004年6月4日我们从成都乘机到达拉萨贡嘎机场，日喀则地委和行署在机场举行简单欢迎仪式后，我们便乘车前往日喀则，从机场出发途径羊八井到达日喀则，用了整整十小时，比预定时间晚了两个小时，中间休息了十几分钟，人感到有点飘和头晕，没有饿的感觉，途中手机无信号。

车队行驶到日喀则进城大桥时，两旁站满了欢迎的人群，拉了许多标语，其中有一条"欢迎党中央、国务院派来的援藏干部"。地委书记宫蒲光、专员洛松次仁率地区班子成员、上海市第三批援藏总领队尹弘率第三批援藏成员在山东大厦隆重迎接，我们脖子上挂满哈达，眼泪又一次在我们眼眶里打转。在日喀则休整四天后前往拉孜县，在距拉孜县城12公里的萨伽大桥处受到拉孜县县长多吉等县领导的迎接，看到藏族人民的殷切期望，看到第三批援藏大哥对我们的关心、看到沪藏两地领导的重视，特别是西藏人民将我们喻为"党中央、国务院派来的干部"，我的心里沉甸甸的。

到了拉孜后，我们迅速投入工作，我担任拉孜县委常委、常务副县长，在县委口分管农村，在政府口分管公安、建设、商务、交通、司法、协管发改委。分工以后，多吉县长对我说，希望帮助曲下镇在蔬菜方面做"大"。我起先有些犹豫，农业是由藏族的多加副县长分管的，会不会影响和藏族同志的关系。多吉县长看出了我的心思，说援藏是全方位的，不受分工限制，你是学农的，且你是常务副县长和分管农村的常委。多加副县长也说："县长啦，您是农业院校本科生，又是农委出来的，要多帮我，您做事我全力支持。"

领导和同事们的支持，让我信心百倍，很快就投入谋划和实际工作中。我先考察曲下镇尤萨村的大棚蔬菜，仔细了解种植成本和产出情况，到县城、日喀则、拉萨的农贸市场和超市了解农产品的价格，观察农产品的销售走势。在调研过程中我看到拉孜有不少沙地，特别是在318国道旁，即到拉孜县城和到萨伽县城交错的锡钦乡的某村，有一块300亩以上的沙地。藏族人民特别喜欢林地，专门在林地中过林卡节。能不能在这里营造林地呢？关键是水，因为萨伽河的水含硫量高，不能作为林地用水。为此，我和加布副县长及县水利局局长欧珠实地考察,欧珠局长带我们看了距造林地 2 公里左右的一个 3 亩左右水塘的蓄水情况,测算了上游水量,分析沿途沙地情况,认为利用管道引水,防止渗透,在造林处建一个蓄水池能基本满足林地用水,并进行一个粗的预算。这次考察后,让我最后下决心确定了自己分管工作之外要做的两件事:一是坚定不移地打造拉孜县农业示范园;二是打造一个集生态、休闲于一体的林地。

有了目标之后,我就马上筹资并营造氛围,争取更广泛的支持。在打造拉孜县农业示范园方面,我向南汇区农委韩解兵主任汇报,韩主任非常支持我的想法,并承诺只要拉孜准备工作做好,上海的工作由他来做。在上海同事们的支持下,我先搞试点,准备引进当地没有的品种,主要有 8424 西瓜、古拉巴甜瓜、蚕豆、扁豆、大团蜜露桃、月季、非洲菊等。在营造林地方面,我向上海市农林局局长陈文泉、副局长沈兰全电话汇报,他们都表示支持。后来上海市的机构调整,原农林局的职能一分为二,成立绿化和市容管理局,增挂林业局牌子。市绿化局安排资金重点扶持建设江孜公园,援藏造林项目交由拉孜县农牧局实施。

2005 年上海市举行迎春大联展,我接受了在大联展中摆个西藏展位的任务,刚好妻子休息,所以让她一起去看看。市农委主任袁以星到展台前,特意询问了解情况。春节刚过,市委副书记王安顺、组织部部长姜斯宪率市委组织部和市协作办的领导为我们送行,王书记说,正月十五前让你们出行真是对不起……一个动作、一句话,让我们感到心暖,更是有了力量、鼓足了干劲。

这次回拉孜,我带了满满两大纸箱的种源,真正开始启动建园筹备工作。第一步先进行布点试验,实施试验户和示范户结合。在曲下镇的推荐下,选择了部队复员、基本会汉语、有一定组织能力和种植能力的塔杰作为培养对象,进行西瓜、甜瓜各一个大棚及其他品种的试种。为了确保他的利益,调动他的积极性,按单棚最高收益预先补贴。针对塔杰大棚的现状,我对大棚进行了改造,增加调温能力,对土壤进行改良,培肥土壤地力。在试种的时候,我一般一天去看两次,关键的时候一天去看四次,督促塔杰落实相关措施。第二步是进行人才培养。一是派员实训,培养当地人才。经过多加副县长推荐并经多吉县长同意,从热萨乡和农牧局各抽一名干部到南汇学习,他们主要学习西瓜育苗和种植技术以及鸡的孵化技术。南汇区惠南镇党委和政府予以了大力支持，镇农办主任顾文官落实了带教老师，种瓜大王沈连祥和孵房老总沈火林，安排就近住宿，让他们在生产一线学技术，配备了自行车和炊饮工具，并承担了实训的全部费用。二是拓宽视野，培养意识。组织了曲下镇和扎西岗乡90多名藏族老百姓到日喀则市年木乡看露天西瓜种植情况，到白朗县看设施栽培小型西瓜等情况，让他们品西瓜。

经过努力，西瓜和甜瓜终于种出来了。我请南汇瓜果公司老总朱龙舟寄来60个包装箱进行产品宣传，检验市场的欢迎程度。到拉萨参加解放西藏四十周年大庆的上海市副市长杨晓渡特意到日喀则看望上海援藏干部，总领队赵福禧拿出我们种的西甜瓜，杨市长尝了之后说了一句寓意深远的话："上海的西甜瓜明天会更好"。自治区农牧厅党委书记周春来、自治区发改委副主任次仁、水利厅副厅长扎西都说，这个西瓜品质好，从来没吃到过，但最好要有批量生产。上海市农委领导得知后专门组团赴藏考察，表示全力支持。领导们的鼓励和鞭策，更增加了我建园的信心。

全力建设　打造产业

到了西藏什么都好，就是生存环境差些，氧气少。走几步，嘴唇发紫；跑几步，气喘吁吁；光线强，人变黑；路途远，土路多，车行慢；晴天日，灰尘扬；雨天日，车甩尾；遇雨沟、淌水行；信号稀，间断多：频道少、雪花多。建农业示范园工作量更大，如何实现"开发一个产品，找准一个载体，形成一个产业，致富一方百姓"的建园目标，必须要引进生产和营销人员，才能使示范园有生命力和辐射力。

整整一个多月，我考察了尤萨村和吉如村的地理位置和土壤及人文情况，听取镇村意见。有一天曲下镇的阿南书记打我电话，了解示范园选址确定没有，尤萨村的村民要造房，如示范园选址在尤萨村，则村民造房让路。这促使我下了决心，综合考虑最终选定吉如村。吉如村虽然田块高低不一，土地平整容易损坏熟土，但在318国道旁，易于产品营销，利于辐射；土地面积大且田块相对规则，有利园区发展和布局。其间也是好消息连连。上海市协作办将拉孜县农业示范园列入第一批援藏项目，上海市科委援藏干部、日喀则地区科技局副局长薛伟荣落实了辐射农民的经费，南汇区农委从上海市农委争取到营销经费，南汇区财政也给予了支持。粮弹充足了，我们就开始着手农业园的建设工作。我将回沪培训过的伦珠和聂丛华分别从农牧局和热萨乡借出，专门协助我筹建拉孜县农业示范园，并由他们负责园区外明年育种西瓜农民的工作。一是辐射准备。明确农民在自家大棚种植西瓜，实施"送苗、送肥（有机肥、复合肥、尿素）、送薄膜、送技术、收产品"的政策；在园区投资的中棚示范区种植的农民，其他政策不变，每个中棚收租金 100 元；同时报请县长办公会议讨论，对伦珠和聂丛华实施工资照拿，承包大棚种植西瓜收入归己的政策，以经济杠杆的方式鼓励他们学技术。二是建园规划。先是做好土地征用。我请曲下镇多吉吉副镇长帮助确定园区范围、梳理园区内拥有土地承包权的农户、听取农户的要求，请县国土局局长曲桑次仁落实专人测算征地费用。根据田块状况和园区布局情况，确定了 34.8 亩土地。第三是精心设计。我将示范园设计为"一轴、二翼、三点"。"一轴"是指在沿 318 国道北侧的东西向的中间布局一条南北方向 120 米长、宽 4 米、两侧各 1 米的绿化带的主干道；"二翼"是指主干道两侧的生产区，路东布局三排温室，路西布局两排温室、一排中环棚；"三点"是指规划了一个生产、生活销售点，一个产品收购及停车点和一个蓄水池。最后是具体实施。一是开挖简易明沟，用于园区引水；二是收集羊粪沤制，用于明年园区和辐射点基肥；三是开挖蓄水池，为解决渗漏和明年用水。我们采用底层铺膜、四周用干羊粪撒在护坡、再泡水的土法解决渗漏问题。

2005 年 11 月，我回到南汇休假，这次回沪首要解决的问题是物色技术、销售人员。宣桥镇农办主任唐红星帮我物色到一个本地营销人员张良明。在听了张良明的个人经历和健康及收入情况介绍后，我觉得费用不高，而且有营销经验，是我所需要人选。2006 年元旦那天，我到新场镇表姐家去吃喜酒，饭后到田头，看到瓜棚里一对年轻夫妇，就和他们聊了起来，知道他们从重庆到南汇新场租田种瓜，一年收入 2 万—3 万元，男的叫韦德刚。我就和他们说，如果到西藏去种瓜九个月，交通费报销，给五万元干不干？韦德刚爽快地说

"行"。就这样顺利地解决了我这次回沪所要解决的问题。随后我们又备好了8424 西瓜试种种子及鼠药等农药,准备了育苗的电加温线,还到地处宣桥镇的上海浦江缆索厂订了两吨废弃缆索,并截成相应规格,用于小环棚的拱架。

春节过后,2006 年 2 月底,我们三人比其他人提早一周进藏。在拉萨我们采购了三个钢管大棚和园区及示范农户所需的复合肥和尿素,跑了多家农资市场,订购了山东的长寿无滴膜(薄膜)。在日喀则采购了钢管和绿化苗木,并招到一家施工队。回到拉孜又招了两家施工队。我设想 4 月 1 日前完成土地平整和通水及通电等工作,建房和两家建温室的单位在 4 月 1 日气温上升到零度以上后同步进场,5 月 1 日前全面完成园区土建工程。但在具体施工中碰到了两个问题。一是施工用水和农民浇地用水矛盾。在上海用水不是问题,但在西藏却是一个大问题,因为它的自来水是标准的"自来水",是从高处的山坳截取暗泉汇聚而成,水量时大时小。灌溉用水也是从高处融化的雪水或泉水,水量时大时小,而土地经过一冬休闲亟须灌水整地进行春播,农民铆足了劲都急着用水,村干部就安排轮流放水,避免用水纠纷。二是土坯生产周期长。37 个温室的土坯都是就地取土而制,由于温度低,干得慢。两个问题影响了温室的建造速度,我及时调整了承包队的工程量,让速度快的路西承包队帮路东承包队完成三个温室,这样最后一个棚完工是 5 月 25 日。

共创品牌 致富一方

农业示范园的土建工程搞起来了,但在指导示范户时又碰到不少问题,主要有思想、技术、产品生存等方面。在思想方面,有的示范户有畏难和依赖情绪,对专业技术知识了解不够,缺乏信心。比如,送的薄膜要等现有薄膜坏得差不多再换,最终因为保温增温效果差,影响成熟期和品质;送的肥料少施,挪作他用,却没想到会影响发苗,导致产量不高;不讲品牌意识,将不合格的西瓜换酒喝或塞到我们收购西瓜产品内,没想到质量不好,最终影响整体销路和价格。在技术方面,大部分示范户施肥、整枝、防病、采摘,授粉都没接触过,县城缺肥无药,看不到农资店,绝大部分到 150 公里外的地区或 400 公里外的省城采购。还发生过授粉记载日期有 5 月 38 日和 5 月 96 日的事情,后来

◀ 农业示范园钢管大棚里的8424西瓜

才知道他们不识字。在产品生存方面，由于农民是第一次种西瓜，很多人看新奇，发生了偷瓜事件，如不及时制止可能会带来一些老百姓不敢种，影响他们积极性，结果可能还会使农业园区形不成产品、产不出效益、带不动农民，产生生存危机。

面对这些问题，我们采取了"经济杠杆引导、逐户指导、严格管理、严厉打击"的方法确保建园、示范的成功。对达标西瓜收购价定为每公斤7元，一般西瓜每公斤4元，不合格产品不收购，用经济手段引导农民生产精品西瓜。对示范农户，我基本上确保每天去一次，技术人员早晨和傍晚各一次，碰到实际问题集中会诊，出台技术指导意见。有两次我印象很深。一次是尤萨村14个大棚中不同程度发生死苗现象。我召集张良明、韦德刚、伦珠、聂丛华四人逐棚检查、逐户询问，选取一个大棚换30厘米土层再种西瓜苗（这个大棚的农户从此以后对我们言听计从、西瓜单棚收入达5000多元），其余大棚土壤消毒补苗，在所有西瓜大棚外设置简易消毒装置，避免传播。还有一次，到拉孜镇错布村诊治西瓜苗发不起的问题，我仔细观察了10个棚，发现只有1号棚长势正常，其他9个棚西瓜苗藤细、叶小，判断肯定是土壤没改良好、肥料少施或不施，所以采取了补施尿素的措施。

在收购西瓜时，我们严把质量关，不合格的坚决不收，对装箱西瓜坚持抽查质量，凡抽到没有成熟的西瓜，就要对相关责任人进行处罚。为了使8424西瓜实现优质、优价，我们三上拉萨。第一次去拉萨是准备包装材料。我们拿着自己设计的包装箱、包装袋及标签样张寻找制作单位，洽谈价格、数量、供货日期，经过多轮洽谈，最后由张良明代表拉孜农业示范园和两家供货单位签署合同。第二次去拉萨是为营销打开市场做准备。我和张良明到拉萨考察推介会场所，最后选定拉萨百货大楼为推介主会场，红旗商场等几家超市为销售点。拉萨百货大楼南门为八廓街步行街，东门有布达拉宫前的广场和公园，是拉萨最繁华地段之一。随后我们请示了自治区政府秘书长周春来等领导，在他们的支持下邀请自治区级新闻单位"助威"，在拉萨晚报上连续两周两天刊登一次"拉孜县人民政府将举办拉孜西瓜推介会"的广告。第三次拉萨是举办推介会。2006年7月6日下午，我和多加副县长率领由公安、农民、农业园区人员、机关干部组成的20人工作组从拉孜出发，第二天中午到达拉萨。多吉县长在推荐会上致辞，自治区政府秘书长周春来、自治区发改委副主任次仁、水利厅副厅长扎西、上海驻藏办常务副主任张小松、新闻单位等人员参加了推介活动，他们参观了营销现场，看到热销场面，品尝了"拉孜西瓜"，给予高度评价，消费者也给了最好的评价。准备三天的货两天就脱销，第二天的回头客说出各种理由使我们的销售人员无法拒绝，将原定第三天销售的西瓜买光。最为感动的是第一天拉萨市电视台不"请"自来，并"缠"着我一定要讲几句。为了扩大品牌的影响力和培育藏族同胞的市场经济意识，2006年10月的一天，我带着曲下镇党委书记阿南和农民塔杰、德吉央珍参加自治区农牧厅组织的"赴京参加第四届中国国际农交会"活动，取得很好的效应，顾客们纷纷驻足购买，产品脱销，采访的新闻单位接连不断，我在"后台"指导，他们三人"登台唱戏"，接受采访和制作专题片。

"拉孜西瓜"的品牌效应，更加引起了社会对拉孜农业示范园建设的广泛关注。日喀则行署专员洛松次仁率地区17个县（市长）、发改委主任考察吉如示范点和农业园区，在吉如村对扎西0.7亩小环棚西瓜产值达4000多元的成绩表示肯定，希望他再接再厉，并奖励他个人4000元钱。第四批援藏干部总

▶ 第四届中国果蔬
产业发展论坛

领队赵福禧到农业园区和拉孜镇错布村西瓜示范点后，当场奖给错布村 2 万元。西藏自治区党委书记张庆黎两次亲临农业示范园并叮嘱，一定要把特色做优，让拉孜西瓜走向更为广阔的市场。经过努力，我们建成了占地 34.8 亩，拥有 37 个土坯温室、3 个钢管大棚，年产拉孜西瓜 40 多吨的拉孜县农业示范园。

2006 年 11 月 27 日，在海南三亚博鳌召开的"第四届中国果菜产业论坛"上，我从中国工程院院士卢良恕手中接过"中国果菜产业科技创新奖"的奖杯和证书，这意味着沪藏两地共创的生产成果得到更广泛和更权威的认可。

让浦东农业之花绽放在雪域高原

江臻宇，1975 年 2 月生，上海人。2013 年
6 月至 2016 年 6 月，为上海市第七批援藏干部，
任中共西藏自治区日喀则市江孜县委副书记、
常务副县长，日喀则国家现代农业科技示范区
管委会副主任。现任浦东新区万祥镇党委副书
记、镇长。

口述：江臻宇
采访：龙鸿彬　司春杰
整理：司春杰
时间：2020 年 6 月 2 日

　　援藏是我一直以来的梦想，也改变了我的人生历程，更是我人生中做出的最重要的选择之一。

　　2013 年 6 月，作为浦东第一批"包县制"援藏体制下的援藏工作团队，我们惜别亲人，远赴江孜，并在那里为雪域高原注入现代化发展的活力。第七批援藏项目分为新农村建设、社会事业、产业发展、人力资源开发及其他等四大类，合计投入援藏资金约 1.6 亿元。

　　三年时间，江孜发生了令人惊喜的变化：红河谷农业园区建成了，当地一些贫困百姓有了收入来源；农村里的藏民喝上了干净的水，重建的藏改乡小学改善了孩子们的学习环境；改建后的江孜县人民医院成为全区第一个县级层面二级甲等医院……当我们圆满完成任务准备上车返回上海时，藏族同胞们纷纷自发地赶到县政府大院，向我们敬献洁白的哈达，直到我们的脖颈几度挂满，让我们真实地体会到那份沉甸甸的深情厚谊。

　　对于我个人来说，收获更多。正是有了援藏的这份无悔的选择，让我有限的生命更精彩，内涵更丰富，目光更深远。这段经历，是我人生最宝贵的财富，是我奋勇前行的不竭动力，它让我成就自己，变得成熟而深邃。如果要用

几句话来概括我的援藏经历，我想用自己作的一首小诗来做总结："援藏追梦历经八年，雪域圆梦锤炼三载。回首往昔今生无悔，漫漫征程精神永伴。"

放飞援藏梦想 坚定援藏信念

朴实的梦想，早已植根。2005 年，我曾跟随某代表团到日喀则慰问援藏干部，当地艰苦落后的环境和援藏干部"缺氧不缺干劲、吃苦不怕苦"的精神给我留下了极其深刻的印象。回去后，"把上海的先进经验和技术，引入西藏，促进当地发展"的想法与日俱增，朴实的"援藏梦"，就此根植于心。

2010 年，第六批援藏报名，我希望接过援藏大哥的接力棒，成为援藏干部队伍中的光荣一员，在祖国边陲奉献青春。可惜，我与我的梦想失之交臂。时隔三年，2013 年 4 月，我再一次向区委组织部申请援藏。经过层层选拔、面试、体检，坚持八年的梦想终于得以实现。2013 年 6 月，我怀揣着梦想与激情，肩负着组织的重托与亲人的期望，以强烈的使命感与责任感，从"零海拔"的东海之滨来到平均海拔 4040 米的西藏日喀则地区江孜县任县委副书记、常务副县长。"尽自己最大的努力，让江孜人民满意，为浦东干部增光。"这是我临行前向组织上做的保证。在恶劣环境下工作、生活了三年，我用实际行动践行着自己庄严的承诺，原本白皙的脸庞染上了"高原红"、发绀的嘴唇略有干裂，来自江南水乡的青年，已经被深深地烙上高原的印迹。

人们常用"天上无飞鸟，地上不长草，风吹石头跑，氧气吸不饱"来形容西藏雪域高原的艰苦条件。每次进藏，我的高原反应都特别严重，头痛、呕吐、低烧、失眠、腹泻等，几乎所有的高原反应都会向我袭来。尤其是到海拔4000多米的江孜县，这里含氧量仅为上海的50%，原本在上海身强力壮的我，都需要3天以上的时间，来适应当地的高海拔和寒冷的气候环境。但我总是乐观面对。"现在条件已经好多了"，是我时常挂在嘴边的话。

"援藏工作只有三年，我能为这里带来什么？"作为常务副县长，我深感时间紧迫。"如何带动当地经济发展，促进农牧民致富"一直萦绕于脑中，思考、回荡。于是，我和其他援藏兄弟们一样，抓紧时间克服高原缺氧、语言不通、山路崎岖等困难，深入全县各乡进行走访、调研。每到一处，我都与村干部、农牧民群众促膝交谈，倾听他们的心声，了解他们的所需，并认真详细地记录和整理他们的意见建议，很快，便掌握了翔实的第一手资料。

援藏为了什么？在藏干什么？一次次调研后，我们心中的答案逐渐明朗——重点聚焦文化旅游及现代农业两大支柱产业，着力改善城市环境面貌，打造宜居县城；加大智力援藏力度，提升江孜社会事业发展。

西藏的"粮仓"满了 百姓的钱包鼓了

江孜，位于日喀则地区东南部，距日喀则市区90公里。江孜土地肥沃，农业生产发达，有"西藏粮仓"之誉，早在1990年江孜粮油产量就在全区率先突破了一亿斤的纪录，被自治区定为全区商品粮基地县之一。

江孜县最佳的发展路径应该是什么？如何帮助当地建立自主的"造血系统"？"现代农业立县"——成为我们产业援藏的目标和方案。

在前期调研中，我们了解到，江孜历来就是西藏农牧业大县，1997年，曾获"全国农业百强县"称号。江孜处于拉萨、日喀则、亚东三角的中心地带，拉日铁路已经通车，交通相对便利。何不利用江孜的天时、地利，发展现代农业？援藏之前，我在浦东农委工作，熟悉现代农业的发展之路，可以借助浦东种源、科技和市场优势，"人和"岂不是也有了条件？两个月后，江孜县红河谷现代农业示范区项目被正式列为第七批上海援藏重点产业项目之一。

当地县领导把我带到一片荒地，告诉我："红河谷现代农业示范区就建在这里。"我看到，这片房屋已废弃多年，但四周青稞地却是一片绿意盎然。"这里将来一定会成为江孜县乃至日喀则地区的一处新粮仓、蔬菜园！"我满心期望地对他说。

蓝图已经绘就，实干托起梦想。2013 年 8 月，我们请来的援军——第一批来自上海浦东农业发展（集团）的专业团队就来到江孜，展开调研。通过团队反复研讨、专家顶层设计，最终确立以高原特色优势农业为发展方向，探索"两头在上海、中间在江孜"的发展模式，高标准、高起点、高速度建设示范区，将示范区打造成高原特色农产品精深加工基地、种源生产基地、农民技术培训基地，发挥对全县现代农业发展的示范引领作用。

红河谷农业示范园区刚开始投建，我就碰上了第一道难关：缺资金。当时安排的援藏资金才 1600 万元，而实际仅园区建设就需 3300 万元。

如何解决资金缺口问题？在园区管理体制机制上，我们按照"市场化运营、企业化运作"理念组建管理公司，统筹使用包括援藏资金在内的各类建设资金，积极争取国家和区、市产业项目资金支持园区建设，与上海市科委、上海市农业科学院、西藏农牧科学院开展技术合作。就这样，一边争取资金一边建设，一年后示范园正式建成运营。

示范园建好了，我又碰到了第二道难关——种什么？由于不知道什么蔬菜适宜当地气候和土壤，也不知道当地人会喜欢吃哪种蔬菜，于是每次我从浦东回来，都会带来几十个品种的蔬菜种子或秧苗进行试种。经过一段时间的探索，我们最终确定了香菇、水果黄瓜、樱桃萝卜、塔菜等数十个产品。我们对这些蔬菜实行"统一品种、统一育苗、统一技术、统一生产、统一销售、统一品牌"，受到当地群众的广泛欢迎，既丰富当地蔬菜供应品种，也平抑了物价。当地百姓以前吃蔬菜难且贵，现在家门口就能买到便宜又好吃的蔬菜。

这么大的现代农业园区，光是种蔬菜还不能做到自负盈亏，于是我们在招商引资上"做文章"，引入藏珍堂、藏稞食品、东方购物、菜管家、百信灵芝等多家上海企业入驻示范区，有力促进地方经济和农民增收。

等到园区进入丰收季，我们又遇到了第三道难关——怎么销？现在流行"主播带货"这个词，如果当时有这样的营销方式，我准会自己做主播去推销高原农产品的。不过，那时候还是一些展会的影响力更大。2014 年的浦东农博会上，我带上冬虫夏草、藏香猪、松茸、江孜大蒜、青稞等数十种高原特色农产品去"摆摊"。我跟同行的藏族同事一起做销售，站在展台前大声吆喝，很多同事、亲朋好友带头来购买，也引起了购物群众的广泛关注。这次展销，为江孜农产品进入上海及内地市场打下良好的基础。

如今，示范区初步形成以高原特色农产品精深加工和食用菌生产为主导的产业结构，从最初依赖援藏资金"输血"转变为拥有固定资产 9600 余万元、实现融资发展自我"造血"的产业化龙头企业，已成功纳入日喀则国家现代农业科技示范区核心区，得到了国家相关部委、上海、西藏各级领导的高度评价，成为全国产业援藏工作的亮点和精品工程，先后被央视《焦点访谈》《新闻联播》及国内外多家媒体报道。原日喀则市市长张洪波同志在视察示范区时，称赞示范区作为援藏项目的表率，真正体现了"江孜高度、上海力度、浦东速度"。

通过三年来的不断努力，江孜已初步实现了从农业大县迈向农业强县的跨越式发展目标。

文化旅游蓬勃发展　游客不再是"路过"

江孜县是一座英雄的城市，更是一座有着丰富文化旅游资源的地方。但是，由于没有好的文化项目，没有好的旅游线路，这里成为游客的经停地，却一直不能留住游客。

2014 年的 8 月 16 日，大型歌舞实景剧《江孜印迹》首演。这是我们使用援藏资金 1800 余万元打造的江孜文化旅游产品，也是西藏唯一的县级大型实景剧演出。这部剧以海拔 4020 多米的江孜达玛场为场地，以宗山、白居寺、

◀ 援建的宗山广场

罗布山为背景，再现了宗山抗英的历史事件，并展现了当地传统民俗、藏族歌舞、藏戏以及黑帽羌姆（神舞）等内容。

2013年时，江孜的旅游人次为13万人，但只有3人留下过夜。有了《江孜印迹》以后，游客不再只是"路过"。除了大型歌舞实景剧外，我们还排演了室内剧。近些年，《江孜印迹》还走出西藏，走进上海浦东进行巡演。我援藏期满到万祥镇工作以后，《江孜印迹》在浦东的巡演，还特意安排在万祥镇举办了一场。坐在台下，我感觉又回到了江孜，让我非常感动。

其实，江孜有着丰富的旅游资源。我们以江孜旅游背景分析为出发点，为2014年至2030年的江孜文化旅游发展明确战略定位，制定发展目标，规划精品旅游线路和产品，并将旅游规划与环境保护、防灾减灾相结合，以"规划先行、规划引领"为宗旨提升产业发展。

在具体旅游景点开发方面，我们以援藏项目为依托，重点打造紫金藏王宫遗址及高原湿地公园，将高原湿地景观与人文遗址相融合，成为江孜西部门户的标志性景观。项目建成后除了带动当地旅游发展外，还凭借其优美的环境、独特的景观吸引当地群众在景区内开展各类休闲娱乐活动，为丰富群众业余文化生活提供了条件。由援藏资金出资对帕拉庄园后花园进行复原，对周边环境

▲ 紫金湿地—紫金寺—紫金藏王宫（丹增　摄）

进行整治，为打造新型特色小城镇奠定了基础，并逐渐把帕拉庄园所在的江热乡打造成旅游小镇。

景点开发好了，夜晚大剧也排演好了，我们开始跟旅行社合作，将更多游客吸引到江孜旅游、住宿、购物，让这座英雄小镇逐渐热闹繁华起来，而当地百姓也有了更多文化旅游方面的收入。

伸出援助之手　解决最迫切需求

我从小在上海长大，生活上没吃过啥苦头。进藏之前我对那儿的环境和条件已经有思想准备，但进藏之后，当我在驻村期间和藏族老乡同吃同住时，我还是被深深地震撼了。老乡家院子里有一口浅水井，周边散落着牛羊粪便，井是人畜共用的。听老乡说，村子里还有一些牧民家里平时用水得靠人力和驴子去溪水下游背。这让我更下定决心，想要改变当地人的生活面貌，让他们共享现代化生活之福。

尽管条件艰苦，但我们调研收获也很大，了解了当地群众最迫切的需求——解决饮水困难、就医困难等。

如何让当地牧民早日喝上干净的水？三年间，援藏小组投入约2000万资金实现农村饮水解困。江孜县的自然村落中陆续打通了约 50 口深水井，让 2000 多户、一万余名藏民喝上了干净的水。

在医疗援藏方面，我们不仅派驻浦东医生进藏为当地百姓治病，还将疑难病例送到上海医治，并注重培养当地的医护人员。2014 年，浦东、江孜两地卫生及政法系统合作共建；2015 年，江孜县人民医院与浦东新区人民医院双方开展互动交流，为江孜县人民医院、江孜县疾病预防控制中心等培养医护人员，留下一支带不走的队伍。

光靠援藏资金还远远不够，我们会竭尽所能争取各方资源，扶持江孜社会事业发展。10 月的西藏开始逐渐转冷，记得我援藏的第一年，收到了一封"求助信"，是西藏自治区日喀则地区江孜县江热乡完小的三年级学生格珍写的，她在信中说："我的家乡海拔 4100 米，每年冬天都来得特别早，而且特别漫长，大风和大雪都是常客。我的家距离学校有 5 公里，夏天的时候还好，每到冬季，都要忍着刺骨的严寒走在上学的路上……帮帮我们，我们只想要足够御寒的冬衣。"

其实，对于孩子信里所描述的情况，我到当地只有短短几个月却已经深有感触。县委领导每人都需要联系一所小学。我曾到过自己所"对口"的藏改乡完全小学，被当地艰苦的条件震慑到——教室就是土坯房，用黏土夯筑而成，上面用圆木和泥土盖顶，风一吹就会漏出一个大洞。因为在山里，风大，学校教室的窗户玻璃都是七零八落的，很多都已经破碎，风就呼呼地灌进来。学校的餐厅更加简陋，坐在里边基本就是在吃过堂风。

西藏地方大，一个乡只有一个小学，学生遍布在差不多 200 多平方公里的范围，从家到学校要走几个小时的山路。10 月中旬开始，江孜县便进入了漫长的冬季，一直持续到第二年 3 月份。冬季平均气温在零下 10 摄氏度左右，最低温要达到零下 23 摄氏度。很多孩子都住在学校简陋的宿舍中，学校与家里距离稍微近一些的孩子，每天步行，脚上也只有一双单跑鞋，破了缝，缝了破。处于山区，缺乏水源，一个学校往往就有几个水龙头，都在室外。再冷的天，住校的孩子们都只能在室外洗漱，所以手上长冻疮已经习以为常。帽子、围巾、手套这些冬天必备的保暖物品，他们却从没拥有过。尽管条件艰苦，这些孩子对于读书依然非常渴望。每次去学校，看到在那样简陋的教室里，孩子们捧着破了皮的课本，认认真真朗读的模样，我都会很感动。

我一直想为这些和我女儿一般大的孩子们做点什么，就将格珍的这封信转交给了自己曾经的工作单位——浦东团区委，也将自己这几个月来走访到的信息反馈给了他们，希望得到浦东团区委的帮助和支持。没想到，团区委非常支持，一车又一车的冬季物资很快运送到江孜。除了保暖物资外，团区委还牵头组织"暖心接力、爱绘西藏"等多项活动，使之成为一个有生命力的公益项目。

在我们江孜小组牵头下，社会各界不断爱心接力。比如，浦东数字电视集团支持完成了江孜数字电视项目一期建设，为县城及周边区域共 5000 户农牧民家庭及企事业单位开通了数字电视；浦东新区相关街镇对江孜老年福利院配套设施、人民医院心功能室、日朗乡农田水利项目以及唐卡画院的建设予以资金资助，对全县民生的改善，特色产业的扶持提供了强有力的支撑等。

人生，需要一种可贵的精神，一段难得的经历，一点小小的成就感。援藏，就是融合三者的最好舞台。虽然我只是援藏大军中普通的一员，但用自己的一言一行折射出许多跟我一样为援藏事业无私奉献的高尚情怀；用自己的行动践行援藏时的铮铮誓言，无愧于"援藏大哥"的称呼。我将自己的梦融入民族团结、经济繁荣发展的"中国梦"中，用自己的梦，助力江孜实现现代农业腾飞，用"敢想敢干、勇于创新、埋头苦干、身体力行"的实干精神托起江孜7 万农牧民群众的"致富梦"。未来的征程任重道远，但我坚信，援藏这段经历，这份收获，是我人生最宝贵的财富，是我奋勇前行的不竭动力。

做江孜人　创江孜业　谋江孜福

王高安，1971年11月生，江苏高邮人。2016年6月至2019年7月，为上海市第八批援藏干部，担任上海第八批援藏干部江孜联络小组组长，中共西藏自治区日喀则市江孜县委常务副书记、县脱贫攻坚指挥部第一常务副指挥长。现任中共浦东新区政法委副书记。

口述：王高安
采访：龙鸿彬　司春杰
整理：司春杰
时间：2020 年 4 月 23 日

　　有很多人问我，为什么援藏？就我自身而言，我出生在相对比较贫穷的苏北农村，经历过"吃了上顿没下顿"的窘迫生活，对贫困落后的西藏农牧民生活感同身受。我一直想把改革开放最前沿的浦东理念、浦东经验、浦东方法落实到边疆少数民族地区去，把个人的力量投入国家战略大局中。

　　2013 年前，我就产生了援藏的念头，一直感受到江孜农牧民的召唤。当时，我以中共浦东新区区委组织部组织二处处长的身份报名援任江孜县委书记，但是组织考虑希望能有乡镇管理经验的人担任这个职务，我"低了点"。

　　虽然有些遗憾，但我没有放弃。接下来的三年时间，我一直在"补短板"，大量阅读有关乡村振兴、脱贫攻坚等方面的书籍，还曾到新加坡学习社会治理，为后来的援藏工作储备理论知识和积累实践经验。

　　2016 年，我第二次"请缨"援藏。这次是以区级机关党工委副书记身份报名江孜县委常务副书记。有人劝我，以我当时的职务来说"高了点"，而且组织明确表示："去西藏三年，平进平出，没有提拔的说法。"

　　不过，我态度很坚决。援藏是我一直以来的梦想，我不想错过这次机会，

◀ 远眺江孜县城

不想留下终生的遗憾。

　　日喀则市江孜县是全国 832 个贫困县之一，建档立卡贫困人口 11352 名。按照日喀则市统一部署，江孜将在 2019 年脱贫"摘帽"，这次援藏任务十分艰巨。

　　"脱贫攻坚是国家和西藏现阶段的'头等大事'，也是第八批援藏工作的核心任务，要做就做最难的，要做就做对改善江孜农牧民生活最重要的。"我当时向组织上立下了"军令状"——三年内定要让江孜"摘帽"。

　　我一直有晨跑的习惯，到江孜开展援藏工作后，由于高原缺氧，就将原来每天晨跑 15 公里改成健走 10 公里，风雨无阻。行走于江孜县城的大街小巷，我见证了宗山古堡上的美丽晨曦，发现了藏在深巷中的产业点，更用脚步丈量了江孜的发展、走进了自己的"初心"。

　　三年时间过去了，我也可以很自豪地说，我们不负嘱托，完成了使命：2019 年，江孜县实际综合贫困发生率下降到 0.5%，脱贫攻坚战取得阶段性成果。这援建成绩是江孜小组的兄弟们协力同心、点点滴滴积累起来的。勤劳智慧的江孜农牧民教会了我如何爱上这座城、如何开展脱贫攻坚工作。我相信，江孜一定会同全国人民一道，迎来小康社会的全面建成！

援藏更需要理念引领

生活需要"诗和远方"，援藏更需要理念引领。我们刚到江孜不久，就走遍了19个乡镇，155个居村和100多个产业点。调研发现，这些年，全国对江孜的扶持力度很大，兴建了许多现代化设施、产业园区，但当地农牧民手中还是没余钱，甚至相当一部分人还处于贫困线以下。

在跟农牧民的反复接触中，我发现，"精神之困"是当地产生贫困的根本原因。比如，江孜的一条手工业街全部是外地过来的手艺人。当地人非常好面子，甚至不合实际地贷款建房、买车，我们去老乡家里做客，外面看房子建得很气派，但走进去家徒四壁。还有的人家里只有3亩地，却贷款购买了拖拉机，理由是"左邻右舍都买了，我们不买很没面子"。

针对这些"精神难题"，我撰写了《江孜农牧民的"精神之困"》，组织宣传部、扶贫办、司法局和妇联等加大宣传教育引导，并通过惠民政策宣传、先进典型引导、贷款代替项目等方式倒逼农牧民转变观念。

方法千万条，观念第一条。实现脱贫最重要的，就是转变贫困群众"等、靠、要"观念，从"要我脱贫"转变为"我要脱贫"。

2017年端午节期间，我们到卡堆乡逐村走访。这个乡位于资源匮乏的卡卡沟，6000亩土地有1000多亩几乎没有收成。我就跟当地乡干部说，要发展，只能将眼睛"向外看"。没资金怎么办？"等、靠、要"是不行的，可以通过贷款、集资等方式，激发农牧民的内生动力，把贫困群众组织到产业发展中来。

卡堆乡党委书记闫元仓很快转变意识，立即召集几个村的领导班子开会，让各村根据实际情况组建合作社。白定村党支部率先带领71户村民集资28万元，加上驻村工作队出资20万元，组建了合作社，购买了一台装载机，到工地"捞金"。2017年底，白定村聚力创富合作社第一次分红，农牧民高兴地发现：这种收益比将钱存入银行吃利息的收获多了近10倍！

2018年初，我再次来到白定村，发现村委会大门右上方多了一张装载机的照片，并写着"带头致富"四个字。

◀ 在热索乡指导脱
贫攻坚工作

农牧民自己集了资，有了自身的积极主动性，贫困就会"抽身而去"。我把白定村聚力创富合作社这种模式命名为"集资 +"。在"集资 +"的带动下，卡堆乡的占堆村、卡吾村也纷纷学习效仿，集资新建温室种蔬菜、组建羊毛加工合作社。

但是，也有不少地方的农牧民还没有转变观念，仍旧"倚着墙根晒太阳，等着别人送小康"。

2016 年 10 月，我第一次到加克西乡调研。乡干部提出，乡里想建温室大棚，希望能得到援藏资金的支持。我没有立即答应，却提出什么时候建成合作社，什么时候出资建设大棚。

加克西乡以牧业为主，牧民养了很多牛羊，但是一直处于贫困状况。农牧民养牛羊，惜杀惜售，把它们当作"宝贝疙瘩"。我多次跟当地乡干部建议：让牧民每户拿出一只羊，以羊入股成立牧民合作社，由合作社统一饲养、售卖，最后再把赚来的钱以分红形式发给牧民。

在我们的"倒逼"下，2017 年下半年，加克西乡试点运行了绵羊短期育肥项目，实现了"零产业"的突破。当年，三个合作社总收入 8.4 万元，乡政府马上决定扩大产业规模。

2018 年，我们也兑现了承诺：援藏资金建设的两座温室顺利建成，解决了加克西乡农牧民吃菜难的问题！

"再合适的温度也不能使石头孵出鸡仔。"精神贫困是扶贫攻坚的最大敌人。如果建档立卡农牧民自身不努力、不积极，外力再强，持续脱贫也是一句空话。我们运用优惠政策宣讲、培育树立致富带头人典型引路和重点培养致富带头人入党示范等方法，加大宣传教育力度，从而让市场观念、竞争理念、价值意识寻找到在"够了就好"的知足文化中扎根的土壤。

高原处处是"富矿"

江孜县城海拔 4050 米，特殊的地理位置和气候，让农作物天生富含更高的营养价值，因此，我们一直认为这里是"富矿"，关键是我们这群"矿工"如何挖掘。

我们调研发现，江孜 19 个乡镇，大部分都有一些零散的温室大棚设施，每个村都有两名科技特派员，而日喀则蔬菜市场即使在夏季，自给能力也只有 40%。其中，热索乡努康村十几座大棚种植不好、管理不善，达孜乡恰九村新建的六座大棚干脆在"晒太阳"。

这让我们看了很心疼：这些大棚不少是我们前几批援藏干部辛苦工作成果，不能这么浪费！

红河谷农业科技示范区是上海第七批援藏的重点项目。我们又投入 4000 万元援藏资金，打造了红河谷农业科技示范区二期项目，拓展了引种、孵化、科普等新功能。我们把红河谷园区和散落在全县乡村温室大棚联系起来，提出了让农业园区通过种苗、技术培训和蔬菜销售三种方式辐射到 19 个乡镇、若干个辐射点的"1 + 19 + X"模式。

比如，我们到热索乡努康村调研发现，当地农民拉多通有多年种植蔬菜的经验，但经营温室比较破旧了。于是，我们投入援藏资金 200 万元在原地新建了 13 个大棚，由村里的 27 户建档立卡贫困户经营。

三年时间，"1 + 19 + X"辐射模式，已经辐射到 18 个乡镇、22 个点，送出种苗 20 多万株，培训科技特派员等农牧民 102 名，直接带动了 437 名建档立卡贫困人员增收。

几乎人人都知道藏红花，但市场上的藏红花极少产自西藏，而是在苏浙皖沪一带有种植。但是，藏红花更适于高原上种植，因为温差大，植物生长周期长，营养元素积累多，品质更高。我们花了三年时间，终于让这花真正的姓"藏"。

2016 年，我们通过招商引资，西藏红河谷藏红花农业科技有限公司注册成立。同年，第一批 8000 多颗藏红花种球在红河谷农业示范园落户。没想到，有一小部分藏红花种球生了"白叶病"。为了不影响健康种球生长，只能忍痛把生了病的种球剔除，这一下子就损失了十几万元。公司赶紧从苏浙等地请来了藏红花种植技术人员，教授当地农牧民。但是，由于高原气候等原因，专家们坚持不到一个月，就陆续离开了。最后，我们从江孜县农牧综合服务中心找来"土专家"，卓玛就是其中一个，她对这份工作非常满意："每月能赚 2000元，年底还有奖金，在这里工作很好。"

首批藏红花种球试种成功后的第二年，藏红花种植扩大了 46 万株，成功收获了 10 公斤藏红花产品，并以"帕拉庄园"品牌上市。藏红花从此真正姓"藏"。农牧民参与这一阶段性劳动密集型产业的发展，合计劳务收入达 15 万元，140 多名农牧民实现增收。

如今，红河谷农业示范园区已经成为上海援藏闪亮的"名片"。江孜农牧民群众或者直接到园区就业，或者到园区培训，或者到园区科普，或者到园区购买花卉，或者到园区"过林卡"，在他们心中园区已经成为生活的一部分。

这让我也有了新的启发：援建品牌项目打造必须一棒接着一棒干，才有生命力。我们也不负厚望，接过接力棒，全力奔跑！

富余劳动力也是财富

忙半年、闲半年，是大部分西藏农牧民的普遍生活节奏。这一方面是气候原因，西藏的冬天时间很长，以农牧业为主，也就半年时间可以耕种、放牧；另一方面，当地产业结构单一，除了农牧业，基本没有其他副业。

我曾读过习近平总书记的《摆脱贫困》一书，其中《一种崭新资源的开发——谈加强对农村富余劳动力转移的疏导》一文对我启发很大：富余劳动力，也是一种财富，"一种极其宝贵、可待开发、可能创造巨大价值的崭新资源"。

这使我联系自己身处的江孜，能否开发运用好这一崭新资源，为脱贫攻坚助力？邓小平同志也给我们指明了方向："要把农村一半以上的劳动力转移出来搞二、三产业，才能使农村走向小康。"

如何解决富余劳动力就业问题？我们决定，鼓励农民办合作社，培养"致富带头人"，带动建档立卡户就业脱贫。

边巴家做奶渣等农畜产品已经有二十三年了，但小作坊生意不温不火，只够一家生活开销。在我们的鼓励下，边巴于 2015 年注册成立合作社，如今在东郊村奶酪和酥油提供户已经达到 217 家，他一年纯收入就有几十万元。

作为致富带头人，边巴的合作社先后带动建档立卡青年 12 人就业、1 人入股分红，培训农牧民青年 46 人，帮助 40 户建档立卡贫困户家庭"零差价"代销奶酪、酥油。

要脱贫就要发挥"边巴"他们的作用。对合作社来说，这样既扩大了规模和知名度，在贷款时又能享受政府的政策倾斜，形成"先富带动后富"的良性循环。

江孜要发展，还需要年轻人来带头。在当地，大学生毕业后的第一选择就是考公务员。在他们眼里，这是一个体面、稳定的"铁饭碗"。于是，我们就说服一些大学生，自己创业，勇敢逐梦。

边巴的儿子尼玛平措，就是大学生创业的典型代表。我跟他说："别考公务员了，注册一个农产品公司给你父亲的合作社做销售。"小伙子后来认真考虑后，决定子承父业。年麦青稞合作社伦珠的女儿米玛普赤，2018 年大学毕业，经过我多次上门动员，她也放弃考公务员，自任法人的西藏索喃吧黑青稞产品开发有限公司成功注册。

为了鼓励青年创就业，我们开展了"青春脱贫行动"，做实青年就创业基地项目、典型带动就业项目、小额贷款助推就创业项目、爱心助推脱贫项目。在边巴家，我们还租用了一个走廊和一间房间，打造成"青春扶贫行动"展示馆，让更多人了解这个项目，为贫困人员指明脱贫致富之路。

让富余劳动力真正实现就创业，还需要让他们提高就创业的技能。我们在红河谷园区建成农牧民培训服务中心，引进江孜最好的民办雪域阳光职业技术学校入驻经营，培训学员 12 批、2900 多人取得上岗资格证书，其中 45 人从藏餐馆、藏式服装店和电焊等入手成功创业，也改变了当地人对手工艺者的偏见。

浦东江孜携手奔小康

2016 年 7 月 20 日，习近平总书记在银川召开的东西部扶贫协作座谈会上，向决战贫困发出了总攻令，为全面打赢脱贫攻坚战做出重要战略部署。

此时，我们第八批援藏干部江孜小组到江孜刚满一个月。经过一个月的调研，我们也在努力寻找三年援藏工作的突破口。习总书记提到的"携手奔小康"，就像一束阳光照进了我们的心房，给我们的援藏工作提供了指引和遵循。

我们援藏的初衷，就是浦东与江孜的一次"携手"。入藏前，浦东领导强调，上海援藏是中央交给上海、交给浦东的重要任务，上海浦东一定全力以赴、全力支持。上海浦东的援藏工作，必须遵循"中央要求、西藏所需、上海所能"。我们也深知，江孜小组的背后就是发达的大浦东，背后就是温暖的大后方。

我们调研发现，江孜确实存在基础设施陈旧、教育不均衡等困难，但是援藏资金安排必须以脱贫攻坚为核心，不少群众亟须解决的问题难以在计划内安排。于是，我们讨论决定，开展"携手奔小康·浦东人民认领江孜人民心愿"活动，弘扬浦东人民大爱，解决江孜人民急需。

哪些是江孜人民"确实急需"的需求？我们在调研的基础上，结合江孜发展需求，梳理出"心愿项目"。项目确定后，请江孜相关职能部门和乡镇进行初步预算，提出项目概算资金，再简要撰写项目建议书。

2016 年 8 月 16 日，我回浦东筹办珠峰文化节上海活动周，带上了这份建议书。一早，我就回到了浦东新区办公中心，与合作交流办的奚晓龙处长沟通了相关工作。等到傍晚 7 点，分管合作交流的陆方舟副区长才得以从繁忙的会

▲ 欢送上海市第八批援藏干部江孜小组

议中抽时间来听我汇报，他对"携手奔小康"活动表示支持。

这之后，我们又利用春节休假等机会走访浦东相关镇和部门，逐一落实"心愿项目"认领单位。各镇和各单位的领导一口答应，还帮助我们谋划如何完善项目方案，提出建好项目、发挥项目作用的"金点子"。

三年来，"携手奔小康·浦东人民认领江孜人民心愿"活动已经组织三批共 30 个"心愿项目"，涉及产业发展、安全饮水、教育均衡、文化促进等各领域，合计资金 4001.8 万元。这笔资金不是小数目，几乎是我们援藏资金的四分之一！

除了"携手奔小康"活动外，浦东人民还自发组织了各种援藏活动。比如，永达基金会出资 150 万元建立教育基金，支持江孜教育事业。浦东新区区级机关党工委和合庆镇等各级机关党员群众发起"捐衣物、送温暖"项目，共募集衣物 250 多箱 1.5 万余件，折合 125 万元，温暖了农牧民和建档立卡贫困户的心。

援藏工作就是一座桥梁，把浦东和江孜两地联系在一起，让两地人民的手牵在一起、心连在一起。

援疆　援藏　让我登顶人生的高度

侯坤，1980年1月生，陕西宝鸡人。2012年7月至2013年12月，为上海市第七批第二轮援疆技术人才，任新疆维吾尔自治区喀什地区莎车县人民医院普外科副主任、学科带头人。2016年6月至2019年7月，为上海市第八批援藏干部，任西藏自治区日喀则市江孜县卫生局副局长、卫生服务中心主任、县人民医院院长。现任中共浦东新区光明中医医院党委副书记、纪委书记。

口述：侯　坤

采访：龙鸿彬　司春杰

整理：司春杰

时间：2020 年 5 月 13 日

欣赏过巍巍昆仑的雄伟，领略过喜马拉雅的绵延；为上千名维吾尔族、藏族同胞诊治过病患，收到过无数条洁白的哈达……一年半的援疆、三年的援藏，虽背井离乡、条件相对艰苦，但让我的医术磨炼得更为精湛，让我的人生阅历更为丰富，让我登顶人生的高度！

援疆援藏，圆了我的初心和梦想

有很多人问我，"为何会援疆一年半，又去援藏三年？"是啊，如果仅仅是为了晋升，我确实没必要"两援"！

站在手术台前，一直是我从小立下的志向；治病救人，更是我一生的夙愿——援疆援藏，圆了我的初心和梦想。

2012 年，我 32 岁，是浦东新区人民医院的一名外科医生。这时，组织上动员外科医生援疆。我毫不犹豫，立即报名了。当时，我在腹腔镜手术方面已经有着丰富的经验，而且刚晋升中级职称，一心希望能为更多患者解除病痛，在学科建设方面取得一定的成绩。

在莎车县人民医院担任普外科副主任的一年半时间，我几乎都在手术台旁

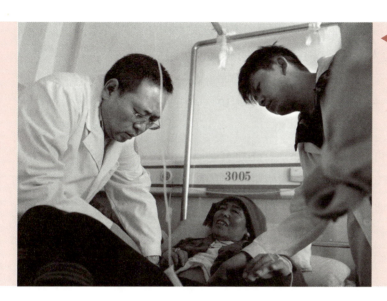

◀ 侯坤在给术后的
病患复查

度过。平均每天四五台手术的工作量，让我忙碌不堪，却觉得很充实。遗憾的是，时间过得太快，还有好多台手术来不及做，还有好多新毕业的医生来不及教。转眼就到了返沪的时间，看着送行的维吾尔族同胞眼中的恋恋不舍，其实我内心也十分留恋。当时，我心里就想："如果能再给我一次机会去医疗援助，我还是会毫不犹豫地报名。"

2015 年 7 月，浦东新区人民医院与西藏江孜县人民医院结对。我作为医院援藏技术干部，去西藏工作了一个月。克服了高原缺氧的辛苦，我在当地开展了县级医院首例腹腔镜手术。那时，我就发现，边远地区由于医疗资源欠缺，很多病患得不到及时救治，这让身为医生的我内心感到非常沉重。如果有机会能多一些时间在手术台前，那么我就可以救治更多的病患。

西藏回来没多久，组织上又发起援藏的号召。我内心开始纠结：去吧，担心离开三年，家人无法照顾到，毕竟上次援疆错过了女儿的出生，而这一年女儿即将幼升小，更需要学习和心理的双重辅导；不去吧，我又觉得错过援藏的机会有些遗憾，毕竟江孜是极度缺乏医疗资源的地方。

没想到，妻子看破了我的心思，她说："你想去就去吧！家里一切有我！"

就这样，在妻子的支持下，我报名援藏了。组织对援藏卫生系统干部要求非常高，一是希望有丰富临床经验和丰富医院管理经验的人才；二是有过援藏援疆经历的人更合适。我当时是浦东人民医院的"院感科"（医院感染管理科）科长、医务科副科长，同时拥有丰富的紧急医疗救援经历，牵头做过迪士尼开工医疗保障、亚信峰会医疗保障、2014 年国际马拉松骑行保障等工作。

就这样，我再赴西藏。这一次，不是半个月，而是三年。在西藏的三年，我收获更多：不仅自身医术在防治传染病方面取得进展，还为当地留下了一支医疗队伍，并且通过健康扶贫让建档立卡因病致贫户减少。

还记得我们打包好行李准备离开江孜时，4 岁患者扎西顿玉的父亲买不起酒，就带了两瓶矿泉水和一面锦旗来送行；还有很多当地的老乡带来洁白的哈达，挂满我们的脖子；共事过的医护人员含泪相拥，难舍难分……

援疆、援藏，是国家的重大战略，也是我们医护人员的使命。"两援"的经历，对于我来说，此生无憾！

医者仁心，站在手术台前的无数个日夜

到新疆之前，我就听说过，当地医疗资源非常匮乏。真正到了莎车，我才切身感受到，当地医生的辛苦、病人等待救治的痛苦。

莎车县常住人口有 100 多万，一家县医院根本满足不了群众就医需求。莎车县人民医院，外科床位只有 80 张，但平均每天有 100 多名病人，走廊里都挤满了病人；能做腹腔镜手术的医生很少，大多数医生只能做阑尾炎手术，而胃癌等大手术只能送到省城医院；一名主治医生平均每天要做四五台手术，还经常要出急诊，几乎全年无休……

作为一名外科医生，最希望的是一直站在手术台前。但是到了莎车后，我第一次感到了疲累，经常做完手术回到宿舍，然后又被急诊的铃声吵醒，再投入紧张的救治中。

让我记忆深刻的是，一个六个月大的孩子，患有先天性胆总管囊性扩张。我给患儿检查后发现，孩子的胆总管已经肿得跟小皮球一样大。这样的患者，当地医生是不敢治的，都建议送到北京等大医院去。可是，按照当时的情况，

患儿送到北京、上海等大城市要舟车劳顿，且花费很大。而患儿如果不及时手术就可能会导致肝功能衰竭。于是，我接下了这台手术，制定严密的围手术期方案，经过两个小时的手术，患儿的病情得到了有效救治。

有一位维吾尔族的老大爷，患严重的甲状腺炎，脖子肿得跟馒头一样大。他手术出院后第二天，端着半个哈密瓜就站在医院门口等我，看到我下班后出来，赶紧送到我手中。老大爷家里很穷，治病又花掉了所有积蓄，但他还是买了半个哈密瓜来谢我。

几台大手术下来，我在当地医生和病人家属中也有了小名气，有的病人特意从很远的地方赶来找我看病。直到我离开新疆的前一天，我还站在手术台前做手术。尽管这一年半，没有睡过一个好觉，没有休息过一天，但几百台手术做下来，让我的医术更精湛，让我的医心更纯净。

2016 年，我站在全国海拔最高地方的手术台，开始为藏族同胞做手术。

江孜县人口不多，病患也比莎车少了很多，但是手术难度更大。当地平均海拔 4050 米，一台复杂的手术至少要两个小时以上，为了避免因缺氧而导致体力透支，援藏医生会和病人一同吸氧。吸氧管的一端插在鼻孔里，外面再戴上手术口罩。长长的管子绕过耳朵，贴着背部，再从手术衣里穿出来，连上氧气接口——我们称这个叫"辫子吸氧"。

记得最紧张的一次手术，是一场跨越 100 多公里、历时一个多小时的生命接力赛。

2017 年 5 月的一个晚上，22 时 14 分，我接到了亚东援藏干部于浩的电话。于浩是亚东卫生局副局长、卫生服务中心主任。他来电说，有一名藏族产妇产后大出血，正在紧急转院赶赴江孜。转院途中，随车医生突发胸闷不适，紧急求救江孜县人民医院。

危急时刻，我立即安排内科医生、妇产科医生、急诊科护士紧急到位。10 分钟后，江孜县人民医院的救护车向亚东方向火速赶去，约 45 分钟后两辆车子在江孜、亚东两县之间的康马县交接。我和扎西次仁副院长也赶到医院急诊科，部署好抢救设施，等待患者到来。23 时 40 分，两辆救护车到达医院急诊科，我们团队即刻对患者实施抢救，对突发疾病的随车医生进行诊断和治疗，

◀ 病患者送锦旗

直到病人和随车医生情况稳定，大家长舒了一口气。

西藏日喀则高海拔农牧区，小儿先天性髋关节脱位（DDH）高发，患病率超过千分之三十二，是中国内地 DDH 患病率的 6 倍以上。农牧区新生儿长期双下肢捆绑的传统护理方式是 DDH 发生最主要危险因素。早期筛查和治疗对患儿预后至关重要，6 岁前不接受手术矫正将终身残疾。在上海市第八批援藏江孜小组的帮助下，我们成功申请援藏资金专门针对先天性髋关节脱位患儿进行免费筛查，并送往上海免费手术。在江孜，我们已经成功开展全儿童筛查和相关宣传教育，6 例患儿送往上海成功手术。

江孜的先天性心脏病患者发病率和致残率也比较高。而该病的早期治疗对于提高手术成功率和改善远期预后效果意义重大，特别在扶贫方面，避免致残和丧失劳动力，降低因病致贫发生率。第八批援藏江孜小组再次争取援藏资金投入，2018 年在浦东新区卫计委和上海市东方医院的帮助下，开展先心病免费筛查和手术。目前已成功安排 6 名患者赴上海手术。

医生的天职是治病救人。在莎车、江孜，我所做的就是履行一个医生的职责。在江孜三年，每次听到当地藏民称呼我为安吉拉（藏语，意为"天使"），我便感到援疆援藏无悔，这段经历是我人生的一笔宝贵的精神财富。

上工治未病，有效防控传染病

到江孜后，我第一时间开展调研，毕竟"望闻问切，才能准确把脉"。

"将包虫消灭到底"，是我进藏之后的一个重点目标。我发现，包虫病作为西藏地区一种特有疾病，严重影响着老百姓、特别是贫困地区农牧民的身体健康。因不良生活习惯和贫困落后，号称"虫癌"的包虫病，发病隐匿，感染率高，难以有效根治。虽不能短期致命，但丧失劳动力和高额治疗费用，导致因病致贫或返贫已然成为西藏地区脱贫的一大健康障碍。

2017 年 6 月下旬的一天，下午 4 时许，一位重症休克患者被紧急送进急诊科。患者索朗次仁，江孜县达孜乡人，5 天前因肝包囊虫病复发破裂导致急性弥漫性腹膜炎，病情加重，感染性休克，徘徊在生与死之间。

此时，我刚从手术台走下来，又立刻赶过去进行初步会诊和评估。考虑到休克症状严重，病人随时有生命危险，我决定即刻完善相关检查，进行急诊手术。下午 6 时，我带领外科另外三名医生开始手术。经剖腹探查，发现患者多发肝包虫囊肿伴破裂，虫卵进入胆总管，引起急性梗阻性胆管炎、急性胰腺炎、急性坏疽性胆囊炎，腹腔积液。在克服无法输血的难题后，手术中进行肝左叶大部切除、包虫囊病灶切除、胆囊切除、胆总管探查引流。历经四个小时，我们在"辫子吸氧"的支撑下顺利完成手术。

在江孜县人民医院，我做过的上百台包虫病手术中，有新发一个病灶的四五岁小孩，也有多次复发、多次手术、病灶长满腹腔的老者；有做好充分准备满怀希望的平诊患者，也有囊肿突然破裂生命垂危的急诊病人。这深深刺痛着我的心，我决定一边手术，一边寻找根治的办法。

"上工治未病，中工治欲病，下工治已病"。与其措手不及地拼命手术，不如更好地开展宣教和早期筛查，从发病前沿控制包虫病的发生和传播更有深远意义。

为了让当地百姓了解如何防治包虫病的知识，我们医护人员开展了"送医下乡"活动。有的年轻人特别有想法，他们把自行车改造成移动的宣传广告栏，后座上支起一个铁架子，上面张贴着关于传染病防治知识的海报。经过医护人员下乡宣传、当地乡镇干部宣传等方式，越来越多的老百姓意识到包虫病防治的重要性，到我们医院就诊、咨询的也渐渐多了起来。

2017 年，在浦东新区卫计委的大力支持下，我们率先在所有援藏省市中开展包虫病筛查帮扶工作。浦东新区卫计委克服自身困难，先后派遣 15 名超声医生分批进藏，帮助江孜县完成包虫病筛查，经过近 10 周的努力，所有医生克服头晕、气短、失眠等高原缺氧症状，每天坚持连续工作七八个小时，完成了 10800 名老百姓的筛查，其中阳性病例 62 人，建档立卡户 4 人。

截至 2017 年底，江孜县共完成 6 万多居民的筛查，发现阳性病例 260 人。此次筛查，不但充分告知群众预防包虫病的注意事项，而且确切掌握了江孜县包虫病的发病率和分布情况。我们建档立册后进行点对点主动联系，通过及时手术和药物治疗让老百姓看到了生的希望、爱的呵护。江孜县人民医院也于 2017 年 4 月被定为自治区包虫病定点诊疗医院。

健康扶贫是精准扶贫的重要组成部分。江孜县建档立卡人员新农合住院报销比例为 80%，民政局再补贴个人支付部分的 80%，最终建档立卡户需要个人支付总费用的 4%。我们还争取 200 万元设立建档立卡户医保兜底基金，用来支付个人自付费用，保障建档立卡户个人医疗费用零支出。在我们的努力下，江孜建档立卡因病致贫户减少为 1189 人，下降 68%。

"造血式"援助，留下带不走的医疗团队和设施

援疆一年半，援藏三年，对于我个人来说，时间足够长；但是对于当地病患来说，我们待的时间太短，还有很多病人希望得到上海医生的救治。

如何破解当地医疗资源匮乏的难题？我决定，通过"造血式"培养，为当地留下一支医术精湛的医护团队。

援疆一年半时间，我担任了莎车县人民医院腹腔镜学科带头人，为当地培养了一批做得了大手术、拿得稳手术刀、做得了学科研究的外科医生队伍。

我刚到莎车时发现，当地的外科医生存在手术经验缺乏、流程和姿势不规范等问题，甚至有的医生开个阑尾炎手术都要手抖。于是，我每次做手术都要求由年轻医生担任副手，一边做手术一边现场教学；慢慢地，我让年轻医生主

刀，自己做副手，一边辅助手术一边指导；最后，我就站在手术台旁，看到年轻医生手势不规范的地方才指点一下。就这样，我在莎车县人民医院做了几百台手术，但"旁观"的手术也有几百台，最后带出了一支医术精湛的团队。比如，阿迪力、王玉林、张勇、袁峰等几名年轻医生现在都已经成为当地医院的主治、主任级的医生。他们每次到上海来培训，都会给我打电话，称呼永远不变——侯老师。

担任江孜县人民医院院长期间，我组织年轻骨干开展"一对一"带教，加强业务培训和手术带教工作，提升当地医务人员专业素质。我个人，在腹腔镜外科领域培养 1 名医生独立开展腹腔镜胆囊、阑尾等手术累计 300 例以上，急危重症处置、围手术期规范管理和常见外伤处置方面培养出 2 名年轻医生，骨科领域培养 1 名骨干医生，微生物检验方面培养 1 名骨干医生，重症护理方面培养出 1 名护士长，此外在无创呼吸机使用、微压氧治疗、急诊抢救室处置等方面培养出若干名医护人员。自 2016 年起，我们还先后共组织 14 名江孜县人民医院骨干医务人员赴上海市浦东新区人民医院进行 3 个月进修，两批 20 人次短期学习考察团，其中 1 人取得国家级 PICC 证书。培训工作还需要经常"回炉"，自 2016 年起，组织江孜县人民医院骨干医务人员进修和中层干部短期培训 49 人次。

除了"造血式"培养外，我们还对江孜县医疗卫生方面进行"输血式"帮扶。为帮助加强医院和科室内部管理，提高医院医疗服务能力和卫生专业技术人员运用适宜技术的能力，2016 年起组织先后共三批 21 人次短期帮扶团，涉及护理部、麻醉科、信息科、检验科、骨科、药剂科、信息科、病理科、急诊重症、外科护理、妇产科护理、手术室供应室护理等 12 个临床医技护理科室。整合浦东新区卫计委资源，开展两批次浦东新区卫生系统专家团培训项目，涉及医院管理、感染管理、普外科、呼吸科、眼科、骨科、内镜科等专业。开展 240 多人次的讲座培训，2 例胃镜演示操作和 1 例疑难病例讨论。

针对江孜县的疾病谱（胆道系统疾病、创伤骨科和呼吸系统疾病等），医院各学科建设状况，我又提出设立外科、检验科为第一批重点学科，进行规范化的学科建设和人才培养。现在，江孜县人民医院科室细分，光外科就分为骨

◀ 捐赠仪式

科、胸外专业和普外、泌尿等专业。新开展的肾脏内科、急诊重症、微生物实验室等，填补了当地医院学科建设空白。

三年来，上海援藏在卫生方面针对 12 个项目总计投入 4000 万元以上。其中，包括新建江孜县藏医院、江孜县疾控中心，开展人民医院信息化建设，新建江孜县制氧中心，建设江孜县基层医疗"健康小屋"项目，建立江孜县医保兜底基金等。

脱贫攻坚的路仍然继续。我们第八批援藏干部离开了，江孜县又迎来了第九批援藏干部。来自上海浦东的援藏干部以接力的方式，为江孜人民绘就一片更加纯洁、更加健康的蓝天！

走好援藏路　为高原学子铺就未来

　　郭树宝，1972 年 11 月生，安徽淮南人，2016 年 6 月至 2019 年 7 月，为上海市第八批援藏干部，任西藏自治区日喀则市江孜县教育局副局长，兼任江孜闵行中学校长。现任上海市浦东新区洪山中学校长。

口述：郭树宝

采访：龙鸿彬　陈丽伟　丁丽华

整理：陈丽伟

时间：2020 年 5 月 26 日

援藏对于我来讲是一次巧合，却又缘分注定。我曾于 2013 年到西藏旅游，2016 年 6 月，在浦东洋泾中学担任校办主任的我被推荐为援藏干部，尽管我深知自己的身体条件，但曾经参与过教育援滇的我更加明白，援藏是一项崇高的政治任务，作为党员听从组织的号召义不容辞。

一方面，我马上毫不犹豫地整理行囊，另一方面，家里也确实让我牵挂：儿子下半年即将升入初三，正是升学关键期；老父亲身体不好；我爱人在医院里担任中层干部，工作繁忙，同时她也非常担心我的身体。援派干部的工作制度充分考虑到干部家庭的实际情况，每个人都要先征得家属的同意才能成行。连续两天，我在爱人的门诊室外等候，利用午休时间做她的思想工作。最后，在爱人、儿子等家人的理解和支持下，我光荣成为第八批上海市援藏干部。2016 年 6 月 18 日，我和其他援藏的兄弟们一起启程，赴日喀则后转到江孜，担任江孜县教育局副局长，负责教育教学、教师队伍培训与发展工作和教育系统援藏项目建设工作，同时兼任江孜闵行中学校长。从登上苍茫的雪域高原，开始对口支援工作起，走好自己的援藏路，让西藏的孩子有更好的未来，就成了我援藏工作的信条。

愿做高原劲草，扶贫先扶智

上了高原，我下决心要做一棵坚韧的小草，在援藏工作中做出自己的贡献。援藏干部工作主要围绕两个内容展开：一是完成援藏项目建设，精准扶贫，同时开展战略协作；二是助力当地的维稳工作。作为教育系统援藏干部，学校就是我的阵地，我坚持扶贫先扶智，谋划把物质援藏转化为智慧援藏。

江孜是日喀则市乃至西藏自治区的教育大县，但是当地的学校条件非常艰苦。江孜闵行中学由上海市援建，初到学校，不仅校舍、教室等非常破旧，食堂、卫生等基本设置也非常简陋。师生艰苦的教学环境，让我心情沉重，晚上难以入睡，这座拥有 1470 余名学生的学校，有 100 多名学生走读，其他均住校，预计到 2019 年在校生将达到 2000 人，但是学校厕所蹲位不够，没有浴室，食堂是多年前按照 400 人就餐的标准建造的，孩子们只能按年级轮流吃饭，后面的学生吃到的都是冷饭冷菜。

针对这种情况，我马上向上海援藏项目组的王高安书记做了汇报，积极争取向援藏资金增加教育方面的投入。我向日喀则市领导提出，学校是育人的地方，是培养人走向文明、走向成功的地方，走向文明首先是文明习惯的养成，学校缺乏条件，不利于孩子们养成良好的卫生习惯，一定要给孩子们创造条件。经过日喀则市发展改革委员会批准，我们用划拨的经费为学校建造了两个厕所，全部按照上海的施工标准来建造。

学校没有浴室，在上海援藏经费和项目已经确定的情况下，由上海援藏项目组王高安书记牵头，浦东新区高桥镇捐款 160 万元，学校修建了两层楼高的浴室，可以满足 100 个学生同时洗澡。有了浴室，孩子们可以定期洗澡，我也把经常洗澡列入学生行为规范养成教育的指标之一。

此外，援藏期间，我还先后争取援藏资金 3000 多万元，为江孜闵行中学新建了可以容纳 2400 名学生同时用餐的食堂，改变学生就餐拥挤和吃冷饭的窘境；修建了现代化的学校图书馆，高原上的孩子们拥有了一个集合了电子阅览室、电脑房、录播教室等现代化设施的"智慧书院"；维修教学楼、学生宿舍，实施环境提升工程，改善了学生学习、生活环境，形成了环境育人的

◀ 图书捐赠仪式

氛围；为全县教师购买 560 台电脑，实现全县教师人手一机，为教师备课、命题、培训与发展等创造了条件；发动浦东中小学生捐赠图书 17 万册。

这些努力结出了令人欣慰的硕果，2017 年，江孜县以西藏自治区第二名的好成绩顺利通过国务院的教育均衡化验收。

编撰德育读本，创造多个"第一"

对于德育工作，我在援滇、援藏时经常向当地的师生提出一个观点：德育就像盐，虽然是人体必需，但是一碗盐没人能吃得下，可如果烹制成可口的菜肴和汤羹，人们就会很喜欢，这个观点在我援滇、援藏的工作中，得到了当地师生的一致认可。

作为一个有着二十多年德育工作经验的教育战线的老兵，我深知德育要从娃娃抓起，德育必须借助恰当的载体，才能摆脱枯燥的说教，一场深入人心的爱国主义参观，一次寄教于乐的互动游戏式体验，比单纯说教更能发挥"润物细无声"的作用。

我在江孜闵行中学巡视时发现，班会课上除了班级事务，老师们苦于德育素材少，班会课经常上成自修课或学科课。经过一段时间思考，我决定从教材入手，编撰一本深入浅出、图文并茂的德育读本，供班主任在班会课中使用，教育孩子们爱党、爱国、爱家乡，珍惜幸福生活，反对分裂。

时间紧迫、不容耽误，我将想法汇报给有关领导，得到支持后立刻开始着手具体工作，经过一年多的编写和翻译，又经过一年的各级相关部门审核，历经 20 余次修改，2018 年 11 月，汉藏双语的德育读本《美丽的江孜》正式出版，这也是西藏第一本正式出版的县级德育读本。

令我意想不到的是，这本书还引起了一些国际关注。

2019 年 2 月，我春节过后一回到江孜，江孜县公安局就联系我，他们说，郭局长你为西藏做了一件大好事，西藏自治区党委书记吴英杰高度评价这本德育读本，认为这本书触痛了西藏分裂主义者和达赖集团的神经，不仅要在上海宣传，更应该在江孜大力宣传。

原来，这本书出版后，我将书也寄回了上海的工作单位——洋泾中学图书馆，希望上海的学生通过此书了解西藏的风土人情，热爱祖国的大好河山。图书馆管理员觉得书很有意义，就推荐给了《新民晚报》记者，这位记者就此书的情况电话采访我，事情过后，我忙于工作早就忘到了脑后。但是报道刊登后，经过《环球时报》等媒体转载，引发了美国、英国等一些西方国家媒体的关注。2019 年初，江孜县为《美丽的江孜》举行了隆重的首发式，江孜的师生有了德育读本，丰富了当地校园德育教学的内容，推动了当地德育课程体系的构建。

此外，在领导的支持下，浦东新区曹路镇捐助 70 万元资金，我又通过社会慈善力量筹集了 200 万多元捐款，在当地一栋旧楼的基础上建造了江孜教育博物馆，我把这座博物馆定位为德育基地，邀请上海洋泾中学校史馆的馆长赴江孜，为博物馆建设出谋划策。馆里收藏、布置了当地古代和解放前、民主改革时期以及新时期教育事业发展变化的相关资料、实物，介绍当地培养出的邦国才俊以及他们勤奋学习、报效祖国的事迹。

博物馆建成后，孩子们在参观中亲身感受到了西藏解放后的巨大进步，感情和思想上都受到极大触动和洗礼，更加坚定了早日成人成才、建设家乡、反对分裂、回报祖国的信念。现在，教育博物馆不仅是学生的德育基地，江孜县、日喀则市乃至拉萨的党员干部也来参观学习，这里成为江孜县党员干部的学习基地，也是西藏唯一的一所教育博物馆。

立德树人，校园育人润物无声

为了增强西藏的孩子的"五个认同感"即认同伟大祖国、认同中华民族、认同中华文化、认同中国共产党、认同中国特色社会主义，我还率先在江孜县小学、幼儿园推行汉藏双语教学实践，让高原的孩子们从小学习汉语，增进孩子对祖国通用语言文化的认同。

根据实际情况，我经过深思熟虑，提出了先在幼儿园试行的办法，获得了县教育局领导的大力支持。

从学前教育阶段开始推行双语教学，先在全县乡级幼儿园试点，课件由一家制作过类似内容的公司提供，以减轻老师负担。经过两年多的尝试，取得了良好的效果，小班开始进行双语教学的孩子升入大班时可以用汉语无障碍交流。此后不久，国家要求全面推广统一教材，因为我们已有推行双语教学的经验，师生们都已经适应，使用统一教材非常顺利。之后双语教学试点逐步推广到小学，经过一年的试行，试点学校的学生不仅语文成绩，其他各科成绩也一起提高了。

之后，日喀则市教育局局长带领全市 17 个县区教育局局长和各中学校长一起听取我们关于双语教学项目的展示，各级领导给予了高度评价。我离开江孜与下一批援藏干部交接时，日喀则考虑在全市推广双语教学。

德育工作不是单纯的教学与接受，更在于日常点滴的熏陶，所以我一直非常重视校园氛围的建设，坚持德育为先，文化引领，比如让全校师生自己创作校园格言，评选出的优秀佳作悬挂在校园的各个角落，提升学生的自信心，实现自我教育。在改建学校教室时，我亲自构思，设计了江孜闵行中学的新大门，一高一矮两个立柱，中间围拱校徽，将呵护的双手艺术地变形简化为 V 字形，上面一颗闪耀金色光芒的太阳，寓意学校托起明天的太阳，让孩子们成长为国家未来的主人。高的立柱上是红色的五角星，代表学校坚持党的领导和教育方针，两个立柱之间的横梁像一片打开的绿叶，整个造型的右边是上海陆

◀ 江孜闵行中学校门口

家嘴景观的浮雕，表明学校最初由上海援建。让校园的每一堵墙、每一个角落都"开口说话"，发挥育人功能。

融情竭力，一个也不能少

作为校长，针对当地教育的实际情况，我提出"一个都不少，人人发展"的办学理念，树立了"四好"目标：校园环境好、师风学风好、教学质量好、社会声誉好。

江孜农牧民家庭的孩子失学率较高。对失学的孩子，我和老师们挨家挨户探访，遇到家长不理解的，我们不厌其烦，多次上门，甚至与乡长、村干部一起上门。当地同志对我说："郭校长，援藏干部这么干活的人，你是第一个。"

一些违反行为规范的学生，退学申请拿给我签字时，我都没有同意。我深知，这是这些孩子从校园到社会的最后一关。学校的职责是什么？学校的职责就是育人，把这些孩子推向社会，他们很可能成为负能量，甚至会被恶势力所利用，如果学校多点耐心，老师多点耐心，他们就有可能转变，这会改变学生的一生。经过努力，我们劝回了几十个原本失学的孩子，因为失学太久，这些孩子回归后的教育难度很大，老师们也开始意识到，如果早一些将这些孩子带

◀ 和学生们在一起
交流

回课堂，后来就不至于积重难返，教育效果会更好。当地领导也理解了我的做法，他们说，郭校长是有远见的。

此后不久，全国大力推行精准扶贫，国家教育部和西藏自治区教委要求所有学龄孩子必须回到校园，由各地纪委牵头推行这项工作，一个孩子失学，各个乡镇的书记、乡长和教育局长都要问责。可以说，江孜闵行中学是先行了一步。

我深入课堂听课、评课、督察，参与了教育、教学管理的全过程，亲临教学一线，把握教情、学情，确保了各项决策的有效性。在教育、教学管理上，我建立校长、副校长包年级，中层以上干部包两名后进生、每周听一节课制度，推行"一周一优课"校本研修制度；改革和完善了学校奖惩制度和请假制度等管理制度，设立"管理育人奖""教书育人奖""服务育人奖"；做到了多劳多酬，优劳优酬，极大地调动了老师积极性，实现了"事事有人做，人人有事做"的管理格局。

西藏的教育要发展，归根到底要依靠本地的老师，所以我对师资队伍建设倾注了大量心血。从2016年开始，在全县范围内开展评选名校长、名班主任、名教师的"名师工程"，发挥他们"孵化器"的作用，带教其他教师，组织名师编写教案、PPT、试卷建设教育资源库，为年轻教师提供教学素材。采取"请进来，走出去"的模式对全县中小学幼儿园教师进行分层次进行培训，三年共邀请上海专家、名师78名，举办讲座100多堂。培训中小学校级领导、中层管理人员、教研组长、青年教师、班主任1800多人次。先后组织江孜县50多名骨干教师到上海培训，拓宽了教师视野，提高了教师教育、教学能力。组织协调江孜六所中小学校与浦东六所中小学校结对，以课堂教学改进计划为突破口，组织洋泾教育集团专家来江孜进行教学诊断，推动江孜课堂教学改革。

这一系列措施受到了当地教师的欢迎，经过全校上下的不懈努力，江孜闵行中学连续几年中考获得西藏自治区前八名、日喀则市第二名，西藏县级中学第一名，藏语文学科西藏自治区第一名。江孜的教育工作，一直走在日喀则市乃至西藏自治区的前列，这与各级领导的全力支持以及我和老师们的付出是不分开的。

物质援藏应转向智慧援藏

在实现"一个都不少"的过程中，我了解到，除了贫困或家庭需要劳力之外，当地还有一个辍学原因值得高度重视，当地的大学生毕业回到家乡往往找不到工作，西藏作为高海拔艰苦地区，公务员的收入较高，所以大多数人都准备报考公务员。我去慰问贫困户，八家有三家大学生在家赋闲，这种情况也助长了"上学无用"的思想。我意识到，只有解决就业才能从根本上解决一个家庭的贫困问题。援藏期间，每位援藏干部都要负责两到三个贫困户的扶贫任务，我在帮扶对口贫困家庭时，特别注重解决就业。

藏族乡亲米次家是我结对的贫困建档立卡户之一，父亲残疾，母亲务农，家中因两个孩子上学而致贫。我每年两次上门家访慰问，共送去慰问费4000元，鼓励两个孩子努力学习，早日成才，回报父母，2017年、2018年，两个孩子先后大学毕业，在我的帮助下姐弟俩都成为人民教师，实现了家庭脱贫。

另外，我经常参加扶贫帮困献爱心活动，每一次教育局、学校倡议献爱心捐款，从不拉下。江孜县第一小学学生西热加措，母亲去世，父亲无固定职业，2017 年，患有急性肾功能衰竭，肾脏出血，急需换肾手术，我为小西热捐款 2000 元。2017 年 11 月组织、倡议全校师生为患白血病的初三学生旺姆捐款，带头捐款 2000 元。结对两名江孜籍贫困大学生，两年共捐帮困款 6000 元。

在江孜，当地干部群众的淳朴宽厚让我感动，师生们在那样的艰苦条件下坚守教育，对未来充满希望的精神令人动容。通过对当地民情的深入了解，与当地干部群众的真诚交流，我感到，未来的援藏工作应该从物质援藏转向智慧援藏，更加注重管理经验、高科技等内容的引进和推广，进一步激发当地农牧民的脱贫意识，转变他们的观念，将援藏工作向纵深发展。

静下心来谋事，沉下身子做事

援藏期间，我作为丈夫和父亲，是亏欠妻子与儿子的。三年里，家中老人和孩子的照顾都是我夫人一肩挑起，压力可想而知，特别是当儿子贪玩、学习成绩下降时，她非常着急，而我身在高原，只能通过视频和儿子沟通，但"远程"教育效果有限。或许是因为我的缺席，三年里，儿子的成绩有所起伏，没有获得他本可以达到的更理想的成绩，作为父亲，这是我心中的遗憾。

作为儿子，我也倍感亏欠父亲。2019 年 5 月，我接到父亲病危的通知，但正值上海市委组织部到西藏考核援藏干部，我向领导汇报了情况获得准假赶回上海，当父亲稍有好转，我仅待了 5 天就带着对父亲病情的挂念启程赶回江孜，投入援藏项目的收尾和交接工作。

回首援藏路，我以自己的实际行动完成了党组织交给的光荣任务。三年来，我静下心来谋事，沉下身子做事。尽管有远离家乡亲人的孤苦，高原反应时身体的种种不适，但是雪域高原的辽阔壮美、江孜淳朴的人民时时令人感动，江孜英雄城的民族文化底蕴和纯朴的民情民风、江孜辉煌的教育历史，陶冶感染着我，给了我无尽的养分。三年援藏史，一生江孜情，与其说是去援藏，不如说是在接受援助——我在这段经历中收获了满满的精神食粮和难忘的人生阅历，三年的磨炼弥足珍贵，也是我一生的财富。

让"浦东经验"在雪域高原闪光

　　朱书敏，1971年12月生，河南南阳人。2016年6月至2019年7月，为上海市第八批援藏干部，担任西藏自治区日喀则市江孜县住房与城乡建设（规划）局副局长。现任浦东新区建设和交通委员会征收管理处副处长。

口述：朱书敏

采访：陈长华　陈丽伟

记录：陈丽伟

时间：2020 年 7 月 9 日

2016 年 6 月，中共上海市委组织部发出号召，选拔第八批援藏干部，我积极响应号召，报名参加援藏。我是一名部队转业干部，报名时是年龄上限，科级干部不能超 45 岁。经过各级组织严格的选拔，我作为浦东新区建交委派出的唯一一名干部，成为上海市第八批援藏干部。

走上雪域高原之前，我对西藏了解不多，去之前向第七批援藏干部老前辈、浦东新区建交委监督管理处副处长孟岩简单了解了大概情况，知道西藏环境条件较差，但到底差多少，具体什么样也想象不出来。

以"两不愁三保障"为目标，助推西藏人民早日脱贫成为我援藏三年期间工作的指导思想，三年的援藏经历也时时刻刻让我感受到，中央对西藏帮扶力度之大，对西藏人民福祉关心之深，以及当地干部群众对党中央、对祖国的感恩，发自内心的"感党恩、跟党走"的深厚情感。

三个"融入"助力进入角色

6 月 19 日，我们经由成都转飞拉萨，简单休整后，我们被分派到各个县，上海对口支援日喀则市的五个县，即一区包一县，浦东新区对口支援江孜县。

▶ 上海第八批、第
九批援藏干部江
孜小组工作交
接会

　　6月20日，到达江孜第一天，我永生难忘的日子，江孜县平均海拔4100米，高寒缺氧是这里最大的特点，空气稀薄、天气苦寒、变化异常、道路险阻、紫外线强……坐在车里，望着窗外，起伏连绵的群山从眼前匆匆闪过，还不等我有心情欣赏美景，随着海拔不断增高，身体的高原反应越来越强烈，耳朵嗡嗡响，呼吸越来越急促，但是还能坚持。车终于停在欢迎的人群的面前，天气就像藏区人民一样热情，湛蓝清澈。我此时感到胸闷气喘越来越严重，小心地挪着每一步，上楼时双腿发软，像是在艰苦地爬山，心有余力不足。但是我望着夹道欢迎的藏区人民朴实的笑容，心里倍感温暖。

　　援藏就意味着责任与担当，高原缺氧不缺精神、不缺干劲，在与"高反"的斗争中，我尽快投入工作，并给自己定下了"三个融入"的目标和要求，融入小组、融入县、融入局。

　　上海市第八批援藏干部分派到江孜县的有6名同志，我担任江孜县住建局副局长。我们6位同志来自浦东新区不同部门，未来三年需要各自发力、共同协作，才能合力完成上海、西藏两地组织交给我们的援藏任务。只有紧紧依靠援藏工作联络小组的领导，依靠各位援藏干部的团结，才能推进援藏项目的施工建设。

与东南沿海的上海相比，雪域高原的江孜县有着独特的文化、民族、人口乃至宗教特点，作为援藏干部必须尊重当地的县情，尊重当地民风民俗，融入当地干部群众。

江孜县住建局在编仅有 10 位工作人员，但是我分管上海援藏基建类项目的推进，援藏所有的基建类项目从施工许可证的办理到具体施工，一直到最后审计接收，由我一个人负责推进。这些繁杂的工作，必须依靠局里的同志帮助和支持。

"大比武·红黑榜" 提升项目质量

我原来在浦东新区建交委工作，对工程项目了解一些，在援藏过程中，我结合江孜本地实际，边学，边干，边摸索，边总结，三年来共推进了 35 个项目（计划内 23 个、计划外 11 个）。这些项目点多、面广、线长，特别是上海市、浦东新区党政代表团进藏慰问视察的项目，时间紧、任务重、要求高。这些项目中，江孜闵行中学学生食堂新建项目、藏医院、闵行中学图书馆、宗山城堡陈列馆改建、两个小康示范村是上海市、浦东新区领导进藏慰问视察项目。在时间紧、施工任务重、工序多的情况下，我克服困难，利用"浦东经验"，深入现场一线检查建筑材料，攀上脚手架检查屋面防水，钻进工棚检查安全施工情况。对项目工程质量要求不放过一丝疑点，不放过一点瑕疵，不放过一个赝品，全力以赴，紧盯紧抓，确保项目工程能做成样板工程、精品工程，体现"浦东速度""浦东水平"。我们援藏期间，江孜闵行中学学生已在窗明几净的新建食堂用餐，学生澡堂也已投入使用，藏医院、江孜闵行中学图书馆、宗山城堡陈列馆改建等项目工程全部已经竣工验收。

所有的援藏项目已进入了审计和收尾工作，我召集相关单位共向日喀则市审计局送了 45 个项目的审计材料，对这些项目的前期手续办理和项目经费开支情况进行审计；组织第三方审计单位对 32 个项目的工程结算报告进行审计，确保所有的援藏项目收好尾，顺利移交所有的项目工程档案资料。

我们江孜基建类项目建设进度在上海援藏五县里排在第一名，5 个县在江孜县组织现场观摩推进会，这也体现了我们"浦东速度""浦东经验"。第一，我们针对设计、施工和监理等单位的慢节奏，策划了"大比武·红黑榜"活动，按照项目要求，制定了《江孜援藏基建项目"大比武·红黑榜"活动方案》，每月至少一次，由江孜联络小组组织发改委、住建局、项目办各相关基建项目实施单位、施工单位、项目监理等，对项目计划推进、建设质量、文明施工、安全管理、带动建档立卡贫困户、监理等情况进行全面打分。每次比武活动结束后，建设、施工、监理单位要派专人负责，对在大比武活动中发现的问题快速整改。对排在最后两名的施工、监理单位，按照相关规定要求，由职能部门依纪依法监督整改；将各方面都比较优秀的施工、监理单位和人员列入推荐红名单，将项目工程质量差、拒不整改的施工、监理单位和人员列入黑名单。江孜小组基建项目"大比武·红黑榜"活动组织了七次。活动通过把援建项目实施、施工、监理单位和管理单位"聚在一处"观摩学习、现场打分、取长补短，使得项目资料、现场、管理问题"亮在明处"，真正确保援建项目在安全、质量、进度把控上"得到好处"。第二，及时召开推进会。针对承接援建项目任务各部门的慢节奏，把起初的援建项目推进月度例会调整为周例会，并且请县发改委、住建局、财政局、项目办参加。每周都举行周推进例会，保证了对职能部门的及时提醒，努力做到周周有进度，大大改进了干部作风；保证了项目信息及时沟通，努力做到快速有反应，避免了问题积压在一个方面，得不到及时解决；保证了项目建设专业部门发挥作用，努力做到事事有答案，有效实现了项目推进疑难杂症及时会诊。

当地施工企业都很希望能承建援藏项目，因为当地经常有项目工程款拖欠数年的情况，而我们援藏项目从不拖欠，只要通过我们的质量施工检查，项目款项都会即时拨付。因此红黑榜等制度，极大地调动了施工企业保证施工进度、提高施工质量的积极性。

监管动真格，才能质量见真章

我作为浦东新区建交委的"建设人"，来援藏后，就要变成常跑一线的"工地人"，把所掌握的"浦东经验"带入江孜，项目建设才能确保速度质量，对扶贫的助推效应才会彰显。

首先，时间不等人。藏区气候决定了江孜适合基建项目施工的时间只有半年，甚至更短。一年当中极端高温和极端低温相差较大。每年 5 月初，当室外日平均气温连续 5 天高于 5 ℃即解除冬季施工，政府才下开工令，施工期基本也就半年左右。同时，西藏施工节奏，工程项目进度要比协议拖两年左右是很常见的。2016 年江孜闵行中学改扩建项目中，施工单位不习惯我每周到工地推进四五次，要求严格按照施工合同规定的期限落实，惊呼："你来真的呀？我们在西藏，接到一个项目，拖个两三年不稀奇。"从我们第八批开始，派出单位每年都会安排代表团进藏指导；从 2017 开始援藏项目每年都要考核项目进度、资金拨付和带动建档立卡贫困户增收。上海市委组织部每年组织一次对三年制援藏干部进行考核。这些新要求让过去援建项目三年一个周期的做法难以为继。这些背景，让我感到肩上的责任和担子很重。

其次，援藏干部就是要有担当。随着项目推进，所有的施工队伍都知道了，江孜县住建局有一个上海来的援藏干部管理工程太严格，"不好对付"。我每次去工地绝不事先通知，有问题的工地，我就搬个凳子坐在现场监督，甚至有人在背后叫我"工地第一骂"。很快，许多施工队伍负责人都绕着我走，知道我去工地就提前躲起来。有的人劝我："在江孜县施工条件不如内地，质量差不多就行了，不要给大家找麻烦。"可组织上委派我来援藏管理工程，我就是要有担当，不当"老好人"，不怕得罪人。

最后，人民的需求就是动力。为了热龙乡小学、农牧民能通自来水，我陪援藏工作小组的王高安书记在海拔 5400 米高的半山腰察看引水工程。为了解决康卓乡两个村的饮水问题，我两次到引水施工现场督促检查，一次出发时晴空万里，可是爬到半山腰时，下起大雨，衣服淋湿透了，鞋子全是泥巴；另一次是 10 月份，山下阳光明媚，我们只穿着单衣就出发了，谁知爬到引水工地时飘下漫天大雪，刮着刺骨的大风。但是当我们看到通水后农牧民脸上那朴实的灿烂笑容，孩子们给水龙头系上了哈达，感觉一切辛苦和付出都值了，心里充满骄傲和满足。为了增加热索乡农牧民的收入，援藏资金投入 180 万元建设了 13 个蔬菜大棚。投入使用后看到藏族农民种植的绿油油的蔬菜、鲜红的西红柿、悬挂的茄子、翠绿的辣椒，我心里甭提有多高兴。为了江孜闵行中学学生吃饭、洗澡问题，我搬个小凳子整个上午坐在工地上督促检查……有一份真实的付出，就有一份喜悦的收获，这就是我的动力。

高原小哨所感受家国情怀

援藏人员都有一个深深的感触，到了西藏的边境线上，才体会到什么是真正的家国情怀。在那遥远漫长的国境线上，西藏牧民孤零零的黑色帐篷上飘扬着五星红旗是那么鲜艳、那么明亮、那么可爱，祖国领土神圣不可侵犯。

有一次我在去康马县途中，海拔4000多米的山路上，经过一座哨所，一间小平房，两个战士，一根绳子一拉，五星红旗高高飘扬。那一刻，觉得我们的人民解放军战士守戍边防真伟大。望着鲜艳的五星红旗，心中无限感慨，边境线上环境条件那么艰苦，可爱的牧民们边放牧、边守戍边疆，我们还有什么理由不能真情奉献，让他们早日脱贫，为他们创造更好的生活条件呢？这就是我援藏的使命。

援藏第三年的时候，我曾写了一篇文章，题目是《梦里不知身是客，三年援藏梦已圆》。三年援藏，最开心的是什么？是上海援藏干部联络组在《2018年上半年上海援藏项目实施情况报告》中评价江孜项目推进"在日喀则市18个县区名列前茅"；是江孜县的援建工程项目受到了上海市第八批援藏干部总领队、日则市委常务副书记、日喀则政府常务副市长倪俊南同志高度肯定，并指示要相关人员到江孜县进行考察学习；是2018年11月9日在江孜县举行上海对口支援五县项目管理交流会，我在会上发言，介绍江孜县援藏项目管理经验。

三年里，援藏干部生活上最大的痛苦是什么？援藏干部都经历过的三个"不知道"。三年援藏，睡没睡着不知道。习总书记曾经说过，在西藏最稀缺的是氧气，最宝贵的是精神。西藏因为海拔高，空气中的氧含量只有内地的百分之六七十。长期生活在内地的人，到西藏最难克服的就是缺氧带来的身体不适。虽然随着西藏医疗条件的改善，因感冒引起的肺水肿基本能克服了，但援藏干部普遍睡眠不好，却是不可改变的事实。因脑部缺氧，时睡时醒，睡眠很浅而多梦，很晚才能入睡或整晚睡不着，导致记忆和免疫力下降，是每位援藏干部不可回避的现实状况。加之远离亲人故土，夜不能寐的晚上显得格外漫长、格外难熬。

三年援藏，吃没吃饱不知道。在西藏工作三年，我们很多队友发现，一进藏工作不久，体重就很快下降，一回内地休年假，体重马上恢复，面色也变得红润。大家都玩笑说西藏适合减肥。其实，只有在西藏长期工作生活过的人才知道，缺氧会让人的反应、甚至味觉变得迟钝。加上气压低，烹饪食物需要更久的时间，甚至要用高压锅加压，做的饭菜就难以可口，经常食不知味。如果遇到下乡工作或驻村，因路途遥远，赶不上饭点是经常的事。而在西藏偏远一点的乡村，基本没有饭店，多是在乡政府或是农牧民家里简单对付一顿。有时面对藏族百姓端来热乎乎的土豆、热腾腾的酥油茶，心里非常感激，却一点食欲也没有。在这吃不下、吃不着、吃不香的环境里，吃饱、吃好就成了一种奢望。

三年援藏，在藏援藏不知道。西藏因为人口较少，很多部门的人员配备按照人口基数配置，人员编制少了很多，但该有的政府职责却一点不少，人手很紧张。所以援藏干部需要和在藏干部一样，参加下乡驻村、值班维稳工作。我们的休假时间、请销假制度执行也和当地干部一样，没有一点特殊，要求一点也不低，标准一点也不降。

这三年，作为西藏江孜县建设发展的亲历者、见证者，我们投入地工作，忘我地坚守，在各自的工作岗位上，发挥着不可替代的作用。哪怕健康受损，也无怨无悔。

援藏经历升华荣辱观

三年援藏，升华了我的荣辱观。西藏条件艰苦，相当多的西藏干部与配偶两地分居，小孩基本上在内地，无法顾及家中事务。这些在藏干部忍受着高原严酷环境对健康的伤害，对家庭很无奈。但他们始终坚守，维持国家稳定和边疆安全。与他们相比，我们更应该对工作全力以赴，心胸也更应该开阔豁达。

今天你到江孜，每一项援藏工程旁边，都会有"吃水不忘挖井人，永远感恩习主席""感党恩、跟党走"等汉藏双语标语牌。经过二十多年对口支援西藏工作的持续推进，经过内地和西藏人民的共同努力，今天藏民的生活已经发生了翻天覆地的变化。拉萨、日喀则、江孜这些市县的超市和上海的大超市

▶ 藏族同胞以隆重的节日仪式欢迎援藏干部

相比，所出售的货品几乎没有区别，琳琅满目、供应充足。在县城，想吃小龙虾、想吃海鲜，一个电话，快递一天就可以送到。

2016 年，我们带着沪藏两地组织的嘱托和希望，意气风发地登上雪域高原，当时浦东新区领导对我们提出的要求是，在每年国家扶贫办的排名中，浦东援藏项目不仅要在上海各区中力争第一，更要在全国争取第一。三年后，我们拿出了让两地组织满意的答卷。不仅项目的进度、质量等名列前茅，并通过了各级有关部门的严格项目审计，获得好评，更通过援藏项目的实施，推广了"浦东经验"，体现了"浦东速度"。江孜县的白玛书记要求当地干部认真学习我们援藏项目中的"浦东经验"，高度评价我们的援藏工作。

"改变和建设江孜的力量，归根到底还是靠江孜人。"通过援藏，我们留下一批"带不走"的援藏项目，带起一批能说会干、具有示范作用的"领头雁"型干部，把浦东建设系统的先进经验和做法在江孜传播开来，让浦东艰苦创业和开拓创新的精神在雪域高原继续发扬光大，为西藏建设持续发挥力量。

不破不立　破而后立

姚忠，1968 年 5 月生，上海人，1999 年 6 月
至 2002 年 6 月，为上海市第三批援疆干部，担
任新疆维吾尔自治区阿克苏地区经济体制改革
委员会党组成员、副主任。现任上海人寿保险
股份有限公司监事会主席。

口述：姚　忠
采访：杨继东　司春杰
整理：司春杰
时间：2020 年 7 月 14 日

"不破不立，破而后立。"国企要振兴，必须要先破后立。

中国改革开放春风吹遍祖国大地，各地都发生了新的变化，尤其是上海，在国企改革方面走在了前列。我在浦东新区国有资产监督管理委员会工作，直接参与浦东国资国企改革工作，积累了有关的经验。

1999 年 4 月，上海选派第三批援疆干部，第一次指定浦东新区要派出一名有国企改革经验、在企业工作过的同志，去新疆阿克苏地区指导当地国企改革。就这样，我在报名后，经过层层选拔，于当年 6 月踏上援疆之路。

与沿海城市相比，阿克苏市的"春天"来得稍晚一些。无论企业、商业，计划经济的味道还很浓郁，国企改革困难重重，缓步前行。我在新疆阿克地区经济体制改革委员会担任副主任，而地区"体改委"的职责重点就是推进地区直属国企的改革，指导县市国企改革。2000 年 3 月，地区专门成立了国有企业改革与发展指导组，历时两年，集中力量实施国企改革攻坚，我担任指导组下设的破产工作组副组长（指导组由若干具体工作组组成，分别由地区领导直接担任组长，破产工作组组长为行署常务副专员），开始了我的"破产"工作"生涯"。

三年时间，阿克苏地区的困难国企破产节奏加快，光地区直属国企就破产了23家，我也因负责面上的破产指导工作，被戏称为"破产大王"。尽管这三年的工作始终让我处在忙忙碌碌、如履薄冰的工作状态，处在矛盾交织、甚至有时还带些危险的工作环境，但收获更多。特别是让我对工作有了新的思考：国企要走出困境，必须要先破后立；人生亦是如此，只有"走出舒适圈"，不断迎接新的挑战，才能有丰富的人生体验。而这，后来也促使我放下公务员的"铁饭碗"，"下海"到民营企业工作，让我的人生翻开崭新的一页。

国企改革破冰　三年破产23家

改革，必然要带来阵痛。而国企改革，往往是最难啃的"硬骨头"。只有在充分调研的基础上，考虑好企业、职工等多方利益，制定好详细的改革方案，才能让改革顺利进行。

6月的新疆，气候宜人，风景秀丽。然而，初到阿克苏的我们，无暇欣赏美景，放下行李，就马不停蹄地开展调研，熟悉企业情况，尽快进入工作角色。

阿克苏地区有八县一市，幅员辽阔，每个县、市面积都非常大。我花了三个多月的时间，行程2000多公里，走访、调研了大量的地区、县、市的国有企业。在充分调研的基础上，撰写了两篇调研报告，对地区国有企业改革的现状、取得的成效及存在的问题进行分析并提出相应的政策建议，得到了行署、体改委领导的肯定和支持。我还经常下基层一线，对企业改革工作进行指导，宣传国家国企改革的政策、措施，帮助企业设计切实可行的改制方案，协调企业在改制和发展中碰到的困难和问题。

地区糖厂是阿克苏地区历史上唯一列入国家计划性破产的地直企业，是地区第一家破产的国企，也是我在阿克苏"操刀"的第一单。

计划经济时期一直到改革开放初期，是地区糖厂的辉煌时代，产品行销全疆乃至苏联地区，企业效益颇佳，糖厂工作是当地人羡慕的岗位。然而，随着市场竞争日益激烈，糖厂生产效率低、产品成本高、企业冗员多、债务负担重、机制不灵活，集当时很多国有企业的弊端于一身，陷入了资不抵债、生产勉强维持、工资靠贷款的困境。

在这种情况下，地区行署积极争取了国家计划破产的额度（即不同于《破产法》的破产财产清偿顺序，职工劳动债权和安置费用优先于国家税款、银行抵押债权等）。但是，怎么组织实施？听说我在上海工作期间负责过国企破产清算组的工作，地区领导希望我直接担任糖厂破产清算组组长。我立即表态，让我当组长没问题，只是地区还有几家拟破产企业，我当了组长就很难再负责面上的破产工作。由我组建清算组，拟订工作计划、加强面上工作更好些。在地区领导的支持下，清算组成立了。

尽管事先做了大量的准备工作，但清算组进驻糖厂后，还是遇到了难题：企业干部职工对破产还是很难接受，干部不配合，清算组工作人员连着三天处处被职工围堵，清算工作一度无法展开。

我带领清算组同志，首先与厂领导班子统一思想，召开中层干部座谈会，然后分车间做职工思想工作，还亲自找当时情绪相对激烈的部分干部职工个别谈话，宣传计划破产、职工利益保障等相关政策，短时间内控制了局面，使清算工作得以按计划进行。

连续几天，我和清算组同志高度紧张，一方面连轴做工作，一方面还要担心自身安全。老厂长专门组织了安保干部跟随，地区领导也专门指示相关部门随时掌握情况，一旦发生紧急状况，马上采取措施确保人员安全。于是，地区国企破产工作就在这样紧张的氛围中拉开了序幕。

糖厂破产清算进入正轨后，我们的"破产"工作开始加速进行，也遇到了更加棘手的难题。

拜城水泥厂，"孤悬"边境地区的山上，离最近的城镇有 15 公里路程。我受地区领导委托去水泥厂调研，以确定该厂是否申请破产。

刚到工厂大门口，我就感觉到了紧张的气氛，我赶紧和厂领导、中层干部开会了解情况、研究方案。原来，该厂已停产，半年多没发工资，债权人逼上门，拉走库存产品抵债，引发了职工的强烈不满。会上，我代表工作组要求厂领导立即停止用产品抵债，停止账上现金支出，折价销售产品回收现金，应收账款催收给予奖励，半个月内必须发放二三个月工资。同时，研究了申请破产及稳定、安全等相关工作。

第二天，我们召集工会委员开会，但很多职工知道消息后也赶了过来，会议室早就挤满了，窗台上都站了人，走廊里也是人，厂部大楼前还聚集了许多职工家属。看到这个场面，出于安全考虑，我随行的科长建议厂长去会议室宣布我们做出的解决当前问题的一些措施，我们工作组不参加会议。我说，职工都知道工作组在这里，我们不参加会议，职工不可能答应，反而会激化矛盾。凭着接待无数次上访的经验，我心知首先要稳定会场秩序，我对职工们说："我是代表地区过来，是来帮大家解决问题的。开会前，我有几个要求，大家一定要遵守：一是任何人说话过程中，包括有同志提问题、我回答问题，大家都不要打断，让大家听清楚；二是每位发言的同志只讲你认为最重要的一个问题，后面发言的不再重复，让更多人有发言机会。"我们的维吾尔族驾驶员临时做翻译，我向大家宣布了工作组与厂班子研究的销售存货、催讨应收账款、发放工资等相关决定，并对职工关心的问题一一做了回答和分析、解释。其间，由于翻译不准确，沟通出现了一些问题，应职工要求临时更换了翻译。最终，会议在职工的热烈掌声中结束。

政府不再救济困难企业，直接让企业破产，让员工走向市场，只有这样才能彻底解决困扰多年的国企改革大难题。地区领导多次开会研究破产工作，凡是符合资不抵债、不能清偿到期债务条件的地直企业都加入了依法破产的行列。在我们与债权人充分沟通后，最终 54 家地直企业中有 23 家，近一半的企业先后通过法院裁定破产。

引入 "第一拍" 国资不流失

"钱从哪里来？人到哪里去？"这是我们破产工作人员经常要考虑的"两问"。国企破产清算的资产，除了抵债外，还要用于职工的安置。少算一分钱，国家就要贴补一分钱，我们做破产工作最重要的是保证国有资产不流失。

在这样的背景下，阿克苏市迎来了第一场破产企业资产拍卖会。

这是一家缫丝厂，因为经济效益不好而破产。工厂设备老旧，并不值多少钱。但是，当地房地产市场刚刚红火起来，厂房土地的市场价格也被炒起来了。我们就请地区国资公司下属的一家拍卖公司，进行拍卖。

这家拍卖公司的总经理接受委托后，既兴奋又犯愁。兴奋的是，以往公司只拍卖一些抵债商品，一年拍卖金额最多只有一二百万元，勉强维持公司运营，如果这次拍卖会举办成功，后期还会不断有此类拍卖会。犯愁的是，因为公司从来没有拍卖过厂房土地，也没有胜任的拍卖师。

在上海工作期间，我曾与拍卖公司合作过，算是有些经验。于是，我联系了上海的拍卖公司，一起帮阿克苏的这家拍卖公司制订了详细的拍卖方案，拍卖公司也专门从乌鲁木齐请来了专业拍卖师。

尽管做好了准备，但拍卖会当天我们还是有些担心和紧张。毕竟，第一场拍卖会能否成功，不仅关系到破产企业职工的安置费用能不能落实，还将对后续破产企业的资产变现带来影响。

很快，我们的担心被现场攒动的人头和拍卖师亢奋的报价所打消。厂房土地经几轮报价，被当地一家民营企业拍下。沿街商铺拍卖高潮迭起，二十几平方米的房子居然拍到四五万元，甚至一块没建房的空地也拍到四万元。当时阿克苏刚开始发展的商品房市场，市区新房房价也不过是七八百元一平方米。我们赶紧提示拍卖师，提醒现场观众要理性竞拍。

最后，这次首拍获得圆满成功。拍卖收入是估价的三倍多，大大超出我们的预计。

后来，企业破产资产拍卖专场一场接一场，竞买者不仅来自阿克苏地区，周边地区甚至乌鲁木齐、北疆、外地的企业、投资者也闻讯而来。比如，五金公司的百货商场、自行车商店地处黄金地段，拍出阿克苏历史天价；地区糖厂被新疆纵横集团竞得，拜城水泥厂被青松建化公司拍下，地区钻机厂被来自山东东营的胜利油田同行收下，地区医药公司被新疆维吾尔自治区医药集团收购，等等。企业破产资产通过市场化的方式得到了增值变现，为解决职工安置费、清偿债务、完成清算工作打下了基础。看到拍卖市场这么红火，地区很快就有了第二家拍卖公司来竞争拍卖业务。

国企破产，债主最担心的是坏账。阿克苏地区的国有企业，最大债主就是银行，银行坏账也是变相的国家资产流失。

在糖厂破产后，我们又向当地法院申请三家严重资不抵债、生产停顿的国企实施破产。人民银行地区中心支行的相关负责人立即找到我们说，上级分行要求他们关注企业破产中银行债权的保全和清偿问题，严格防止借破产之名逃废银行债务，必要时采取相关措施。

这对破产改制工作来说，提出了新的课题。我们把相关企业的资料做了进一步汇总，对资产、负债、劳动债权等做了分析，同时通过一些渠道了解银行坏账的核销程序和核销情况。

地区领导召集人行中心支行、相关国有银行、地区相关部门和破产组开会。我代表破产组将资不抵债地直国企的情况做了汇报并向银行方面做解释，部分地直企业根本没有能力偿还银行债务，这是残酷的事实。部分银行几年来积累了大量的坏账，由于没有得到核销，有些银行已丧失了贷款审批权，严重制约了银行业自身的发展和银行支持地方经济发展的能力。以破产催生适应市场经济的新企业，为银行带来优质客户；银行则通过核销坏账轻装上阵，事实上对双方是双赢的结果。

地直企业破产改制，目的还是推动地区经济发展，银行的发展也需要良好的地区经济发展环境。通过这次会议，破产工作得到了银行的有效配合与支持。确实，地直企业破产，通过法定程序处理银行债权，相关银行核销了沉积多年的坏账，上收的贷款审批权也下放了，恢复了正常运行状态。

摔掉"铁饭碗" 捧上"金饭碗"

国企改革，意味着职工的"铁饭碗"被摔掉了，他们及家人的生活问题如何解决？如何帮助他们就业或创业？这些问题，我们在破产过程中积极面对，努力解决，让他们捧上"金饭碗"。

国有企业办"社会"一直是国企改革中一并要解决的问题，一些地直破产企业还有直属的厂医院、小学、幼儿园等。拜城水泥厂是一个典型的"前场后院"的企业，职工有400多人，但家属有800多人，全靠工厂养着。企业破产了，职工及其家属何去何从？

在处理拜城水泥厂破产事项时，我了解到，水泥厂有一大笔账是某县工程公司欠的，工程公司说县委、县政府改扩建办公楼也没给钱，有本事找县委书记去。正好我跟这个县委书记熟识，于是就主动去找他要账。县委书记两手一摊说，前任书记还搞了什么世纪广场，县里欠了一屁股债，县里公务员都三个月没发工资了。当然，县委书记也很关心水泥厂的破产工作，特别是职工安置问题，几百号人没了工作，对地方来说也是大问题。

我们两个人聊着聊着，居然聊出个两全其美的议案——县里在县城城郊拿出一块10多亩的地，水泥厂职工可以在上面盖房子住下来，为在县城及周边找工作或做小生意提供方便。

我赶紧把这个方案告诉了水泥厂厂长，最初有职工还不愿意离开工作、生活了多年的工厂，后来看到有职工举家搬迁后做起了小生意，赚得比在工厂工作还多，渐渐地也跟着搬迁了。

当我离开新疆时，特意去那里看了看。原本闲置的空地已经盖了不少房子，成了热闹的小集镇。

我们破产清算组还鼓励破产企业原领导和职工，用职工安置费和自筹资金组建股份合作企业、有限公司，通过收购破产资产，实现自我就业是一个有效途径。同时，收购企业需要熟练工人和管理人员，清算组也积极推荐，部分职工被新企业录用，走上了新岗位。破产组也积极联系地区及下属县市的劳动保障部门、劳动力市场为破产企业职工介绍工作。

通过大家的共同努力，到地委上访的职工越来越少，走向市场就业的职工越来越多，向政府申请资金发工资的企业也越来越少了，地直企业破产工作通过"先破后立"的方式，把企业彻底推向了市场。

当地或外地国企或民企收购破产企业后，纷纷追加投资，有的扩建厂房更新设备，有的改弦更张生产新产品，有的引进新的商业业态，破产工作又成了招商引资工作。这些企业不仅录用了一些老职工，还从市场上招聘新职工。地区一客运公司破产后，企业领导和员工通过股份制的方式收购破产资产，成立了四家公司。其中新成立的客运公司通过自筹资金和银行贷款购置了两辆豪华卧铺大巴，开通了往返阿克苏和乌鲁木齐之间的客运快线，生意爆棚，没几个月又购置了两辆；新成立的驾校公司，在电视报纸上做广告，推出优惠优质服务，制订教练激励约束机制，到驾校学车的人络绎不绝。地直企业破产催生了一批新企业，算得上是浴火重生、凤凰涅槃。

缔结两地友谊 推动合作交流

除了国企破产工作外，我们每个援疆干部还担负着共同使命——促进民族团结，实现共同繁荣。

阿克苏地区是自然灾害频发地区，我们援疆干部积极投入扶贫帮困、助学助残、抗灾救灾。三年中，我个人捐款捐物 5000 元，还和其他援疆干部一起助养维吾尔族夫妇收养的汉族女孩吐逊古丽到 18 岁。

我们援疆干部还个人出资设立了"阿克苏地区两个文明建设奖励金"，对地区两个文明建设中涌现的"十佳个人"进行表彰奖励。此举在阿克苏地区引起了强烈的反响，当地干部群众积极参加评选活动。

除了个人援助外，我们的后方——浦东新区政府也大力支援阿克苏。浦东援建了启明学校和阿瓦提上海浦东希望小学，不仅改善了当地教育条件，也加强了浦东与阿克苏两地人民的团结和友谊。

阿克苏地区是少数民族聚集的经济欠发达地区，各项文化教育设施较为落

◀ 和当地群众载歌载舞

后。我们曾走访阿克苏地区聋哑学校，这是地区唯一一所从事特殊教育的专业学校。这所学校校舍非常简陋，曾历经两次洪水冲击浸泡，已经成为危房。由于办学条件差，就读学生越来越少，这意味着，全地区几百名听力残疾、语言障碍的适龄少年面临失学。

在我和另一位浦东援疆干部张学胜的积极争取下，申请到浦东新区的援助资金 50 万元，再加上新疆维吾尔自治区教育厅和阿克苏地区筹措的 50 万元，将学校搬迁到市区，新建了一座建筑面积达 1380 平方米的综合教学楼，重新盖了学生宿舍，并添置了先进的教学设备。2001 年 9 月 15 日，这所聋哑学校以新的名字"启明"重新开学，吸引了当地和周边地州的家长纷纷把聋哑儿童送来就读，成为南疆最大、设施最好、教学质量最高的聋哑学校。

援疆干部同时也是上海、新疆两地的桥梁和纽带，推动两地的合作交流。

除了国企改革的本职工作，我还是兼职的沪阿两地援助项目的联络员。2000 年、2001 年，我参加了阿克苏地区党政代表团访问上海的活动，联系落实上海的经济技术援助、合作项目等。在接待上海经贸考察团、援疆干部派出单位时，配合联络组向他们介绍阿克苏的经济社会发展情况和投资环境，促成项目合作。

时间飞逝，如白驹过隙。2017 年是中央实施全国对口支援新疆重大决策的二十周年，我作为上海援疆干部五名代表之一，受到了中共中央组织部等四部委"全国对口支援新疆先进个人"表彰。在我的人生中，新疆已经成为我生命的一块重要拼图。时至今日，我依然为自己能参与到西部大开发战略的实施，能为维护祖国统一、加强民族团结、促进共同繁荣做出贡献而感到自豪。

援疆 是对人生经历的升华

施学军，1968年10月生，上海人，2005年7月至2008年7月，为上海市第五批援疆干部，担任新疆维吾尔自治区阿克苏地区阿克苏市招商局副局长。现任上海市浦东新区万祥镇人民代表大会主席。

口述：施学军
采访：杨继东　龙鸿彬　陈丽伟
整理：陈丽伟
时间：2020 年 6 月 5 日、8 月 3 日

　　三年援疆经历让生在江南、长在江南的我，与千里之外的新疆阿克苏结下了一段不解之缘。2005 年，上海市选拔援疆干部，其中有阿克苏市招商局副局长的职位，我当时担任上海市南汇区（2009 年，南汇区并入浦东新区）科委知识产权科科长，并从 2000 年开始兼任南汇区科委招商办主任，五年的招商引资工作，让我在招商工作上积累了丰富经验。阿克苏市招商局的岗位和我的工作经历匹配度很高，所以我就积极报了名。上海援疆干部的选拔高标准、严要求，堪称"好中选优，优中选强"，最后经过层层选拔，我光荣地成为一名援疆干部，也成为南汇区第一个援疆的行政干部。

　　2005 年 7 月 25 日，中共上海市委组织部的领导在虹桥机场为我们送行，上海市第五批援疆干部集体出发，到达乌鲁木齐，第二天再转机飞抵阿克苏，得到了当地干部群众的热烈欢迎，为期三年的援疆工作就从这颠簸的旅途开始了。

真情融入阿克苏

　　初到阿克苏，在简短、朴素而热烈的欢迎仪式上，阿克苏人民的能歌善舞和热情好客让我感动，这片充满异域风情的美丽土地深深吸引了我。同时，阿

克苏地委和行署也对我们援疆干部的生活做出精心周到的安排，阿克苏市和地直机关各单位尽可能地安排出较好的房间给援疆干部，虽然大多数单位都没食堂，但上海援疆干部联络小组尽量协调安排援疆干部就近搭伙。这一切让我感到上海市委和阿克苏市委、市政府对援疆干部的关爱，更加激发了我们的使命感和工作热情，激励我们积极投入当地的工作，为阿克苏的发展贡献力量。

我在阿克苏市招商局担任副局长，报到之后，我充分利用一切机会，深入阿克苏的企业、工业园区等基层调研，了解掌握当地情况，熟悉招商工作，尽快进入角色。

经过详尽的调研我了解到，阿克苏远离内地，地域广阔，交通运输成本较高，而且当地很难招聘到大量合格的技术工人，所以一些高精尖项目无法开展，服务型企业也比较少，但是阿克苏出产的水果、棉花等经济作物品质极高，享誉业界，煤、天然气等自然资源极为丰富。这些客观条件，决定了阿克苏的招商引资工作重点在于生产型实体企业，如水果深加工，石油、煤等资源开发利用，大多数企业的产品销售市场也在新疆维吾尔自治区内，这和上海招商工作的定位和方向截然不同。

除了招商工作的侧重点不同，两地招商工作的观念也有很大差异。作为援疆干部，我认为不仅要适应他们，尊重当地的实际客观情况，还要有所担当，有所作为，不能以"做客"的心态，而要以"主人翁"的姿态切实投入工作。

阿克苏当地人性格率直爽朗，对于来考察的团体、企业，总是以诚相待，像多年老友一样，全程接待和陪同。当然，在招商工作中建立情感，展现出当地的民风友善，让考察者宾至如归是必要的。但对于企业来说，考虑更多的是企业落地后能否获得预期的经济效益、当地营商环境是否友好以及当地对企业服务是否规范等。因此，在招商引资过程中，我更注重向企业传递正确、全面、及时的客观信息，帮助企业做出最合适的决定，不仅推动企业落户当地，还要为企业以后在当地的发展，后续为企业服务开个好头。

著名的河南省"好想你"枣业公司多次来阿克苏考察，我在与该公司考察团队接触过程中，多次带他们去参观当地的枣业种植基地，给他们详细介绍阿克苏的日照时间长、早晚温差大，因此果品营养成分高、甜度高、吃口好等优势，并客观介绍了土地、税收等政策以及政府可以提供的服务等信息。之前，好想你枣业公司既想充分利用阿克苏的良好自然条件，又怕来了之后没有公平规范的营商环境，一直犹豫不决，我的这些"干货"，让"好想你"枣业公司在历经十多次考察后终于在阿克苏建立了种植基地和加工厂。

上海干部成了"加分项"

随着市场日益强调招商的专业性、服务性，仅有热情和一些优势是不足以打动企业的。从落地到离开的全程陪同和过于热情的招待，反而会吓跑一些企业。要打消企业顾虑，需要更专业、诚信、周到的招商服务。从招待为主转变为专业服务为主，在这一点上改变当地领导干部的理念是非常重要的，我们常说的从资金援疆转变为智慧援疆，也包含了这种理念上的转变，作为援疆干部，要敢于触碰当地干部群众的传统观念，不仅要有让对方服气的专业"金刚钻"，还需要一种发自内心的责任感。

阿克苏当地领导对招商工作非常重视，世界著名的食品粮油集团益海嘉里集团派遣考察团赴阿克苏考察，当地主要领导会见考察团时向企业表达了当地对企业的诚意和欢迎，但"过满"的承诺也引起了企业管理者的顾虑，我从企业管理者欲言又止的态度上也明显感觉到了他们的顾虑。会见后，我找机会坦诚地向阿克苏领导提出了自己的看法，并提出建议：真正摸清企业需求，围绕选址等企业关心的核心问题进行有针对性的推荐。我的一番坦诚，促使主要领导经过深思后，肯定并接受了我的建议。最后，益海嘉里集团决定在阿克苏投资，阿克苏的招商工作也在不断完善、升级中赢得企业的好评与信任。

我在阿克苏的三年里，阿克苏招商局先后成功引进"好想你"枣业、湖北兴发集团、益海嘉里粮油、天康生物植物蛋白饲料生产基地等著名企业和项目。随着我在工作上的深入，来考察的企业纷纷注意到阿克苏招商局有个上海援疆干部。后来，招商局的同志告诉我，不少企业都对他们表示："你们招商局的那个上海援疆干部，做事细腻，考虑周到，办事规范，我们都愿意和这个施局长打交道，很相信他。"招商局的同事们诚恳地对我说："施局，你的到来对我们的招商工作绝对是加分项。"同事和领导的肯定，企业的信任让我的心

▲ 2005 年乌鲁木齐
洽谈会上和客商
的签约仪式

更热了。

改变理念提升 "软实力"

工作理念的不同，对工作的处理方法也不一样。有一年，阿克苏招商局参加 "乌洽会"（乌鲁木齐对外经济贸易洽谈会），展会期间有一个招商会议，我认为每一次招商机会都要认真对待，比如提前准备相关宣传资料等，因为企业在没有到当地考察的情况下，主要是通过文字材料、宣传资料来了解当地。但是当地工作人员觉得 "酒香不怕巷子深"，事先无须做过多准备，一切到了现场再说。这种 "乐天" 让我哭笑不得，也很着急。

这促使我在援疆工作中更加注重两地的互动交流，把先进的管理经验、招商理念等传递给当地干部，希望通过思想碰撞、交流，实现工作理念、管理方法等 "软实力" 的提升。2007 年，当时南汇区领导带队赴阿克苏访问，并看望援疆干部，南汇区还在上海援疆资金之外，额外拨付了 60 万元资金，用于改善阿克苏招商局办公设备和两地交流学习。阿克苏招商局用这笔资金添置了商务车和电脑，对提升招商服务水平帮了大忙。我充分利用自己曾在招商部门工作的优势，在当时南汇区政府的大力支持下，搭建两地交流和学习的桥梁，

组织阿克苏当地干部到上海南汇区学习考察，特别是南汇区的企业一站式服务，让新疆的干部很受触动。

三年来，南到浙江、福建，北至山东、河南，我们接待了来自全国各地的考察团。阿克苏有着悠久的棉花种植历史，不少棉纺企业慕名而来，山东齐鲁纺织集团一直关注阿克苏，多次来阿克苏考察对接。根据阿克苏当地情况和企业需求，特别是棉纱等当地优势项目，我带领阿克苏招商局的同志们，一起制作了信息完备的招商项目库，让企业可以突破地理限制随时获得详尽信息，提高了对接的成功率。随着阿克苏招商工作不断增强服务意识，阿克苏的营商环境不断改善，房地产、棉纺织、食品加工以及煤焦油提炼等有意来阿克苏的企业逐渐增多。

在实践中锤炼"大局观"

阿克苏由于地理位置偏远，各种成本较高，因此招商工作颇具难度，往往前期付出很多心血，但短期内未必能看到成果。我们着力推动对当地的宣传推介，让更多企业了解阿克苏，到阿克苏亲身感受这里的优势，扩大影响力，为当地积累、涵养招商资源。新疆有独特的地理、文化、人口特点，有些改变不可能在一朝一夕间完成，但是我相信对口支援新疆是一件久久为功的长期工作，需要我们每一批援疆干部脚踏实地，一代又一代持之以恒地坚持。

三年援疆，阿克苏的招商工作并不是表面上的好像只是接待企业、介绍一下风土人情那么简单和轻松，做好当地的招商工作必须要有"功不必自我成"的境界和觉悟。可以说，三年援疆经历对我的人生观、价值观是一次洗礼和升华，在新疆积累的工作经验对我之后的工作有很大帮助。

在阿克苏担任招商局副局长，促使我从全局性的角度去思考工作，对工作的定位、决策和方法都必然做出转变。如果没有这段经历，我后来到新的工作岗位，必然有更长的过渡和摸索阶段。

2008年夏天，我和同志们圆满完成了对口支援任务，离开新疆回沪。7月1日，我回到上海，按规定可以休息两个月，但是7月4日我就上班了，在我先后担任浦东新区航头镇党委委员、副镇长，北蔡镇政法书记期间，多次直面情绪激动的群体性上访事件。我作为主管干部，冲在第一线，不卑不亢，和群众真诚对话，对合理诉求回复有理有据，不合理诉求或暂时无法解决的，反复耐心解释。这得益于我在阿克苏时，直面过当地复杂形势和处理过上访情况，正是在新疆的工作经验令我碰到类似问题时不会胆怯，敢于直面问题。我想如果没有这段经历，遇到这样的问题，就缺乏这样的底气和经验了。

应该说，援疆经历对提高干部应对突发事件，处理复杂矛盾的工作水平，是很大的锻炼和提高。

家风注入援疆精神

援疆干部们都喜欢说一句话："三年援疆路，一生援疆情。"这的确是我的真实心情。在阿克苏招商局，因为工作需要，张建和局长经常在全国各地跑招商，我就尽力做好局里的日常工作，把"家"里的工作做好。我非常注重团队精神和分工协作，带好队伍，让多个科室既有分工，又有合作。阿克苏市为了加强招商局的力量，专门从各委办局抽调了年轻同志过来，充实招商局的力量。我也很喜欢跟这些年轻人在一起，周末，我经常和同事们一起加班，或者接待来考察的企业和团体，或者下乡调研，去老乡家里，去看望我们援疆干部资助的维吾尔族学生，关心他们的生活和学习。一边交朋友一边工作，和大家在同住、同行中建立起友谊，也让我更加了解了我国西部乡村的实际情况。当年援疆去西部是振兴西部乡村，现在我在万祥镇担任人大主席，被借调在浦东新区乡村振兴办工作，为浦东新区实施乡村振兴战略奉献微薄之力，这份跨越两地的乡村振兴情，我感觉很有意义。

当年去新疆之前，我已久闻新疆自然景色壮丽，历史文化悠久，多民族人民热情好客的美名。到了当地，经过工作与生活的接触，更是深深为当地人民的淳朴善良所感动。回来后常常和亲朋聊起援疆经历，我总是说，如果有机会让我留在新疆工作我是很愿意的。

我能圆满完成三年援疆工作，不仅要感谢沪阿两地党组织和政府的关怀、信任以及全力支持，也少不了家人的默默奉献。我至今仍珍藏着援疆时的照片、往来书信等，其中有一封我去新疆第一年时收到的信，字迹稚嫩，却让我倍加珍视。2005 年 7 月 25 日，我和同志们抵达新疆，马上就投入紧张忙碌的工作，对于自己的生日早就忘到了脑后，10 月 26 日，在我生日的前一天，我收到了一封家书，12 岁的儿子在信里，用稚嫩而认真的笔迹写着："爸爸，我很想你，我计算过了，你还有 973 天就回来了。"读信的那一刻，我不由得眼眶湿润。离开上海家乡赶赴新疆时，儿子刚读小学五年级，我和同志们完成援疆重任回来时，儿子已经升入初中。三年里，我爱人一肩挑起家里大事小情，全力支持我的援疆事业。三年援疆不仅升华了我的人生观、价值观，援疆工作的艰苦奋斗、攻坚克难精神也成为我教育引导儿子的人生信条，为我们的小家庭增添了一份追求理想、积极向上的家风。

回沪后，阿克苏的同事们经常在微信上告诉我，又有了哪些好项目落户阿克苏，招商工作上的好消息不断传来。如今的阿克苏，在招商工作中更加注重环保可持续，更加注重高质量发展，招商环境不断优化，招商工作不断取得新成绩。每每看到他们晒出的阿克苏新照，我都会点赞，为"第二故乡"繁荣发展由衷地感到自豪和高兴，这片大地上留下了我为援疆事业奋斗的豪情，也铭记着当地干部群众对我的真情厚谊，我深深祝福这片神奇富饶的土地，不断创造新的奇迹。

传播干部教育理论 情洒援疆大业

薛春芳，1963年1月生，江苏常州人。2008年7月至2011年7月，为上海市第六批援疆干部，担任中共新疆维吾尔自治区阿克苏地委党校校委委员、副校长。现任浦东新区区委党校经济与社会学教研部主任。

口述：薛春芳
采访：杨继东　谢晓烨　司春杰
整理：司春杰　谢晓烨
时间：2020 年 7 月 2 日

当工作累了，我喜欢抬头看看办公室里挂着的字画。它们并非出自名家之手，而是来自新疆阿克苏书法协会会长彭立刚和马贵先的赠予。这幅水墨画取名"大漠孤烟"，画的是新疆的戈壁滩；这幅字写的是"大漠铸情"四个字。这其中，饱含着我与新疆同胞的友谊，也饱含着我援疆三年的情谊。

2008 年，我作为上海市第六批援疆干部来到阿克苏地区，担任中共阿克苏地委党校校委委员、副校长。在这个西北边陲之地，我传播着浦东开发开放的成功理念，培养了新疆当地党的基层干部的经济发展和开放意识，促使当地干部进一步解放思想、扩大开放。

如今，离开阿克苏已近十年，当年在阿克苏的那些岁月痕迹也渐渐淡去，但援疆三年的经历早已深深浸入我的心灵。"三年援疆路，一生边疆情"，纵然是斗转星移、时光流逝，但是我永远难忘离别阿克苏时忧伤的泪水，也难忘在阿克苏时纵情的欢笑，难忘我的"第二故乡"阿克苏。

入乡随俗　做新阿克苏人

记得援疆前，我曾买过一箱阿克苏的"冰糖心"苹果。回到家里削好一

◀ 与扶贫点的孩子们在一起

个，从中切开，发现里面是红褐色，以为是坏了，没想到一连切了几个都是同样的结果。后来，听朋友说，阿克苏的"冰糖心"苹果，吃的就是"心里甜"。这样的一件傻事，让同事朋友笑了很久。

没想到，我跟阿克苏的缘分不只是一箱"冰糖心"苹果。

2008 年，上海市第六批援疆干部选派工作启动。当时，组织上要求，浦东新区党校选派一位有经济学背景并熟悉党校教学工作的现任副处级干部。我一听到这个熟悉的地名——阿克苏，心里就默默地想："我可能真的跟这个地方有缘！"就是这样一种莫名的感觉，我就报了名。几个月后，我带着沉重的几大箱子行李（除了我随身衣物外，基本上都是书），踏上了援疆之路。

尽管对于去阿克苏将要面临的艰苦环境有着一定思想准备，但初到阿克苏的时候，那里的气候条件、饮食习惯、工作环境、生活设施等，还是给了我一个不小的"下马威"。进疆不到半个月，一直身体健康的我居然病倒了。我当时得的是胃病，原因是饮食不当、水土不服。

尽管身体先遭了罪，但是我跟阿克苏的"冰糖心"苹果一样"心里甜"。因为，几天工夫，阿克苏地委党校的同仁们就把我当成了"兄弟"，觉得我"没架子"，非常随和。

阿克苏地委党校基层办主任代建平就这样评价我："我们原以为上海浦东来的教授，肯定很气派。看他的穿着，我们就笑了，一件白色衬衫、一条蓝色裤子，和我们没有什么两样。心一下子拉近了。除了眼镜后透出的温文尔雅之气外，他走在大街上，人家还以为是新疆的一名普通教师。"我听了这些话也感到很高兴，希望自己能尽快融入当地，成为真正的阿克苏教师。

阿克苏地委党校，有100多名教职工，其中维吾尔族同事占了近一半。他们性格豪爽，说话、干事干脆利落，待人热情好客。但是，对于我来说最困难的就是弄清楚他们的名字，因为维吾尔族人名字都很长，他们习惯是名在前、姓在后。当地汉族同志一般称呼维吾尔族同志都习惯称呼其名字，或者干脆就只称呼名字的开头第一个字，比如"麦合木提·×××"，就叫他"麦合木提"或者"麦老师"。但是这样就导致有好几个老师可能会重名，为了尽快记住所有老师并叫出他们的名字，我就会根据他们的一些特征在心里默默地给他们加个备注，方便记忆。这个方法还真管用，不到两个月，党校里50多位维吾尔族同事的姓名，我一一都记住了，这让他们都很惊讶，也跟我更加亲近了。

我跟当地的教师也能打成一片，特别是几个单身汉没事就会到我宿舍来。我的烟盒就摆在桌上，他们来了也不见外，随意地拿起来就给大家散发。我经常拉着他们出去吃饭，让年轻教师多改善一下生活。每次出差回来，还给他们购买各类书籍。年轻教师不好意思了，我就跟他们说："你们工资低，用钱的地方多，现在书又贵，我顺便给大家带几本，平时看看，多增加一些知识。"

学校的领导和同事不仅对我的工作支持，还十分关心和照顾我的生活。三年时间，我与他们结下了深厚的友谊。时至今日，我那些可爱的阿克苏同事们的音容笑貌还会常常在我的脑海里浮现。

严谨治学　培养优秀干部

党校不同于一般的高校，我们的学员都是来自基层的党员干部，而党校培训的目的则是提高学员的党性觉悟和领导能力，促进党的干部队伍健康发展。

刚到阿克苏地委党校工作时，我负责党校主体班的教学工作。在巡查期间，我发现，由于前来学习的学员大多来自基层，长期无脱产学习的经历，上课时要么打瞌睡，要么不来，学习成了"走过场"。有的学员甚至拿着组织部的领导签字走人。

有同事悄悄告诉我，"薛老师，您别和学员较真，他们过来走走过场就行了，何苦得罪人呢。""作为党的干部，就是要为人民服务的！他们过来脱产学习，拿着国家发的工资，就要学好为人民服务的本事，怎么能走过场呢？"我也毫不客气地拒绝了同事的好意提醒。

可是，如何让基层干部学到真本事呢？我决定从党校教学管理入手，只有治学严谨，才能真正培养出优秀干部。

经过与组织部、党校教师、学员进行座谈、协调，我们制定了严格的请销假制度。学员要请假，必须先提出申请、经单位党组盖章、党校教务科及分管领导审核，最终符合请假条件的才同意报组织部领导批假。有了严格的请假制度，当年的秋季主体班请假总天数明显下降，超标准请假的几乎没有。

以往，学员来培训，考试都是"开卷考"，没有不通过的。但是，我到了党校工作后要求，考试不合格的，必须取消结业资格。

有一名学员被取消结业资格后，找上级领导给我打电话"求情"，我硬是没点头。后来，这名学员又找上门来，希望我能通融一下。我就对他说："我们党首先强调的是纪律，作为党的基层干部，你的所作所为对党校不好、对个人也不好，如果不改正，会影响到你长远发展。希望你把这次的事情作为一次极好的教育，严守纪律，为今后的道路上能够成为一名优秀的干部做准备。"听完我的话，这名学员也心服口服地接受了学校的处理。

要让学员自觉坐下来静心学习，还需要有针对性地调整教学计划和内容，让他们感到学有所获。

在整顿学风后，我借鉴浦东新区区委党校的成功做法，按照中国特色社会主义理论及党的十七大精神、宏观经济形势与地区经济社会发展、综合素质与能力提高三大板块重新设计教学布局，要求三个教研科室老师的专题课方向都要按照新的教学布局来做出新的调整，针对不同班次提出不同的专题课设计。在此基础上，根据不同班次的教学要求，设计出不同的教学计划。

我在新的课程设计中，增加了研讨式教学课时空间，大家讨论特别热烈。

比如，一次县处级干部的主体培训班，每周五要开展讨论交流。讨论由党校的常务副校长主持，他最初还很担心会冷场。我就跟他说，"这次的主题设计很有针对性，是学员关心的，你只要在关键的节点稍微点拨一下，把握好讨论的节奏就行。"以往的讨论课到下午4点就结束了，那天一直持续到晚上7点多，大家讨论得太热烈了，最后都"刹不住车"了。

按照中央援疆的政策，光靠"输血"不能解决根本问题，最重要的是带动当地"造血"。而我们培养基层干部，关键是让他们转变思想观念，特别是要学会思考如何发展地方经济，带动当地百姓脱贫致富。因此，为了教学更有针对性，我们设计了现场教学环节，深受学员欢迎。

距离阿克苏市一小时车程的温宿县，就是我们的现场教学基地之一。这个县最出名的农副产品是大米和羊绒。我们党校的七八位老师，围绕"温宿县农副产品如何借助外力进行深加工"这个主题做了调研并形成了课题。我们建议，温宿县要树立自己的大米品牌，这样才能更好地进行营销推广。当地盛产羊绒，但由于缺乏深加工的技术，只能做羊绒被。我们就建议，与羊绒品牌服装厂合作，将羊绒制成成衣，提升附加值。在我们的建议下，温宿县产的大米成为阿克苏的一大农副品牌，羊绒服装也销往国内外，当地农牧民收入大大提高。而这个教学样本，也成为学员参观学习的内容之一，给基层干部更多的启发。

此外，每当我想到东部沿海地区日新月异的发展面貌，和阿克苏地区相对落后的现状，心里总会隐隐作痛。为此我暗下决心，一定要让当地的干部转变思想，要帮助他们开阔视野。

在浦东新区党校领导的支持下，两地党校签订了合作办学的协议书。我在援疆期间，曾带领阿克苏地委党校第17期、18期县处级领导干部培训班，和第17期中青年后备干部培训班共计120多名学员赴浦东新区和区委党校学习考察。从教学计划的设计到教学管理、学员管理、外出考察、食宿安排等，全部由我全程负责。

通过交流培训，学员们收获丰厚。我记得当时的中共温宿县委书记朱刚到浦东新区党校学习了两周，又到浙江湖州、绍兴、宁波等地走访、交流，倍受

▲ 中共阿克苏地委
党校县处级领导
干部（浦东）进
修班开学仪式

启发。他回到阿克苏后，立即进行招商引资，与一家浙江企业达成战略合作，形成了羊绒服饰品牌。

援疆回来这几年，我一直关注着阿克苏的变化。当我听到，我曾经工作的这片热土不断有乡镇脱贫致富，心里也感到非常欣慰。我想这里面一定也有阿克苏地委党校的一份功劳，只有基层干部思想观念转变了，才能更好地带领当地群众走向致富之路。

亦师亦友　桃李满天下

阿克苏地委党校有 100 多名教师，我跟他们中许多年轻教师成为亦师亦友的关系。他们如今已经桃李满天下，我也似乎闻到芬芳，心中更多的是自豪。

我刚到阿克苏时，地委党校的教师队伍正处于"青黄不接"的时候，老教师已接近退休，而新招聘的一批青年教师跟党校讲课要求还差距很大，讲稿撰写、演讲风格、控场能力等方面都需要进一步培养，为此我也花了大量的时间精力。

在阿克苏三年，我基本上没有时间去领略边疆风情，但有了更多时间去看书。我给青年教师上的第一课，也是最长的一课就是读书。读什么书呢？我们从马列原著开始"啃"。吃好晚饭，我们就在图书馆看书，然后开一个读书会，各自分享读书体会，相互交流心得，武装自己的政治头脑、提高政治觉悟。"啃"完马列原著，我们又开始读经济学、社会学等各领域的书籍。三年下来，不仅那些青年教师的理论水平有了突飞猛进，我自己也得到了很大提升。

套用一句歇后语，"茶壶煮饺子——肚里有货倒不出"。这也是许多青年教师的通病。我作示范讲课的时候，有些年轻教师听得非常认真，不住地点头，认真地用纸笔做记录，可是一让他上台讲，却什么也讲不出来。如何能让他们讲得出讲得精彩呢？为此，我列了一份详细的计划，从写教案开始，教他们制作 PPT，一页页地讲，手把手地教。教案准备好了，我又示范讲课，甚至连表情、动作都一个个地指导到位，希望尽可能把自己多年的教学经验传授给他们。

来自甘肃的青年教师张节辉，是个硕士研究生，学问做得很好，就是不善于表达，讲课时容易"套书袋"。因为性格内向，三十几岁了还没有交女朋友，人也越来越不自信。我在阿克苏地委党校工作期间，经常拉着他一起看书、吃饭，有时候一起骑自行车在市里转转。时间一长，他就跟我成了好友。

为了让他通过试讲（党校班组成立评审团，对新进教师讲课进行试讲评审，通过才能正式上岗讲课），我只要一有空就拉着他试讲，我讲一段，他重复一遍，之后再针对每个小细节问题一一指正。几个月下来，他终于通过试讲评审，走上了讲台。

这之后，张节辉越来越自信，课越讲越好。他从普通讲师，到高级讲师，后来提拔为地委党校行政法学教研科主任。他在担任中青班班主任期间，跟班上一位来自检察院的女学员恋爱了。他开心地把女孩照片给我看，我赶紧提醒他，把宿舍收拾收拾干净，给女孩子留个好印象。我离开阿克苏的时候，他已经跟那位女孩结婚了，还把我当成了媒人，和我说："薛老师，是你的帮助才让我找回了自信，也才让我能这么快找到爱人！"我也很为他感到高兴。

为了鼓励青年教师，我每次回上海探亲就会带一些 U 盘、水笔、移动硬盘等作为奖品，回去分发给表现优秀的教师。

如今，当年跟我一起读书、逛街、喝酒的年轻教师，都已经成长为了阿克苏地委党校的骨干教师。每次接到他们的电话，听他们讲述最近的个人发展情况和当地发展变化，我依然心情澎湃，仿佛又回到了阿克苏。

现在想来，援疆三年虽然很苦，但对于个人来说，用三年时间投身到国家的宏大事业中，做一些力所能及的工作，让我这一滴水滴下来听到了回响，这也是我最珍贵的人生财富。

"无悔"石下话援疆

　　韩晓明，1971年9月生，上海人，2008年7月至2010年12月，为上海市第六批援疆干部，担任新疆维吾尔自治区阿克苏地区阿克苏市第三中学副校长。现任上海市群星职业技术学校副校长。

口述：韩晓明
采访：陈丽伟
整理：陈丽伟　谢晓烨
时间：2020 年 5 月 8 日

结束援疆工作已经十多年了，但是我的心却仿佛留在了新疆，时刻牵挂着我付出过汗水与泪水，倾注了满腔心血的阿克苏的广袤大地。

在成为援疆干部的前一年，我有一次机会成为上海援滇干部赴云南，但因我爱人当时正在病中而错过。2008 年，上海派遣援疆干部，对口支援阿克苏市，党组织再一次对我发出了召唤，我义不容辞地接受了这一任务。经过浦东新区和上海市两级主管和组织人事部门的选拔与面试，我作为当年浦东新区教育系统唯一的入选者，光荣地成为上海市第六批援疆干部之一。

2008 年盛夏，出发的号角响起，我把读小学的女儿、年迈的父母和家里大小事情都交给爱人，登上了西行的飞机。7 月 26 日，我们抵达新疆乌鲁木齐市，后转飞阿克苏市。此后的两年多里，我和援疆的兄弟们站稳立场，牢记使命，在沪新两地党委和政府的坚强领导下，与当地各族干部群众携手同心，不辱使命，顺利完成援疆任务。

一座小学的重生，首个完成的援建项目

当阿克苏三中的书记带我去学校各处了解情况时，我被眼前的景象惊呆

了：所谓的操场就是撒一圈煤渣圈出跑道，下雨后宛如烂泥塘；一个班级多达八十多个学生；孩子们的宿舍只是一间不大的房间，满满当当地摆放了 25 张上下铺，挤满了 50 个孩子，床铺之间像串糖葫芦一般的紧挨着，里面的孩子只能从一张张床上爬着进出，晚上起夜更是不便……

即便如此，这也已经是当地教育资源最为集中、条件最好的学校了，至少还有相对标准化的师资和基本设施，可以让孩子们住宿。阿克苏县城附近的孩子上学，往往单程就要骑车一两个小时。在教学上，阿克苏市三中面临着更艰苦的局面，援疆期间，我联系我的工作单位上海市洋泾—菊园学校向阿克苏三中捐赠了一批电脑，加上上海市普陀区曾捐助的电脑教室，三中的孩子们第一次上了使用电脑来学习的课。此前，老师们甚至只能用手画出电脑键盘，给孩子们讲解电脑。

当地艰苦的办学条件，孩子和老师们的彼此坚守，让我下定决心，一定要为阿克苏人民做点事。

塔哈拉镇中心小学的翻建项目是我的另一个重要任务。中心小学位于阿克苏最偏远的一个镇上，靠近沙漠。所谓的学校就是三间土房，其中只有两间可以用，第三间用好几根木头撑着，当作老师的办公室，但因为是危房，实际上老师们也没法在里面办公。200 多个孩子只有十几个老师和两间教室，一间是小学一～三年级的学生，另外一间是四～五年级的学生，不同年级的孩子混坐在一起，一个年级的老师上课时，教室里其他年级的孩子写作业。

当地其他学校的条件也差不多，很多乡村的孩子到县里上学路途遥远，而且因为家庭贫困，家长对教育缺乏认识，所以辍学率很高，当地老师为了说服孩子上学，往往要长途跋涉，挨家挨户地去做工作，这些中国基层教育工作者扛起了最重的担子。

因为哈拉塔镇中心小学距离阿克苏县城五十多公里，全都是土路。为了支持这个项目完成，浦东新区为我下乡配备了一辆小汽车，驾驶员是本地人。每周我都坚持去项目工地，即使停工，我也要保证工地的安全。五十多公里的路，有 7 到 10 个很深的过水渠，小汽车开不过去，每次遇到，我和司机就下车用铁锹挖土填渠，车开过去了，再下来把渠挖开。就这样，每次都要开一个

▶ 阿克苏市第三中学

多小时才能到达，当地村民很少见到汉族面孔和小汽车，我每次下来填土挖土，总是"吸引"不少维吾尔族老乡好奇围观。

后来一次路上的意外，让我感受到了当地群众的淳朴善良。那一次，我们的车在路上爆了胎，看着我们费劲地修理，一位围观的维吾尔族老乡看了一会儿，就主动上前帮我一起抬，他虽然不会讲汉语，但是用行动表达着善意。当我掏出 200 元钱塞给他表示感谢时，他坚决推辞，用维吾尔语反复说着"布鲁度，布鲁度（意即不要你的钱）"。从旁观到主动帮忙，这次小小的变化，让我感受到当地乡亲的善意。

我们的援建项目能够顺利推进，离不开阿克苏市委、市政府和上海市、浦东新区有关部门领导的大力支持和配合。哈拉塔镇中心小学改建项目涉及当地维吾尔族老乡枣园的征地，一开始，我很为语言不通、不了解当地民情而焦虑，在阿克苏市领导的关心和大力支持下，哈拉塔小学项目第一批完成征地，得以顺利实施。2009 年 3 月，上海市划拨的项目资金全部到位，2009 年 10 月项目落成，哈拉塔小学犹如新生一般，一年多来的一切付出都值得，这也是我们那批援疆项目中第一个完成的项目。

此外，援疆期间我推进完成了阿克苏三中教学楼、学生宿舍的新建项目，并为阿克苏三中的新校区选择了最合适的地块，为学校以后的持续发展预留了充足的空间，奠定了基础。

忠孝难两全，万事援疆为先

赴新疆前，上海市委组织部曾对我们说，大家去建设新疆，工作之余也去看看新疆的大好景色。但实际上由于繁忙的工作，我们在新疆期间根本无暇去欣赏新疆的壮美山河。别人说伊犁的花多美，哈密的瓜多甜，我们根本就没有去过或品尝过，大家都一门心思扑在了援疆工作上。

我们第六批援疆干部没有集中居住，要自己寻找住处，生活上一切靠自己。阿克苏地区不仅缺水，而且水中钙含量极高。刚到阿克苏，我因水中的过量钙而腹泻近一个月。我本来是吸烟的，但是到阿克苏之后就不吸了，因为仅仅是每天喝水喉咙就像着了火一样。当然我们也可以选择到超市去购买纯净水饮用，但是我想，在县城可以买水，难道下乡也买水吗？我是来做事的，不是来旅游的，我不能这样过三年。于是，我硬生生逼着自己的肠胃适应了这里的水质。

援疆近三年，更多的遗憾是因为工作忽略家人。那时候大家还是使用 IP 电话卡，每次通话三分钟就自动停止，需要重新拨号，我要多次拨打电话才能把一件事说清楚，断断续续，更增添了家人的担心。

援疆期间，我的太太和父亲，两位亲人经历大手术。2008 年 12 月，我太太乳腺结节手术，我匆匆回到上海，在援疆干部兄弟的帮助下，下飞机的第二天就安排了手术，而我第三天就返回了新疆。2009 年 11 月，我父亲打电话给我，他出现排尿困难，医生建议尽快手术，我母亲也万分焦急，我说阿克苏的项目正紧张，能不能等到春节再做手术，我可以多请几天假，接下来，是父亲在电话那头久久地沉默。放下电话，我心中百转千回，深深的愧疚无法言说。上海市援疆干部联络组的领导得知此事后，让我一定要赶回上海。也是在援疆干部兄弟的帮助下，我回到上海后当天父亲就进行了手术。但因为援疆项目正进行到关键时刻，父亲手术后第二天，我立刻就返回新疆。飞机上，我心头百般滋味，但一到阿克苏我便又全身心地投入工作。

阿克苏的苹果享誉全国，但实际上真正的冰糖心苹果极少，非常珍贵。

2008 年，阿克苏市政府在红旗坡农场组织了一次援疆干部的活动，每人分到一只冰糖心苹果，我舍不得吃，用纸包好带回去，又买了一箱阿克苏一杆旗乡的普通苹果，将真正的冰糖心苹果仔细包好放进去寄回上海，寄给远方的亲人。远赴新疆，让我始终对妻女充满愧疚，"自古忠孝难两全"，我想如果援疆干部有军功章，那勋章的一半一定属于我的太太、父母和女儿，稍能感到一丝欣慰的是，这只珍贵的苹果，太太和女儿品尝后赞不绝口。

三个"依靠"，援疆经验受益终生

在新疆，上自上海援疆干部总领队，下至普通一员，彼此间都有一个朴实和亲切的称呼：兄弟。进疆之前，我们工作经历不同，来自五湖四海，不同部门，能够在遥远的新疆一起工作、学习和生活，这的确是兄弟一般的缘分。

援疆期间，我们与上海市的沟通联络主要通过上海市援疆干部联络组完成，严格意义上来说，这更像是一个援疆干部沟通的"群"，无论是谁在工作、生活中遇到困难，联络组都会积极协助，向两地有关部门求助，"群"里的兄弟也会积极互相帮助，绝不会让援疆干部孤军作战，"飘"在外面。

作为一名教师，我此前从来没有搞过工程，项目设计、资金使用、工程质量监管等都是陌生的领域，但是通过在建工集团任职的援疆干部刘鸿敏的帮助，哈拉塔镇中心小学项目方案很快就修改好并获得通过，刘鸿敏同志还主动担任项目监理，按建筑规范，阳台上的钢筋露筋要达到 15 厘米以上，每次到了工地，他都拿着尺子亲自一根一根钢筋地测量。就这样自己边干边学，援疆经历极大地提升了我的工作能力，特别是应对压力与挑战的能力。

援疆期间，援疆干部不仅要自己解决生活问题，还要保质保量地完成援疆项目，大家都承受着巨大压力。但是我们每一位都认为，只有紧紧地依靠沪疆两地党委、政府的坚强领导，紧紧依靠上海援疆干部联络组，紧紧依靠援疆干部的兄弟，才能坚定立场，保持清醒，打开局面，顺利完成任务。

这三个"依靠"至今仍对我的工作发挥着重要的指导和借鉴意义。援疆结束回到上海后，我先后到中国商用飞机有限责任公司、上海市群星职业技术学校工作，都是从陌生的环境开始做起，用三个"依靠"来指导自己。得到了组织和同事们的好评和认可，我想应该感谢这段援疆经历。

援疆的收获，除了在工作中的锻炼，还有在多元文化环境中的融合能力，以及与当地干部群众的交流，促使我进行更多的思考。比如在教育领域，资金、人才等现实问题成为制约当地教育发展转型的瓶颈，阿克苏招人难，留人更难。面对这些困境，当地干部在现实中摸索出一套管理人才的方法，尽管有不完善之处，却是适应当地情况的。

这段经历启发了我，援疆结束后，我先到中国商飞担任人力资源部副部长，我的人力资源管理理念从实际出发，不拘泥、局限于书本和理论，得到了大家的充分肯定，我离开时，商飞的领导对我诚恳挽留，但由于我一直钟情于教育，所以还是选择回到熟悉的校园。事实上，这些跨区、跨部门、跨行业的成功经历和取得的成绩与我的援疆经历是分不开的。

绝非"捷径"，用一生回答援疆意义

2010年12月1日，经过两年半的奋战，我们完成援疆任务，告别阿克苏。随着上海市第六批援疆干部全部凯旋，连续十四年的上海对口支援阿克苏工作也画上了圆满的句号。

两年多来，经过第六批援疆干部的努力，上海市累计为阿克苏地区投入援疆资金2.57亿元，完成各类项目250余个。打造了"谦逊好学，艰苦奋斗，团结进取，务实奉献"的上海市第六批援疆干部精神，获得了众多荣誉，促进了新疆当地的发展和建设，加深了沪新两地友好情谊。

对于援建干部制度本身，社会上有一些人存在误解，认为援建是升官的捷径，我自己也曾听到过这样的议论，但都是一笑而过。如果他真的来到新疆，扎扎实实干三年，我相信他的看法和想法会有所不同。

援疆绝不是什么升官捷径，而是对党性的锤炼。党中央给所有援疆干部提出三个问题：援疆为什么，在新疆干什么，离开新疆留什么。我想，这需要我用一生来思考和回答。

在新疆期间，习近平、温家宝、俞正声、韩正等国家和上海市领导都来阿克苏看望过援疆干部，我还记得习近平主席（时任国家副主席）来的那天，兄弟们真的喝了很多酒，那是发自内心的高兴。

因为我的援疆经历，还对我女儿产生了潜移默化的影响，经过援疆三年，我们一家人都格外关注新疆，我女儿初中时曾跟随我爱人去过阿克苏探亲，她记得当时那里的落后闭塞，她出国留学后，我常常把阿克苏的照片发给她，阿克苏的快速发展让她大呼难以置信，当她在海外听到各种各样国际上议论中国和新疆的声音，她没有迷失，而是有了自己理性的判断。现在女儿即将毕业，她对我说，爸爸，毕业后我还是要回国。所以我想，援疆对我的意义，或许是十年之后的今天看得更清晰。

2018 年，魂牵梦绕十载，我终于有机会携太太和女儿第一次重新回到曾经战斗过的阿克苏。我感到新疆变化太大了，阿克苏也发生了根本性的变化。我当初参与规划的三中新校区已经建成，当年三中的校长已经是阿克苏市教育局副局长，当年和我一起工作过的教务处副主任现在担任校长。我当年结对资助的维吾尔族孩子告诉我，他当年上课经常"开小差"，我对他说"look out of the window"，告诫他做人要有放眼远方，放眼世界的眼光，这句话他牢记心中。后来这个孩子考取了塔里木大学，农家子弟鱼跃龙门，随着他毕业工作，家里的条件也得到了很大改善，这一切让我倍感欣慰。

我们这一批援疆干部中，当时任阿克苏市财政局副局长的乔璟文兄弟，他的叔叔是原乌鲁木齐市达坂城区政协主席乔祥圻，我们亲切的称呼他为"乔老爷"。"乔老爷"是 20 世纪 50 年代的上海有志青年，听从国家召唤，舍弃优厚舒适的城市生活，投身新疆屯垦戍边，一干就是几十年。他也是最早将崇明岛的大闸蟹引进新疆，带动当地脱贫致富的人。援疆期间，在"乔老爷"的带领下，我们曾去乌鲁木齐柴窝堡知青苑，接受老一辈援疆精神的洗礼，这里有一块为当年援疆知青立下的"无悔"石。这次回新疆，我特意去探望了他，大家又一起去看了这块"无悔"石。

成为援疆干部启程时，我只有 36 岁，可谓风华正茂，如今，新疆实现跨越式发展，天山南北展露新姿，如果有人问我：援疆值得吗？我想，这块"无悔"石，已经替我说出了答案。援疆，不是每个人都有这样一段经历，这是值得一生珍藏的财富。

援疆的思考和收获

何建木，1978年9月生，福建泉州人。2010年10月至2013年12月，为上海市第七批援疆干部，担任新疆维吾尔自治区喀什地区莎车县发展和改革委员会副主任。现任中国（上海）自由贸易试验区管理委员会陆家嘴管理局党群工作处处长。

口述：何建木
采访：龙鸿彬　谢晓烨
整理：龙鸿彬　谢晓烨
时间：2020 年 4 月 28 日

　　我是 2010 年第一批上海新一轮对口支援新疆的干部，之所以选择援疆，是因为从小我就对新疆非常神往，脑海里雪山、沙漠、高原和草甸时刻都在召唤着我，经常梦想着有朝一日可以到那里生活、工作，哪怕能够去走走看看我们辽阔的祖国大地也好。我深切地记得，到莎车最大的感受是忙碌。因为上海市是第一次对口援建喀什地区，我们作为第一批援建者可以说是开拓者，一切工作都是从无到有，这就注定了援疆工作非常忙碌。而忙碌之外，我更多的感受还是感动。感动来自当地农民的淳朴，来自当地农村原生态的美；感动来自当地干部的辛苦，来自当地群众的友善；感动来自家人的理解和牵挂，来自大后方的支持和鼓励。

淳朴热情的莎车人

　　莎车有 85 万常住人口，是全新疆第一人口大县，其中 95% 以上的人口都是以维吾尔族为主的各少数民族。我们从万里之遥的上海市浦东新区赶赴新疆莎车县，从援疆工作一开始，我们就能感受到当地群众对中央的战略决策和上海援建充满真切的感激。

2010 年 11 月 12—14 日，时任中共中央政治局委员、上海市委书记俞正声同志率领上海市党政代表团到喀什地区尤其是上海对口援建的四县考察调研。我当时负责提前到部分考察点做好前期准备和接应工作，其中有一处是富民安居工程改建户托合提·马合木提家。原来他家的房屋比较破旧，而且没有独立的淋浴和卫生间，只能使用屋外的旱厕，因此整体家庭卫生环境也不好。2010 年 5 月中央决定对口援疆之后，上海市立即开展试点工作，先行安排了1.74 亿元对口援疆资金作为 2010 年试点项目，在莎车共计安排了 20 个试点项目，其中有个项目是富民安居工程改扩建，专门用于当年被洪水冲垮的亚克艾日克乡等 6 个乡镇有关农民房屋的改扩建。托合提·马合木提也是受益者，他得到了 4 万元的改扩建资金扶持，利用这笔资金建了一间厨房，修砌了可以使用煤气罐和沼气的新灶台；建了一间可以淋浴和使用抽水马桶的卫生间；加固了屋后的牛羊棚圈；南疆维吾尔族群众都特别喜欢在庭院种植花草，因此他还用一小点资金专门买了好几盆夹竹桃等花卉摆在院子里。

当天我赶到考察点后，发现时年 64 岁的户主托合提·马合木提带着他的大儿子走向牛羊棚圈，牵出一头小羊，把它吊在屋子侧面的两棵大白杨树之间，我赶紧请乡干部去问他准备做什么，乡干部上前跟托合提老人沟通，老人回答说："因为维吾尔族的传统节日古尔邦节（相当于我国内地汉族人的春节）再过几天就要来临（当年是 11 月 17 日），真心帮助我们莎车群众的上海贵客今天来我家，我要专门拿出最好的羊肉招待上海的贵客和亲人。"代表团一行到达托合提·马合木提老人家后，俞书记在整洁的院子里与老人拉家常，问老人的家庭成员、经济收入来源、对未来生活有什么设想等等，老人拉着俞书记的手一个劲地说，通过富民安居工程，乡亲们都过上了和城里人一样的现代化生活，反复表达对上海援建的感谢，并且邀请上海的贵客一定要品尝一下他亲手制作的南疆特色美食手抓羊肉。受到援疆资金资助的富民安居工程改扩建户如此真诚、淳朴地对待我们上海的客人，那份情谊十分纯粹，没有任何瑕疵。

接下来的几年里，我都会不时到托合提老人家里，看看他家的变化。2011年托合提老人的大儿子建起了一座小型的家禽育雏孵化基地，每年可以出栏 2万只小鸡；小儿子从事长途运输，2012 年新购一辆轻型卡车和一辆十多万的小轿车，老人的心情和身体一直都特别好。

我记得还有一次我作为莎车县发改委副主任，陪同配合自治区发改委、农业厅等多个部门组成的"农村沼气工程调查组"一起，到莎车县的相关乡镇开展抽查工作。我调查的第一站是尤库日加力村，到了村民艾山·玉素因家，他请我们吃杏子，橙黄的杏子吃在嘴里甜滋滋。他家后院给我留下了深刻的印象，10余亩的面积，种植了几十棵杏子树、核桃树和梨树，果林下套种小麦、玉米、南瓜等农作物，麦子刚刚割倒在地里晾晒，玉米高度已长到5厘米，站在庭院里向外环望，一派美丽的田园风光。之后我们又去了村民托合提·库尔班家，女主人和她的女儿正在庭院里烤馕，见到我们进门，马上热情地邀请我们吃馕。我连连摆手示意不用客气，但是热情的女主人还是从馕坑里拿出两个热腾腾的馕塞到我们手里，请我们一定要品尝。几乎每家都是如此热情好客，几乎每家接受政府沼气工程项目资助的农户，都发自内心地表达对这些惠民实事工程的满意和感谢。当时我们听到最多的一句话是"现在生活好了，这都是党和政府带来的福气啊"。大部分农户都是当年的沼气工程新建户，沼气主体工程一般建在牛羊圈旁，一来便于利用牛羊粪便等原料，二来便于就近改厕，三来远离正屋，不会干扰正常人居生活。收集秸秆、粪便等各种沼气原料有利于改善村容村貌，也让农家小院变得更加整洁卫生。在加力村，我看见的是一个洁净美丽的乡村和一张张善良朴实的农民笑脸。

发展是首要任务

在没有到莎车任职之前，我在浦东新区发改委工作，平时主要承担浦东综合配套改革推进工作。而到了莎车，我发现由于当地计划经济色彩比较浓厚、经济社会发展存在一定差距，工作内容也相对比较单纯，县发改委主要从事项目管理、物价等宏观经济管理工作，项目也以政府投资类项目为主，包括国家、自治区和上海援建项目三大部分，社会投资类项目极少。可以说，南疆的市县发改委基本没有改革任务，只有发展的任务，因此到莎车任职，重点就是做好项目管理尤其是上海援建项目管理工作。

三年多的时间，我所从事的一项重点工作就是根据当地经济社会发展的需

◀ 深入上海援建工
地开展建设检查
工作

求，做好项目前期推进工作，包括统筹安排好项目计划、做好援建资金申请和政府拨款，同时兼顾项目的竣工验收以及审计等收尾工作。每一个项目的提出、确定、推进和实施，每一步都很不容易，都需要我们做很多耐心细致的工作。好在我所提出的意见和建议，基本都能符合社会民生的急需，也基本都能被大家采纳，并最终得以付诸实施。这一点我最开心，毕竟说明我作为援疆干部发挥了应有的参谋员、研究员、咨询员作用，取得了切实的成效。

2012 年 3 月，我陪同新疆维吾尔自治区扶贫考核组到莎车县几个重点扶贫开发乡镇考核检查扶贫开发工作。在伊什库力乡，我们看到农业大棚，大棚里的万寿菊正在萌芽。时任莎车县人大党组书记、县委副书记冯军祥介绍说，去年有个招商引资项目专门从万寿菊中提取色素，今年就发动农民种植万寿菊，光在浦东援建的莎车县现代农业示范园里，就正在育苗 500 万株万寿菊。

在乌达力克乡，我们实地察看 1000 亩巴旦姆种植示范园。巴旦姆是一种坚果，被誉为"干果之王"，俗称"扁桃"，在南疆的种植历史悠久，迄今已有一千多年历史。莎车是中国最大的巴旦姆产区，以巴旦姆为特色主打产品实现农民增收、农业增效，一直是我们援疆那几年莎车县现代农业尤其是林果业的发展目标。自 2010 年浦东新区对口援建莎车县以来，前方指挥部多次动员组织莎车巴旦姆参展上海市农展会、浦东新区农博会和国内其他重要展销展会，莎车巴旦姆进一步为广大消费者所熟知、认可，也吸引了不少农产品龙头企业的关注。

后来我们又赶到喀群乡 11 村，到农户家里察看家禽和牲畜棚圈养的"庭院经济"模式。我建议扶持农民合作社，把单家独户的农民集中起来，选址在戈壁滩上集中建设畜禽棚圈养殖点，把浦东援建的年产 1200 万羽家禽育雏孵化基地的小鸡苗拿过来，集中圈养，统一质量，统一销售，让农民分享收益，这样还可实现畜禽养殖业在莎车形成较为完整的产业链。一路上，我与库热西深入交流了南疆扶贫开发工作的认识与设想，尤其提到扶贫不只是给钱给物，更重要的是"授人以渔"。他对我的见解十分认同，诚恳地邀请我参与新疆维吾尔自治区扶贫开发总体规划的编制工作，我欣然接受。

依靠研究"智力"援疆

工作之余我也经常思考，作为一名援疆干部，除了专注于对口援疆任务外，还能做点什么？我觉得自己是一名博士，可以说也是具有扎实专业学术训练的青年学者，那就利用自身的专业特长，善于思考研究问题的特长，时刻关注、研究一些莎车当地经济社会发展的实际问题，给自己加加压，以自己的特长开展"智力"援疆，为莎车的发展和脱贫攻坚献计献策。

于是，我的业余时间基本都投入了对莎车经济社会发展的各项调查研究。我在莎车研究最深入的一项，就是莎车的巴旦姆。我和莎车县当地干部一起深入全县各乡镇开展田野调查，深入田间地头摸清巴旦姆这种作物真实的生长情况，农民在种植巴旦姆过程中存在哪些错误的操作方法。最终经过概括总结，我发现莎车巴旦姆产业发展需要注意并解决几大问题，一是种植标准化体系已初步形成，但标准化生产程度极低；二是产业化种植技术力量薄弱，技术服务体系不健全；三是产品缺乏深加工，社会化和产业化组织经营程度极低。在进行田野调查的同时，我还大量搜索外文资料，了解到目前美国加州是全球最大的巴旦姆产销基地。通过对美国加州巴旦姆产业发展的仔细分析比较，我总结了三大先进经验值得我们借鉴：一是苗木生产工厂化和种植技术规模化、标准化、设施化；二是完善的专业化和社会化服务体系；三是品种种质的系统性和成品商品的标准化。根据莎车县的发展目标，2013年度全县种植面积扩大到100万亩；到"十二五"期末，全县农民人均纯收入50%将来自以巴旦姆为主的林果业，实现"巴旦姆富民强县"目标。当时，我真心希望这一天早点到来，也希望更多消费者爱上莎车的巴旦姆。为此，我专门花费数月的时间，认真撰写了一篇深度调查报告《莎车巴旦姆产业化种植与经营对策研究》，针对巴旦姆产业如何快速健康发展提出了若干对策建议：制定明确的发展规划和发展目标；建立专业化和社会化服务体系；推进巴旦姆品种育苗、种植管理的标准化与工厂化；加大招商引资力度，引进深加工龙头企业；加大宣传推介力度，塑造莎车巴旦姆世界品牌形象。后来，这篇调研报告以长篇专业学术论文的形式刊发在《喀什师范学院学报》2013年第5期，目前已经被新疆农业科学界尤其是林果业研究学者们较为广泛地关注和引用。

此外，我对莎车县域经济、县域城市发展、旅游产业等方面也开展了一些深度研究，后来也陆续刊发了一些学术论文。我一方面把这些研究成果分发给县领导作为工作参阅资料，力争能够影响他们的决策思路；另一方面根据自己的研究成果，努力建议有关领导和部门在每年度的上海援建项目计划的安排上，体现出相应的重点和倾向，尽可能推动把有限的资金用在群众迫切的、民生急需的、又能长远推动发展的项目方向。我想，这个效果是明显的，至少有深入的思考研究，拿出来的研究成果应该就是实证科学的。比如在巴旦姆林果业发展这一事情上，我平时紧盯不放，每年年底，我都会积极督促林业局制定下一年度上海援建莎车县巴旦姆产业扶持引导项目的《项目建议书》和《实施方案》，并提出具体可行的修改意见。比如我当时对林业局的同志提出建议：如果要喷洒农药以提高巴旦姆产量，那就必须采用有机农药，才能保证巴旦姆的品质不受影响；巴旦姆产业发展要壮大，就必须进行深度加工、走产业化道路；政府要实现巴旦姆的产业化种植，就必须提供各种社会化专业化技术服务；在莎车县南部山区（昆仑山南麓）由于气候较冷不适宜种植巴旦姆而种植核桃的广大农户，也必须享受有机肥补贴等各种林果业扶持引导服务的权利。最终，我很高兴地看到，这些有助于当地普惠均衡发展的建议都被采纳并付诸实施。

成长为"莎车通"

在莎车县担任援疆干部的三年半时间里，我除了认真做好县发改委的工作外，还兼任上海援疆前方指挥部莎车分指挥部综合组组长，这是一个义务性、兼职性的综合岗位，主要工作内容是为分指挥部内部人员和物业管理、为到莎车来的各类人员做好各种配合服务工作。因此，三年多时间里，我在莎车做得最多的一项工作，就是经常陪同配合从上海乃至全国各地来的党政代表类、专业技术类、商务投资类和新闻媒体采访采风团等团队到莎车开展各类调研考察工作、采访工作，陪他们实地考察援建项目，为他们介绍上海援建工作进展情况；陪他们深入田间地头去察看庄稼长势，为他们讲解莎车当地的物产；陪他们深入莎车农民家中，一起倾听莎车基层群众的心声。

在与新闻媒体界的朋友交往过程中，我往往不遗余力地宣传莎车的各种好，从风土人情、地方物产，到莎车的人和事，再到上海的援建工作等等，都是我的重点推荐内容，我希望外界更多人知道莎车、了解莎车、来到莎车。我曾在三年里三次接待《解放日报》国内新闻部主任记者王晓鸥到莎车的采访报道工作，每次都陪同他实地考察不同的援疆项目，向他介绍莎车的近况，他的

▶ 在援疆干部集体实践基地种植巴旦姆树苗

◀ 为莎车县离退休
干部讲解城南新
区开发建设情况

三篇报道生动地体现了浦东对口援助带给莎车的变化。

2012年7月18日，上海市社科联党组书记、专职副主席沈国明研究员一行两人前来莎车考察调研，我一如既往热情地给他介绍上海援建的情况、莎车的人文经济和上海援疆干部的工作生活状态，他听得非常认真，而且把这些细节牢记在心。作为博闻强识的法律专家，沈国明研究员回到上海后，写了一篇文章《莎车之行》，宣传介绍莎车经济发展概况和莎车的对口援建工作，发表在《解放日报》上。在这篇文章中，他对我的热情介绍和对莎车的了解程度表示了高度肯定，认为我能做到对莎车县情和各个援建项目的情况如数家珍般，可以说已经成了"莎车通"了。当然这个称呼我是受之有愧的，我做的就是在三年时间里尽量走遍莎车的角角落落，能够更加深入地了解莎车的方方面面。

总之，我在莎车的一个重要作用就是积极担当起宣传、推介莎车的营销员、宣传员、讲解员和导游员。这些来自上海和全国各地的团队与人员，他们在莎车停留的时间可能从几小时、几天到几个月不等，但分别以后，逢年过节，许多人还记得我，经常发短信给我，祝福节日快乐，提醒注意安全、保重身体，等等，这就够了。在援疆这个平台上，君子之交淡如水，莫不如是。

工作之余，即便是离开莎车，我也念念不忘对莎车的宣传。作为一名援疆干部，我认为自己有必要、有责任、也有义务，通过在援疆期间的所见所闻，结合自己的所思所想，把自己所知道的真实而全面的新疆充分展现给大家，让他们对新疆的经济社会、历史人文、民风民俗等诸多方面，有更多的了解和认识。因而每年春节我回上海休假期间，除了紧盯援建项目的工作进展之外，做得最多的一件事，就是在各种场合不遗余力地向上海同事和亲朋好友介绍新疆情况，介绍上海援建工作进展。在我看来，大家都是真心关注新疆，关心新疆的同胞，关心新疆的发展，这一点让人倍感欣慰。

援疆三年，彻底改变了我对国家大义、民族情怀的理解。以前在上海，大家可能都只关注自己的本职工作，考虑买车买房、子女教育等日常生活，对于国家使命、民族团结、群众路线、边疆稳定之类的话题，不说是否算作空谈，至少也是很遥远的事。然而，在祖国西北边陲的莎车，援疆干部所肩负的却是一项十分神圣的国家使命。这项使命的内涵，既包括帮助当地各族人民群众种好巴旦姆、建好富民安居房，也包括推动当地经济发展、文化繁荣，更应包括增进各民族的世代友好团结和相互融合发展。

新疆的跨越式发展和长治久安这两大历史任务是做好援疆工作的出发点、落脚点和持久动力。只有让老百姓真正过上了安居乐业的好日子，边疆才会稳定下来，中华民族才能真正团结起来，国富民强的"中国梦"才能最终实现。恰恰是这三年来的援疆工作，让我深切体会到自己所从事的工作是事关国家发展稳定大局、中华民族伟大复兴的大事。作为援疆干部，我们能够在自己的小小岗位上不断贡献自身的战斗力，就不算辜负党和人民的重托！我想，今后不管走到哪里，我都永远心系这块曾经奋斗过的土地，一如既往地关心、关注、支持莎车、喀什以及新疆的发展。

三年援疆路　一世莎车情

　　沈敏，1970 年 9 月生，上海人。2013 年 7 月至 2017 年 2 月为上海市第八批援疆干部，担任中共新疆维吾尔自治区喀什地区莎车县委副书记、上海援疆莎车分指挥部指挥长。现任中共浦东新区川沙新镇党委委员、副镇长、二级调研员。

口述：沈敏
采访：龙鸿彬　司春杰　谢晓烨
整理：司春杰　谢晓烨　龙鸿彬
时间：2020 年 4 月 30 日

每当浦东桃花烂漫盛开时，我就不由地想起远方巴旦姆花的芬芳。

> 虽未桃红妍，亦无梅香漫；
> 不与花争艳，只把春意点。
> 蕊开蜂蝶恋，叶绿农时暖；
> 无意比江南，有情系思念。

这首小诗，是我在新疆时有感而发所作的《巴旦姆花赞》。

是啊，来援疆，知我者谓我心忧；不知我者谓我何求。但不管怎样，我无悔这样的选择。在莎车，圆了我一心想要为脱贫攻坚战做些什么的梦想，更让我与维吾尔族的兄弟姐妹结下了深情厚谊。

三年援疆路，一世莎车情。

民族团结像石榴籽一样　紧紧抱在一起

开展"民族团结一家亲"，是我们援疆的一项最重要工作。我们援疆干部要乐当友谊的使者和民族团结的促进者，与当地干部群众交流交往交融。正如习近平总书记说的，我们要"像石榴籽那样紧紧抱在一起"，我们有信心期待着民族团结之花越来越灿烂。

民族团结，要在娃娃心里埋下种子。

有一次，我们去一个偏远的乡村调研，返程时司机迷路了。我们给当地干部打电话，知道了要穿过几村几村（为了便于记忆，我们给各村按照数字编号）。但是一问当地老百姓，他们只知道村子的维吾尔语名字，我们也没法用普通话和他们顺畅沟通。恰好附近小学刚放学，我们就询问了一名小学生，一下子就问清楚了路，我们也顺利返回了。这件小事给了我很大启发：民族交流中，普通话推广非常重要，只有语言交流无障碍，民族团结才能更紧密。

莎车的师资队伍中，能教普通话的老师并不多，往往被优先安排担任幼儿园教师，因为幼儿园阶段的孩子对语言学习更容易接受。我曾去过一个老乡家，他家大儿子上小学，小儿子在幼儿园，但是小儿子普通话说得比大儿子好。这说明，普通话教育如果不能一以贯之，就会使教育的效果大打折扣。为了提高师资队伍的普通话水平，我们专门建了一个教师培训的援疆项目，重点是提升教师的国家通用语言文字的能力水平，每年六个班约250名学员全部脱产参加一年的培训，培训结束后还要通过普通话考级（MHK）。三年里，我们的双语教育形成了"常规＋长效""基础＋特色""自主＋合作""合格＋发展"的"一体两翼"（以学员为主体，课程和主讲教师为两翼）双语教师培训管理模式，培训学员的 MHK 考试通过率和教学技能考核均在喀什地区名列前茅。我们还投入955万元援建资金用于在小学、幼儿园推广普及 HaFaLa 汉语辅导教学动漫软件，提升学生国家通用语言的学习兴趣和场景应用能力。

此外，我们在原来"沪喀手拉手夏令营"活动的基础上，连续三年组织了莎车各族青少年到上海开展沪莎两地青少年手拉手活动，2016 年开始扩大到250 多名莎车孩子。

对于参加夏令营的人选，我们坚决秉持公开、公平、公正原则，各乡镇推荐的名单全部由我们重新筛选，并进行面试。有当地干部建议，让我们选择一些家庭条件好的孩子交流，理由是贫穷的孩子家买不起一件像样的衣服，穿得

▲ 浦莎青少年手拉手活动

不好去大城市他们自己也很没面子，会影响交流的效果。我们援疆干部讨论决定，这样的机会更要人人平等，特别是要让那些贫穷但品学兼优的孩子有机会走出当地，见见世面。最后，在一家服装企业的赞助下，我们给所有参加活动的孩子定做了统一服装，当孩子们穿上新衣服高高兴兴地去上海参加活动，我们感觉所有的付出是值得的。

通过"知识之旅、成长之旅、团结之旅"，浦莎两地青少年缔结了彼此之间的友谊，亲身感受到民族团结一家亲的可贵，他们相互了解、相互尊重、相互包容、相互欣赏、相互学习，像"石榴籽"那样紧紧抱在一起。有的少年拉手后，许下诺言一生为友。

开展扶贫帮困也是促进民族团结工作的重要切入点。我们在当地开展了"认亲"活动，一名援疆干部与5户当地百姓结对，平时走走亲戚，增进感情，对我们援疆干部而言也是一个很好的社会实践。

我的"亲戚"中，有一户家里有三个孩子，大女儿在上大学，儿子中学毕业后就在当地打工，最小的女儿在读小学四年级。去他家时，小女孩落落大方，能用带点生硬的普通话简单交流，我就鼓励她好好学习，争取考上"内初班""内高班"（在内地名校办的新疆学生班），然后像她姐姐一样上大学。去多了，她还让我看她做的回家作业，帮她复习功课。孩子父亲的脚有点残疾，我们援疆的医生正好有个骨科专家，我就请那位专家到他家里看看。

跟"亲戚"来往多了，亲情也越来越重。"亲戚"遇上个事情都会通过当地的联络员和我联系。有一次，"亲戚"捎话来，让我有空去他家，原来他家那年正好轮上建安居富民房了，建房是个大事，所以要请我这个"亲戚"去看看，后来还请我去吃了个"圆场"饭。

在我们离开莎车的前一天，"亲戚"带着一箱子核桃来送行，他普通话讲不好，我请门卫做翻译，意思是："你们要走了，今天带点自己家里种的核桃，带回去给你家里人吃，算是新疆亲戚的一点心意。"告别时，看着"亲戚"步履蹒跚的背影，我眼角不知不觉地湿润了。

2014年起，我们10名援疆干部还和当地24名贫困大学生结对，为每年资助2500元每名大学生，直至他们毕业。2016年，我离开莎车时，给结对的那名大学生留足了两年的学费，让他安心读完大学。回上海后，我还经常收到他的微信、短信，得知他在大学里学习很好，我也特别欣慰。

我们还组织了与阿热勒乡13村结对帮扶、为患重病民族学生爱心捐款、慰问福利中心孤儿、为县环卫工人赠送工作衣、向贫困村赠送扶贫织毯机以及上海医疗专家巡回义诊等活动，让莎车人民感受到来自浦东人民的真情厚意，促进了民族团结。

说心里话，离开莎车，真舍不得。我们在莎车三年，跟当地百姓相处得像一家人一样。淳朴善良、热情好客的维吾尔族老乡看到上海来的"阿达西"（兄弟），都会捧上一盆瓜，端上一碗自制的酸奶。尝上一口，是那么甜美，一句不够标准的"亚克西"（好）表达了我们真诚的谢意。在他们清澈的眼神和灿烂的微笑中，流淌着民族和谐的真情和对美好未来的期待。

民生连民心　民生才能收获民心

莎车县是新疆第一人口大县和国家级扶贫开发工作重点县，也是上海对口援疆投入资金量最多、任务最繁重的一个县。如何用好援疆资金是一个需要深思的问题。我们经过走访调研，了解当地百姓实际需求，让这笔资金能用到实处。

三年来，我们共投入援建资金 11.15 亿元用于安居富民房及配套、城乡市政基础设施、城乡公交、集中供热、老城区改造、保障房配套建设等重大民生工程，千方百计解决各族群众最关心、最直接、最现实的民生问题。

首先是住有所安。我们调研发现，农牧民住房很多都是危房，很不安全。三年里，我们建成 4.4 万余户安居富民房（每户上海援助 1 万元）、定居兴牧房 1397 户（每户上海援助 5 万元），使农牧民从过去低矮破旧的泥土房搬进了宽敞明亮的抗震房屋，集中居住点的水、电、路、桥等配套设施建设同步到位，农村面貌发生了根本性变化。

其次是出行保畅。莎车县的公共交通长期存在"坐车难、坐车贵"的问题，村民们进城经常需要坐毛驴车，费时大半天。我们调研了解到，前几年莎车运营公交车的都是民营企业，管理不规范，发车时间和停车站随意变更，造成了很大的不便。在指挥部的支持下，2014 年底成立的莎车县城市公交客运公司，投入援疆资金 7000 万元，收购了原有的民营公交公司，并新购了 102 辆公交车，基本实现了县城内和乡镇村之间的公交车全覆盖，极大地改善了近 40 万群众的出行条件。

再者是病有所医。这三年，莎车县利用上海援疆资金 1.24 亿元开展了 13 个卫生项目。投资 2500 万元建成的县疾病预防控制中心设施齐全、设备先进，成为南疆最好的疾病预防控制中心；援建的城南医院正式运营，准备打造成莎车县第二家二甲综合性医院；投资 500 万元建成的英阿瓦提管委会卫生院，解决了当地近一万余名农牧民就医不便问题；投资 2500 万元建成的县人民医院传染病房，解决了长期困扰莎车县传染病人的住院难、管理不规范等问题；投资 800 万元购置的富士蓝激光内窥镜及四维超声等高端医疗设备，有力推动了县人民医院相关科室的发展。

我们这批的援疆医生、莎车县人民医院副院长熊伍军，在与病人的沟通中，了解到莎车日照时间长，紫外线辐射强以及当地民族同胞高脂饮食的生活习惯导致居民白内障患病率高。但是由于当地农村贫困人口较多，一时难以承担手术费用。为此，上海援疆莎车分指挥部先后筹集了 120 万元资金用于支付贫困

▲ 由上海援建的"交钥匙"工程——莎车县体育中心

白内障患者复明的手术费用，并联系东方医院等上海医院派专家参与手术医治。在我们回沪前，莎车县已普查发现的有白内障贫困患者都能得到免费治疗。

　　文化援疆则架起了莎车与外界文化交流交融的桥梁。我们投资 1.8 亿元建成了莎车县体育中心，支持莎车县广播影视传媒中心迁址新建。委托上海戏剧学院创作编排《阿曼尼沙汗传奇》音乐剧首演即获得广泛好评，并参加上海国际艺术节演出和浦东新区文化艺术节闭幕式演出。连续三年，总计给全县 5.6 万多户贫困群众赠送了电视机，方便他们更好地了解各种政策、信息，为脱贫致富寻找更多合适的机会。每年安排 100 万元援疆资金支持当地举办社区文化活动，进一步丰富了广大人民群众的精神文化生活。

　　此外，我们还建设了"平安莎车"项目，支持"两支队伍建设"，一是公安队伍技术能力建设，二是保安队伍硬件建设，为莎车的稳定和长治久安发挥了积极作用，也为保障民生打下了牢固的基石。

甜蜜产业　带动更多人致富

　　授人以鱼，不如授人以渔。

◀ 孩子们在巴旦姆
林中嬉戏

　　为莎车引入什么产业？最初，我们想把现代化工业搬进莎车，但是遇到了很多现实问题。

　　熟练工人缺乏，合适的管理人员难找，导致企业不愿意到莎车投资。

　　这给我带来新的启发：结合莎车实际，在确定援疆项目时，不仅要做好"输血"式的帮扶，更要注重培育莎车县的"造血"功能。

　　莎车是农业大县，被誉为"中国巴旦姆之乡"。莎车分指挥部将农业产业化发展作为重点工作任务。聚焦巴旦姆产业发展，三年来投入上海援建资金9300万元，推动莎车县基本建成了100多万亩巴旦姆种植基地。

　　巴旦姆基地建设完成之后，产品销售和深加工就显得更加重要。针对莎车巴旦姆发展缺少主打品牌、组织载体薄弱、深加工能力欠缺的现状，我们支持已有五十多年历史的县国有二林场注册了属于林场的第一个商标——"浦莎"，积极配合分指挥部领导开展农业招商引资工作，推动巴旦姆龙头企业和合作社等产业组织的发展壮大，通过上海援疆资金扶持一家养蜂合作社新建了全县第一个蜂蜜加工厂，为本地巴旦姆加工企业与上海食品研究所牵线对接产品研发技术合作……现在，莎车巴旦姆的品质更高了，总产量增长到了近7万吨，产值23.4亿元，真正成为莎车农民致富增收的"摇钱树"，名气也越来越响。

　　畜牧业也是当地的特色产业。我们积极促成当地牧民成立合作社，通过规模生产增加收入。比如，1996年出生的买买提尼亚孜·胡达拜尔迪，就是莎车乐牧园畜牧养殖农业专业合作社的带头人。他一方面扩展市场、打通销售渠道，一方面邀请上海的农科专家传经送宝，短短三年，合作社从8个社员发展到了现在的192个社员，合作社现有700多只羊、20多头牛，一年收入能达到三四十万元。在他的合作社发展中，获得过上海援疆资金两次补助。上海援疆资金对于合作社采取了先建后补、差额奖补、达标考核的办法，建立评分指标体系，奖补资金数额与考评分相挂钩，推动合作社完善管理制度。

　　我们发挥援疆资金的撬动作用，推进温室大棚的建设和维修改造，促进设施蔬菜产业发展的同时带动农户就业脱贫。扶持特色林果、畜禽养殖、民族手工业等20家合作社规范化、快速化发展，辐射带动农户达3085户，合作社数量和质量得到了双提升。

　　三年来，投入援建资金1.48亿元新建总面积近4.1万平方米的标准厂房13栋和综合楼1栋，新建13.3公里园区道路，配备路灯、锅炉等市政基础设施，并在莎车县工业园区"一园三区"基础上，投入4500万元打造了莎车县疆南纺织服装电子产业园，筑巢引凤，为莎车县招商引资打好基础。同时，援疆干部积极牵线搭桥，会同县商经委、工业园区管委会做好疆内外招商引资工作，热情邀请上海企业来莎车考察投资。同时，积极支持当地企业参加亚欧博览会、喀交会、上海农展会、喀什农博会等国内外展会，推动当地企业和产品走出莎车。

　　此外，我们还以支持莎车非遗博览园建设为重点，加快推进莎车文化旅游产业发展，积极打造莎车历史文化名城旅游区。支持商贸物流设施建设，建成乡镇农贸市场25个、粮库22个。大力推进创业促进就业，支持"一乡一点"就业实训基地建设；积极推进农村电子商务发展，加强电商人才培养，用援疆计划外资金购买了110辆电动三轮车，建立了乡村物流配送网络，实现以创业带动就业1200余名。

敢立壮志不言愁　三年援疆受益多

　　我去援疆，可能有多种原因的交织，有"好男儿志在四方"实现人生梦想的满怀豪情，有丰富人生阅历、增长见识的愿望，也想借机领略祖国大好河山、欣赏壮美新疆、体验民族风情、感受边疆生活……但结果都是一样的，就是听党召唤，为国效力，为民服务，甘洒汗水做奉献。

初到莎车，比我想象中感觉好得多，但"一天要吃三两土，白天不够晚上补"的自然环境还是让我这个上海人吃了点苦，有时外出忘关宿舍的窗，回来时说不准就尘土满床了。不过，"早穿棉袄午穿纱，围着火炉吃西瓜"的气候却别有一番风味，自己也慢慢适应了。每当下乡看到那巍巍昆仑、滔滔叶河、茫茫戈壁、昊昊烈日、漫漫风沙的塞外风光时，都让来自东海之滨的我领略到一份雄伟壮阔、广袤浩瀚的自然之美。这让我激动，让我自豪，更让我感受到我们援疆干部的艰巨责任和神圣使命。

来到莎车，我唯一感到愧疚的就是对不起妻子。作为家中的"顶梁柱"，我不在上海的三年，家里家外全靠她一人担。每天，忙完一天的工作，我们援疆干部吃完晚饭就赶紧各自回房间，为的就是跟家人视频。没离开上海时，跟妻子每天也没啥话说，特别是听妻的唠叨，经常嫌烦。但是，离开上海后，听着妻的唠叨，犹如涓涓暖流滋润心头，"日日思君能视君"觉得是最幸福的事情。

其实，每个援疆人员背后，家属都付出了很多，承担家里重担的同时，还担忧着万里之外亲人的安全。有一次开来疆家属联谊会，有个家属自豪地说，现在自己是个"女汉子"了，换灯泡、修水龙头自己都会弄了，看到她们满满的自豪感，我却有种说不出的歉意和内疚。

作为第八批援疆同志的一员，在祖国统一大业和新疆稳定发展大局需要的时候，能有幸亲力亲为参与其中，我倍感使命光荣和责任重大，历经三年援疆，我深刻体会到，做好援疆工作必须做到三个紧密依靠。

一要紧密依靠大后方的大力支持，这不是简单的人财物的保障，而是时刻地关注，真诚地关爱，有效地关心。如没有后方的支持，我们就是无源之水，无本之木。援建工作之所以顺利推进，与上海、浦东新区大后方坚强有力的支持分不开，特别是对援疆家属的关爱关照，及时妥善解决援疆同志的实际困难，消除了援疆同志的后顾之忧，保障了前方的军心稳定和战斗力。

　　二要紧密依靠当地党委政府的正确领导和群众的密切配合，没有他们的支持和配合，就难成作为，不要说事半功倍，就是事倍功半也难。三年来，莎车县 111 个项目中除了 1 个交钥匙项目之外，其他所有援建项目都是"交支票项目"，实施执行主体都是以当地为主，援建工作必须密切依托当地县委县政府的领导支持、协调推进，必须依托当地干部群众的共同努力、扎实工作。我们与当地领导干部和群众相互学习、真情相待、荣辱与共，结下深厚友谊。

　　三要紧密依靠上海"前指"的精心领导和有力组织及全体援疆同志的共同努力。"火车跑得快，全靠头来带"。援疆队伍建设也很重要，要关心、爱护、鞭策、激励好每一位援疆同志，充分发挥每一位援疆同志的聪明才智和工作热情，也离不开援疆家属全力支持和默默付出，使每一位援疆同志安心工作是我们顺利、圆满完成援疆工作的有力保证。我深信，我们援疆事业一批带着一批传，一茬接着一茬干，一定会实现新疆的长治久安和繁荣发展。

　　三年多的援疆实践，也为我的学习成长提高提供了很好的机会，赋予我视野胸怀、经验知识、历练才干，这一段宝贵难忘的经历将是我人生极为重要的财富，必将对我个人今后的工作和生活产生深远、积极的影响。不管怎么样，我都无悔我当初的抉择，援疆光荣！

平安莎车　我们共同捍卫

蒯斌，1976 年 5 月生，江苏盐城人。2017年 2 月至 2020 年 1 月，为上海市第九批援疆干部，担任新疆维吾尔自治区喀什地区莎车县公安局副局长。现任浦东新区梅园派出所副所长。

口述：蒯　斌
采访：杨继东　司春杰　谢晓烨
整理：司春杰　谢晓烨
时间：2019 年 5 月 7 日

2017 年 2 月 19 日，我带着嘱托与使命，踏上了为期三年的援疆之路。

喀什地区的莎车县，地处新疆西南部，昆仑山北麓，是全疆维护稳定、反对"三股势力"（暴力恐怖势力、民族分裂势力、宗教极端势力）的前沿阵地。全国的维稳重点在新疆，新疆的维稳重点在喀什，而喀什的维稳重点则是莎车县。

三年时间，我经常为紧急任务忙碌得通宵达旦。但庆幸的是，弹夹里的子弹一颗都没少过，一起暴恐事件也未发生。这背后，是当地民警和官兵们日夜防控的努力，也有我们援疆干部援建"平安莎车"的功劳。

对于我来说，最有成就感的，莫过于推动"平安莎车"项目开展，助力维稳；最欣喜的，是能亲自接待来自上海的战友、伙伴，向他们介绍这里的改变，听他们说说上海的故事，就像看到了自己的亲人一般，有一种"他乡遇故知"的亲切感；最惆怅的，是听到身边的战友不能在床前尽孝、舍弃阖家团圆、难尽父亲之责的种种故事，总能激起内心深处一片涟漪，禁不住潸然泪下。

助莎车构建智慧安全网

2017 年，组织号召我们援疆，援疆队伍中只有一个公安的名额。我们公安系统很多人都报名了,我自然不甘落后。当组织通知我入选时,我有些小激动,已经憧憬着保家卫国的景象了。

刚到莎车,一位当地的老领导就先给我吃了一颗"定心丸":莎车很安全,有些文章对于当地的一些误解和夸大没有任何事实依据,你大可安心工作。随着工作的逐渐开展,我对莎车的了解越来越多,也认可那位老领导的话,这几年因为援疆方略的不断调整完善,"三打击一整治"行动的开展,各项"防范在先"措施的落实,莎车的治安情况已经有了明显的改善。

不过,这不意味着我在莎车能够放松警惕。我深知,安全的莎车背后是无数同仁们的努力和汗水,在最初的一段时间里,我晚上很难入眠,因为倒时差,因为思乡,更是因为那里的氛围让人时时都需要保持警醒,不敢错过一丝风吹草动。每天我都会在心里默念自己的使命——保卫好同行援疆干部的生命安全,与当地民警一起捍卫莎车百姓生命安全,更要把上海智慧公安建设最先进的理念和警务技术都带到莎车。

我们刚到莎车的次月,莎车县连续发生了几起砸车窗玻璃盗窃案,财产损失达上万元,影响十分恶劣。案发后,刑侦人员迅速赶往现场,进行痕迹勘查和走访调查工作。现场的条件并不好,受害人对现场的保护意识也很弱,许多作案痕迹都已经被破坏。经验丰富的刑侦人员知道,凡走过必留下痕迹,线索永远都藏在那些最容易被忽略的地方。最后,我们还是成功提取到了生物检材,成功检测出了嫌疑人的 DNA 分型,在莎车县本地库中比对出了嫌疑人并顺利将其抓获。这起案件的成功破获,受到新疆维吾尔自治区公安厅通报表扬。当地民警为我们"援兵"也竖起大拇指。

这是莎车县公安局刑侦大队的共同努力,更是浦东、莎车两地多年援疆情谊的结果。

2015 年,援疆干部将第一个 DNA 实验室带到了莎车县,填补了这里 DNA 技术领域的空白,过去解不了的谜题现在有了破解的途径,棘手的案子有了破获的可能。经过三年的磨合与改进,DNA 实验室已经成为莎车公安破案过程中不可或缺的一部分。

要让这间实验室发挥更大的作用,关键就是要培养一支刑侦技术人才队伍。浦东为此增派了 2 名公安技术人才，专门来指导当地民警开展 DNA 刑事技术、网络科技等运用，为侦破相关案件提供有力支撑。

三年里，我们投入援疆资金 1.89 亿元，实施公安数字化建设、公安专用设备建设、看守所改扩建等项目，完善县乡两级指挥体系，落实科技强警任务，建立覆盖全局的技防网络，完善社会治安防控体系，提高县公安局驾驭社会治安局势的整体能力。

我们还建立两地警务交流协作机制，加强警务信息、反恐、刑侦、禁毒、队伍建设等领域的交流协作，安排 80 名莎车民警到浦东实训，学习先进理念，提升工作能力，也邀请 45 名浦东民警赴莎车进行培训指导，助力维护莎车的社会治安良好秩序。

我在莎车的一千多个日夜，内心已经从最初的担忧、紧张，变得越来越从容、坚定。在这里，我看到了当地民警无畏精神，勇敢捍卫地方安全；看到了"平安莎车"项目不断推进，构建起一张智慧的安全网。

让大家都能平安回家

在我们临出发前，援疆干部的家属在告别时说得最多的一个词就是"平安"。对于我来说，自己肩上的担子更重了，援疆干部都是舍弃小家为了大家来工作的，我要做的就是保护好所有人的生命安全，让大家都能平安回家。

在新疆的这段日子里，我最操心的莫过于一起援疆的兄弟们的安全。早晚点名、轮流值班、安全演练，一点都不敢马虎。有援疆干部跟我开玩笑说，"你越来越像指导员了，感觉我们像一群新兵，每天都要向你报告！"我也笑着跟大家说："你们平安了，我才能向嫂子、弟妹们交差！"

我对公安援疆干部反复强调：作为公安援疆干部，要始终将安全放在首位，做好干部人才的安全保障工作；要加强训练，做到能随时拉得出、打得赢；要督促提醒援疆干部，人身安全是在疆工作的底线，安全防范意识任何时候都不能松懈；要提升自身能力素质，做到统筹兼顾、协调有序，将公安工作落实到每一处。

除了保障援疆干部生命安全外，我还负责往来新疆和上海的领导、干部和

▶ 2017 年 9 月 17 日，首架旅游包机落地莎车

游客的安全工作。

2017 年 9 月 7 日 7 时 3 分，满载 175 名上海游客，春秋航空执飞的"四季上海——喀什（莎车）号"首趟旅游援疆包机顺利启航，游客们开始了为期八天七晚的南疆之旅。这是喀什地区历史上游客规模最大、游玩时间最长的旅游包机团，也是喀什莎车机场当年 8 月 1 日通航后，迎来的首个旅游包机，"北疆看风景，南疆看风情。"为了推进旅游扶贫项目，在上海援疆前方指挥部的统一部署下，我们莎车分指先行先试，联手春秋航空公司，开设喀什旅游援疆包机团。

在旅游援疆包机团的背后，则是浦莎两地民警、旅游公司和景点工作人员的默默付出。我带着一支民警队伍，负责"地接"工作，全程陪护旅行团。

这次的旅行团在行程设计上和以往的新疆旅游略有不同，既包含了泽普金胡杨景区、慕士塔格峰、卡拉库里湖等当地主要景点，又造访了上海对口援建的莎车、叶城、巴楚、泽普等县，行程中还设计了民间艺人表演、参观当地农产品市场等，上海游客能够亲身感受对口援疆后，尤其是旅游援疆后，为当地带来的翻天覆地的变化。

不过，我却没有心情欣赏美丽的风景和人文风情，每到一个景点就提前做好防务工作，沿途也一点不敢放松，直到把游客们安全送上飞机，我们才算完成任务。

虽然每次旅行团来，我们都是"战备"级别的保卫工作，但心里还是很开心：这样的旅游活动，可以让更多上海人认识莎车、了解莎车，也促进了当地旅游业发展，让更多当地人有了固定收入。我们在新疆的三年，共组织包机专机80架次，推动实现包机专机旅游常态化。

三年里，上海市浦东新区很多领导都来过新疆，慰问我们援疆干部，视察援疆项目。虽然每次我的工作更加紧张、忙碌，但是心里却感到特别甜，因为我们家乡的领导一直关心着我们，让我们对自己的援疆工作更增添了使命感、责任感。

"贴身保镖"的百种技能

援疆干部来自各个领域，各有分工，但我的工作是保护好所有援疆干部的安全，所以他们无论去哪里我都会跟到哪里。不过，跟着援疆干部跑东跑西，我也学到不少东西，练就了百种技能。

我们分管招商的援疆干部，特别喜欢叫上我一起去招商。一方面，因为我也是旅游招商小组的成员；另一方面，因为招商对象想要在莎车投资项目，往往第一句话就会问："当地安全吗？"我挂职当地公安局副局长一职，就可以跟招商对象讲讲当地社会治安情况。不过，我经常会跟他们说："眼见为实。"建议他们到莎车来走走、看看，这样能让他们进一步了解莎车的实际情况，进而能够安心投资。

产业扶贫，是援疆的"造血"工程。我经常跟着分管农业的援疆干部跑乡间田头，从来没做过农活的我也成了半个农业"专家"。有一次，有记者到莎车县扶贫产业园的育苗中心采访，分管农业的援疆干部正好去开会了，我就代替他接受采访："这里的育苗都是用现代化科技手段，上海引进，当地实施。我们结合当地的气候、土壤做一些实验科研，做出好的苗子提供给当地的贫困户，让他们发展自己的庭院经济，以点带面推广整个莎车县的农业发展。这里每年可以培育各类种苗1亿多株，为4万多户贫困户提供特色瓜菜种苗，为

◀ 莎车核桃丰收

13.5万户农户提供庭院蔬菜种苗，每户实现增收500元以上……"听我侃侃而谈，那个记者也很吃惊，以为我是分管农业的呢！

上海的孩子，"开学第一课"就是安全教育。我从援疆教师处了解到，莎车学生缺乏交通安全教育培训。于是，有上海公安系统的同志来莎车，我就会请他们给当地的孩子讲讲交通安全课程。孩子们学会了交通安全知识，就会跟家里大人们说，这样一来，就会有更多人注意交通安全，当地的交通安全事故也会渐渐少起来。

现在流行"带货"这个词，其实我们援疆干部一直在为莎车农产品"吆喝"。

2017年秋天，莎车县20万亩核桃大丰收，农民们却因为采购商减少和收购价格降低等原因遇上了前所未有的销售难题。为了帮助他们解决燃眉之急，我们以略高于市场收购价的价格从农民手中直接收购了8吨核桃。当时，整个援疆大院都堆满了核桃，我们坐在核桃山的最中间也发起了愁：这些核桃如果不赶紧加工、销售掉，经过日晒后外壳会发黑，就真的卖不掉了。于是，大家就利用国庆假期，集体手工分拣，援疆大院临时变成了一个"核桃加工厂"。除了加工还要销售，大家纷纷在朋友圈发出广告。统计订单，制作表格，安排发货，过上了一段如淘宝卖家般的忙碌生活。在大家的努力号召下，许多援疆企业和上海市民也加入其中，让这场爱心接力更加浩荡。

人生一世　无愧于心

上海、新疆就像我上海和喀什的两个手机号码，总有一个在漫游，无论身在何处，均有牵挂。

当听到我要去援疆三年时，父亲只有一句话："去吧！"因为我从小生活在原子弹研发地，我的父母都曾为原子弹的成功发射做出过贡献，所以父亲一直告诫我："好男儿志在四方，更要有家国情怀！"

刚到莎车一个月，我就接到了父亲重病住院的消息。当时，援疆项目建设正处至关重要的阶段，我就跟家人说："再等几天，手头工作一结束就马上回来。"第二个月，我请假回了上海。我从医生处了解到，父亲已经油尽灯枯，随时都可能离开。我很想陪他走完生命最后的行程。可是父亲却一直催着我："早点回去，别耽误了援疆工作！"

在我开始援疆工作的半年后，我的父亲因病与世长辞。直到现在，他那句"工作好不好"的关心问候一直萦绕在耳边，可惜我没能送他最后一程……但对家人的这份亏欠，让我对援疆人的使命与担当有了更深层的理解——我们身上有着对家人的亏欠，更有援疆人的使命与担当。人生一世，虽不能事事尽如人意，但求无愧于心。

2018 年元旦，我们莎车分指挥部特别热闹，我们为一批即将回沪的技术人员践行，举办了一场集体生日会。我瞒着同一批的援疆干部左文和纪帅，偷偷联系了他们的家人拍了几段视频，故作镇定地当着大家面喊着："有个惊喜送给大家。"随后，视频里出现了左文和纪帅的儿子、女儿，跷起了大拇指喊着："爸爸，您辛苦了""爸爸，新年快乐""爸爸，您最棒！"

祝福来自万里之外，左文望着视频，瞬间眼角闪出泪花，拍着我的肩膀表达感激。而我的眼角也湿润了。其实，我们每个援疆干部，都是为了大家而舍小家。

三年援疆经历，早已经深深烙印在我的记忆里。记得戈壁滩静谧的夜晚，只有天上的月亮和星星相伴，我享受的是安静的奋斗；记得那里敬业的民警、朴实的百姓，我敬佩他们的不屈和顽强；记得在身边一个个鲜活的先进人物，一件件催人泪下的感人故事，点点滴滴，我相信所有的付出，所有的收获，都已成为我人生宝库中的财富，我生命中的烙印，值得我去回味。

推动就业　助力莎车打赢脱贫攻坚战

虞刚杰，1974年1月生，浙江慈溪人。2017年2月至2020年1月，为上海市第九批援疆干部，担任中共新疆维吾尔自治区喀什地区莎车县委副书记、上海援疆莎车分指挥部指挥长。现任中共浦东新区川沙新镇党委副书记、一级调研员。

口述：虞刚杰
采访：杨继东　谢晓烨　司春杰
整理：司春杰　谢晓烨　杨继东
时间：2020 年 5 月 9 日

　　上海第九批援疆的三年，正值脱贫攻坚发起全面总攻的三年。根据中央和上海市安排，浦东新区对口支援莎车县。莎车县是新疆人口最多的县，也是国家级深度贫困县。全县共有深度贫困乡镇 21 个、深度贫困村 264 个、贫困村 77 个，建档立卡贫困户 5.97 万户、24.16 万人。浦东新区区委、区政府对援疆工作高度重视，明确要求把助力莎车打赢脱贫攻坚战作为一项重要的政治任务，推动援疆工作当标杆、作示范、走前列。

　　三年来，上海援疆莎车分指挥部认真贯彻中央和沪疆两地党委、政府的部署，围绕新疆社会稳定和长治久安的总目标，按照"两不愁、三保障"的标准，坚持因地制宜、注重实效，助力莎车打赢脱贫攻坚战。先后共投入援疆资金 31.1 亿元，占上海援疆资金总量的 40%，实施援疆项目 97 个，为实现"到 2020 年全面完成脱贫摘帽任务"的目标奠定了坚实的基础。

　　我们按照"六个精准"的要求，从产业、教育、医疗等方面，实施精准帮扶，特别是把扩大就业作为脱贫的重要渠道，在建立三级就业网络体系、发展劳动密集型产业、促进一二三产业联动发展等方面持续用力，以产业促就业，以就业促脱贫，努力使贫困户实现"一人就业，全家脱贫"。

促进农业提质增效，让农民田头当工人

莎车县是农业大县。我们针对莎车农业效益较低的实际情况，利用自身优势条件，通过产业化运作，在农业带动就业上挖潜力、做文章。

莎车县的气候非常适合发展温室大棚种植蔬菜，有温室大棚 10763 座，但是由于缺乏种植技术，种出来的蔬菜产量低、品质不高，导致销售难、效益低下。因此许多温室大棚利用率较低，还有部分温室大棚由于年久失修，处于闲置状态。为此，我们发挥上海浦莎投资发展有限公司在农业生产和管理方面的优势，进行市场化运作，努力盘活温室大棚，带动农民就业增收。

2018 年 3 月，上海浦莎投资发展有限公司先在伊什库力乡进行试点，与乡政府达成协议，对该乡 112 座集中连片闲置温室大棚进行分阶段集中流转，建立蔬菜生产基地。大棚流转后，产权归属不变，由公司向农民或村集体支付租金。村民在掌握种植技术后可收回大棚自己进行种植，公司继续提供技术支持并帮助农产品销售。公司出资进行滴灌铺设和设施维修，科学安排种植茬次，实行全年种植，降低生产成本，提高蔬菜品质和产量。农产品全部由上海浦莎投资发展有限公司负责销售，一部分在新疆当地销售，一部分销往上海等内地市场。

公司还优先聘用种植基地周边村的贫困户，每座大棚配备务工人员 1 名，进行统一管理，并聘请上海孙桥农业园区的技术人员手把手教农民各类蔬菜的现代种植技术。以前农民自己在大棚种植，一年只有几千元的收入，在大棚就业后，每人每月平均工资 1800 元，年收入超过 2 万元，许多贫困户实现了"一人就业、全家脱贫"。比如，2018 年，伊什库力乡村民努尔尼沙·阿布拉，将自家大棚租了出去，到家门口的农业基地去上班，除了大棚的租金外，他每个月还有 1800 元收入。"农民田头当工人"的转变，让他一下摘掉贫困户的"帽子"。

伊什库力乡试点成功后，2019 年 3 月，公司又与乌达力克乡、拍克其乡签订了 200 座温室大棚流转协议。公司还为其他乡镇大棚蔬菜提供技术支持，计划年内通过提供优质种苗、开展技术培训、助力农产品销售等途径，带动

▶ 盐碱地上的草莓
大棚

5000 座左右的大棚种植。

莎车县有大片的盐碱地，因为不能种蔬菜一直荒着。在上海援疆前方指挥部的支持下，我们引入中国科学院上海植物逆境生物学研究中心，在盐碱地上种出了"网红农产品"——藜麦，为调整农业产业结构、开辟贫困户脱贫致富新途径进行了积极探索。

2019 年初，中科院上海植物逆境生物学研究中心租赁了阿瓦提村的 900 亩盐碱地试种藜麦，包括 6 个主要引进品种、12 个自主杂交品系、1200 份藜麦种子资源。为了带动当地贫困户脱贫致富，还聘用了 20 名村民参与种植、管理，使他们既能拿到工资又能学习种植技术。藜麦试种获得了成功，下一步还将继续扩大种植面积。

除了农业外，针对当地畜牧业以传统和粗放饲养为主、繁殖率低、效益不高的现状，我们拓展畜牧业产业链，拓宽增收渠道。

我们投入 1500 万元在米夏镇夏玛勒巴格村建设 1 座 500 亩的集畜禽交易、宰性加工、饲草料加工、冷链物流等为一体的大型活畜交易区，直接带动就业 100 余人，并带动畜牧养殖、畜产品加工、仓储等相关产业发展。投入资金 1200 万元在伊什库力、英阿瓦提、永安等乡镇（管委会）建设 1 万亩草料基地，可满足 1 万头牛羊牲畜越冬饲草料，解决了莎车乃至南疆养殖饲草料外购成本高的问题，直接带动就业 500 余人，在季节性用工高峰期可达千人。

我们还积极打造辐射带动型的扶贫产业园，完善园区设施，发挥种苗培育、技术培训、农产品加工、休闲观光的功能，对 5000 名贫困人员进行育苗和种植技术培训，带动 350 名贫困人员稳定就业。支持对近 10 万亩低质低产巴旦姆进行品种改良嫁接，推动组建 800 人的养护队，对林果业进行管理服务，并邀请疆内外专家来莎车开展技术指导，提高种植水平。

加大招商引资力度，增加更多就业机会

就业靠产业，产业靠招商。三年中，我们援疆团队兼具另一个身份——招商团队。我们会同县相关部门，通过外出招商、展会招商、定点招商、以商招商等多种方式，进一步加大招商力度。

我们的招商行动，得到了浦东新区区委、区政府和许多企业的大力支持。每次回浦东，我们都会在相关部门的陪同下，拜访一家家企业，与企业进行对接，宣传莎车投资政策。上海闽龙实业有限公司、浦东农发集团、外高桥集团等企业积极响应，到莎车进行投资。其实，闽龙公司很早就在新疆泽普地区投资建厂。在浦东新区工商联、合作交流办的协调推动下，2018 年 10 月，由闽龙公司投资设立的新疆小蜂农创新发展有限公司正式落户莎车。公司注册资金1200 万元，主要从事巴旦姆深加工、"每日坚果"生产等。莎车县是全国唯一的巴旦姆主产区，全县种植面积年 90.3 万亩，涉及大多数农户。小蜂农公司成立后，提高了巴旦姆的附加值，促进了当地种植户增收。这家企业当年就投入了生产，首期安排 100 户贫困户人员就业，带动了贫困户脱贫。

同时，我们将招商的视野跳出浦东、跳出上海，面向全国，组织人员到浙江、江苏、广东等地开展招商，重点引进农产品加工、电子元器件组装、纺织服装等劳动密集型企业，着力扩大就业数量。

深圳市优思达科技有限公司，是一家专注于移动终端和智能硬件设计与销售的企业，年销售额 15 亿元左右。经过近半年的互访、沟通、谈判、签约，该公司在莎车设立了子公司——新疆优思达科技有限公司，落户于县工业

◀ 引入劳动密集型
企业促进就业

园区，投资 5 亿元，组建手机组装事业部、SMT 贴片和检测事业部、模具和注塑事业部、按键制造事业部、电池制造事业部等，项目建成后将解决当地五六千人的就业问题。

除了加强招商外，我们还做好安商、稳商工作，优化企业服务，帮助企业解决员工招录、物流运输、配套设施建设等实际困难，支持企业不断发展壮大，促进以商招商。

2017 年，我们从江西省引进了瑞丰纺织公司。当年，这家公司就完成5000 万双袜子的产量，为当地解决 300 多人的就业问题。这家公司的负责人对我们的服务非常认可，还介绍了不少企业到莎车来投资。2018 年，通过瑞丰纺织的引荐，我们又引进了一家年产 60 万双鞋的项目，实现用工 250 人。

三年来，我们实施筑巢引风，建成 16 栋园区厂房和 59 座乡村扶贫车间，总面积 14 万平方米，并制定莎车产业援疆促进就业扶持政策。累计接待企业或考察团 300 多批，168 家疆内外企业落地，到位资金 34.15 亿元。华侨制衣、旷童电子、优思达电子、和谐农业等一大批企业落户莎车，解决 3.3 万人的就业问题，还涌现出雄鹰纺织、雅诺电子等用工规模上千人的企业，落户企业数和解决就业数在喀什地区位居前列。

加快服务业发展，挖掘更多就业岗位

我们针对农民生产生活需求，完善乡村配套设施建设，发展乡村服务业，挖潜就业岗位，引导农民就业创业。

我们投入援疆资金 250 万元在米夏镇二村建设以樱桃采摘体验为主题的乡村旅游点，在樱桃采摘期间日均接待量超过 5000 人次，每户樱桃销售日均超 1000 元，该村被评为自治区级乡村旅游样板示范村。同时，扶持樱桃园合作社发展，形成"公司＋合作社＋农户"发展模式，提供樱桃园保安、保洁等就业岗位，带动 80 户贫困户 200 多人就业。完善喀尔苏乡阿恰贝西村等"六乡七村"乡村旅游基础设施建设，对"农家乐"进行提升改造。支持古勒巴格镇农贸市场（莎车夜市）建设，引入 77 名贫困户人员摆设摊位经营，提供餐饮服务等就业岗位，带动 400 多名贫困人员就业。

我们还积极发展便民服务业，扩大三产就业容量。投入援疆资金 825 万元，在 17 个乡镇 55 个贫困村建设惠民超市，每家超市单体建筑 50 平方米，配备货架等基本经营设施，低租或免租给贫困户，用于经营日用品、农机、种子等。投入援疆资金 465 万元，以村"十小店铺"为依托，为 465 个村（社区）"靓发屋"统一购买热水器、消毒柜、洗头床、理发柜椅等美容美发设备，优先考虑有技能的贫困户经营，带动就业近 1000 人。

我们还大力发展农村电商业，拓展就业创业渠道。推进县电子商务园区建设，乐义蜂蜜、疆莎农业、上海怡乐畅购等 10 余家企业入驻。园区设置 O2O 体验店，引进维汉互译电子网络平台，对各级站点负责人和农村待业青年免费提供电子商务培训创业平台。推动建立 32 个乡村电子商务服务站，配备 110 辆电瓶车，实现网货进村入户。先后组织各类电子商务培训讲座 70 期 8000 余人次，其中贫困户 2700 人次，带动创业就业 1200 余人。

莎车县旅游资源非常丰富，但旅游基础设施薄弱，配套不完善，宣传还不够。为此，我们对县域旅游发展进行了规划，加强文化旅游设施建设，完善湿地公园、莎车历史文化旅游景区、喀尔苏沙漠等路栈道、旅游厕所、停车场等设施。

2017 年 9 月，莎车机场通航。我们以此为契机，加快旅游发展。在上海援疆前方指挥部的统一部署下，莎车分指挥部先行先试，9 月 17 日，首架旅游包机落地莎车，175 名上海游客开始了八天七夜的南疆之旅。在首航成功的基础上，我们推出了"浦东号"扶贫包机，推动包机旅游的常态化。三年来，莎车分指挥部共组织旅游包机 80 架次，既带动了当地消费，又促进了两地交往交流交融。正如莎车一位经营干果生意的店主阿迪力说的那样："旅行团来了，我们的生意热闹了。他们高高兴兴地来，我们高高兴兴地卖东西，我们的生意开始兴旺。"

保障和改善民生让"获得感"成色更足

三年来，我们投入援疆资金 8.7 亿元，完成 6.4 万户农牧民安居富民房建设任务，占上海援疆四县安居富民工程总量的 45%。大力发展庭院经济，进行特色种植和养殖，增加农户收入。投入援疆资金 3.5 亿元，完善贫困村水电路等基础设施，完成 500 余公里道路、57 座村民文化广场等建设，打造 9 个美丽乡村示范点，对 12 个乡镇 33 个村涉及约 6000 户进行排水管网和化粪池建设，对 21 个乡镇 384 个村涉及 1.9 万户进行厕所卫生标准化建设，村容村貌发生了显著变化。

扶贫先扶智。针对当地教育基础设施薄弱、教学条件较差等现状，我们在 3 个乡镇新建学校宿舍，新建和改扩建 5 所乡镇寄宿制学校，建成托木吾斯塘乡教学园区，进一步改善了当地教学条件。提高教学质量，教师是关键。我们依托莎车教师进修学校，每年对少数民族教师进行脱产培训，与上海市师资培训中心建立沪莎普通话远程培训网络学习平台，MHK（少数民族汉语水平等级考试）通过率和教学技能考核均在喀什地区名列前茅。我们还引入全国最大的互联网学习平台"沪江网"，实施"青椒计划"（青年教师培养计划）培训项目，通过网络链接优质教育资源，对莎车县 4000 余名教师开展慕课培训，提高教师教学能力。推进职校产教融合发展，汽车维修、焊接等专业达到疆内一流水平，结合当地实际，建设农产品保鲜与加工专业，职校毕业生就业率99% 以上，深受用人单位欢迎。

着力防止因病致贫、因病返贫。我们以"三降一提高"（降低传染病发病率、孕产妇死亡率、婴儿死亡率，提高人均期望寿命）为抓手，运用"组团式"医疗援疆模式，加强公共卫生建设，提升当地医疗水平。莎车县 2018 年度传染病发病率较 2011 年下降 27.77%，孕产妇死亡率下降 62.28%，婴儿死亡率下降 16.17%。我们还推动县人民医院城南分院小儿脑瘫康复中心建设，创建远程会诊和培训中心等，推进医疗精准帮扶。同时实施医疗惠民工程，对全县 7000 余名 3～6 岁儿童进行泌尿系统结石筛查，对 112 名结石儿童进行了免费手术。

我们援疆团队还急群众所急，想方设法解决群众困难。比如，2019 年 3月，莎车县一名学生买买提·艾力不慎摔伤，导致右侧腿骨骨折，被送到莎车县人民医院就诊。当得知治疗费用要近万元后，他和家人签下了自愿放弃手术的"知情同意书"。原来，买买提·艾力的父亲因结核病正在住院治疗，家中仅靠母亲一人务农的收入维持生计。援疆教师了解到买买提·艾力的家里情况后，携手援疆医生、援疆干部进行"接力帮扶"。援疆医生为他主刀顺利做完手术，并联系县人民医院进行医疗报销；援疆干部为他的母亲安排到乡村扶贫车间上岗就业。该学生家庭深受感动，连说"上海援疆亚克西"。这样的暖心接力，在援疆干部团队中并不是个例，我们也从中发现，援疆既要让当地贫困户有房住、有书读、有活干，还要让他们学会赚钱的本领，更要阻止代际贫困的传递，防止当地群众因病返贫。

援疆工作一棒接一棒。三年前，我们接过了援疆工作的接力棒。前段时间，我们又把接力棒进行了传递。我衷心祝愿莎车人民过上更加美好的生活，衷心祝愿伟大祖国更加繁荣昌盛。

"柔性援疆" 创造历史性突破

　　姚继兵，1970 年 10 月生，上海人。2017 年 2 月至 2020 年 1 月，为上海市第九批援疆干部，担任新疆维吾尔自治区喀什地区莎车县卫生局副局长（后改为莎车县卫健委副主任）、疾控中心副主任，浦东新区援疆医疗队领队。现任浦东新区医疗机构管理中心副主任。

口述：姚继兵

采访：陈丽伟　杨继东

整理：陈丽伟　谢晓烨

时间：2020 年 5 月 11 日

　　援疆，是组织的召唤，也是我个人的志愿。但是我想，我与新疆许久以前就在冥冥之中结下了缘分。十几年前，我心里就萌生了去西部种树的梦想，我和太太约定，退休了就去大西北，为戈壁种树添绿。2017 年，上海市选派第九批援疆干部，当时我在浦东新区妇幼保健所担任副所长，想到能去辽阔的西部，用自己的专业知识和管理经验为当地做点事，这正是圆梦的好机会，我毫不犹豫地报了名。经过组织上的一系列选拔程序，我光荣地成为上海市第九批援疆干部。

　　2017 年 2 月 19 日，我和其他援疆干部一起，从上海市委党校出发，乘坐包机飞抵新疆乌鲁木齐，之后转到莎车县。沪疆两地五千多公里，一路上，既有对家中年迈父母和妻子、儿子的挂念，也有提前圆梦的兴奋。

"厕所革命"一小步，群众健康一大步

　　进疆后，我挂职莎车县卫生局副局长兼疾控中心副主任，公共卫生领域是我的重点工作之一。

　　到了莎车，我顾不上适应、调整，花了整整一个月时间，跑遍了整个莎车县的 31 个乡镇卫生院、人民医院、妇幼保健院，从卫生现状到工作情况，从

援建成果到存在的瓶颈问题，都认真做了记录。我感到，除了物质条件和东南沿海地区相比差距较大，更重要的是南疆群众的健康卫生意识相对比较滞后，素养有待提高。

2012年，上海市对医疗援疆工作明确提出"三降一提高"的要求：降低传染病发生率，降低孕产妇死亡率，降低婴幼儿死亡率，提高人均寿命。

在我的提议和推动下，上海援建资金资助4000万元，我们在全县31个乡镇卫生院内建设了独立的健康体检中心，避免了体检患者和看病患者交叉感染，卫生院里既可以做预防保健的工作，也可以进行日常门诊，当地公共卫生的宣教等工作有了合格的场所。

我在公共卫生领域的第二个项目，是推动落实全县卫生院的旱厕改建水厕工程。

项目刚提出时，当地卫生院领导有顾虑，他们说："我们镇政府都是用旱厕的，卫生院用水厕，这不好吧。"但卫生院作为基层卫生机构，改为水厕，不仅可以减少交叉感染，更有利于引领群众改变生活习惯，这看似是小事，却是提高当地公共卫生意识、改变不良习惯、提升群众身体健康水平的重要一环，在我的坚持下，项目方案经过多轮修改，2017年12月，卫生院旱厕改水厕的项目确定立项。

令人没想到的是，这个项目在无意中领风气之先。立项后不到一个月，2018年1月，习近平总书记在论述美丽乡村建设时倡导推进"厕所革命"，各地开始从城乡文明建设和乡村振兴战略的高度来部署推进"厕所革命"。我们的项目与中央精神不谋而合，同志们从新闻中得知这一消息都非常兴奋，纷纷拉着我说："老姚，你这个项目可让我们浦东领先了。"

最终，我们用450万元进行了27个卫生院的厕所改造，加上已经有简易水厕的4个卫生院，至此，莎车县所有卫生院都用上了水厕。这个不仅是新增项目，还得到了上海援疆总指挥部的表扬，说我们是花小钱却为群众办了一件大事。在中央精神的指引和这个项目的带动下，2019年，莎车县所有具备条件的公共机构，如村委会等，都改建为水厕，因为我们此前的成功，县里将所有工程委托给卫健委完成。

这个项目的 27 个工地，我不知道去了多少次，一家家建设单位现场踏勘，看着它打地基，看着它盖起来，从施工进度到工程质量，从安全生产到文明施工，我都要心中有数。所以大家叫我"全科老姚"——能看病例，也能看图纸，走得进病房，下得了工地。

需要指出的是，这些项目的工程招投标等和经济有利益挂钩的环节，援疆干部都不参与，我们的职责是做好项目的整体实施推进以及监控、监管。

我们援疆这三年，上海对口援建莎车的经费每年都会增长，从开始的 9 个亿，到后来的 11.7 亿元，全部用于学校、医疗以及修建道路、建造富民安居房等民生工程，对改变当地落后面貌，提升人民生活水平起到了重要作用，做出了重大贡献。

着眼长远，推进公共卫生建设

在公共卫生方面，我们还有序开展了传染病防控、高危孕产妇救治、120 转运和疫苗冷链以及医务人员培训等工作，每年邀请四批次的公共卫生专家来莎车指导，并选派优秀的青年骨干到浦东学习公共卫生。

当地公共卫生水平有限，怎样打预防针，怎样给小孩体检，给孕产妇体检、建卡，这一整套的规范，以前都没有。经过上海专家的指导与资金设备的援建，通过卫生院改造、建立疫苗冷链、医护培训、宣传发动等措施，现在每到卫生院的开放日，家长会主动抱着小孩来注射疫苗，这说明我们的工作有了成效，当地群众开始逐渐养成这个意识了，目前疫苗接种率达到了 99%。

此前当地孕妇还有少数在家里分娩。我 2019 年 1 月份看到他们的年报数据，产妇住院分娩率 99.6%，我问妇保院院长，还有 0.4% 是怎么回事？他说生在家里了。多少个？ 71 个，死亡新生儿 14 例。

2019 年 3 月，我春节后返回莎车第一件事就是召集所有的卫生院、妇保院院长和产科主任召开了"住院分娩推进会"，一例一例分析，把在家分娩的病例情况弄清楚，制定了院长追责制度，2019 年非住院分娩下降到了 7 例，有效地避免了孕产妇死亡和新生儿死亡。

我是学习临床的，又长期从事医院管理，援疆期间，我主要是在局里工

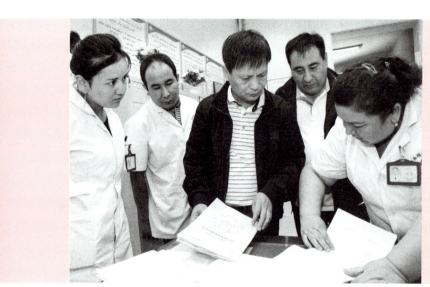

◀ 对当地医生进行
业务指导

作，丰富的医政管理经验在实际工作中发挥了很好的作用。莎车县的卫生机构组织架构是这样的，卫生局的党委书记是正科级，妇保院的院长也是正科级，都是县委组织部任命的。我到莎车后，明确提出，卫生局是医疗卫生行业的主管部门，要服从卫生局的领导。所以每次妇幼、传染病防控会议，我都邀请了卫健委的书记、纪检书记，对于乡镇卫生院院长来说，书记和纪检书记是任命、考核他们的，这样一来，会议效果就比以前妇幼保健院单独召开好多了。莎车县的传染病发病率、产妇死亡率、新生儿死亡率从 2011 年的高于喀什地区的平均水平，到 2018 年全部低于喀什地区平均水平。2019 年，传染病发病率 6673 例，孕产妇死亡 1 例，婴幼儿死亡 73 例，比过去大幅度下降。

我把健康教育工作创新性的纳入卫生院年终考核，全县一年进行了 1 万多场，240 万人次的健康宣教，从源头提高健康意识。只有公共卫生的水平提高了，人均期望寿命才有可能提高，整体健康向好。

做公共卫生工作，成就感不是像临床那样马上就可以看到，它是长期的。几年下来一对比数据，比如孕产妇死亡率从一开始的十几个，到只有一个甚至零的时候，这意味着拯救了很多个家庭的幸福。正是这些坚持不懈的努力，当地妇幼工作、传染病防控能力得到大幅度提升。

我始终认为，从长远角度看，公共卫生的推进较之临床更有意义，更加紧迫。有研究指出，在公共卫生每投入一分钱的经费，能够减少三四分钱的医疗支出。推进公共卫生工作的成果眼前看不到，但三～五年以后，成效是很明显的。比如我们打造公共卫生示范乡，重点指导几家卫生院，提供资金和设备，从宣教资料该怎么写，宣教活动该如何布置，到邀请上海专家来讲课，亲自指导，以及组织当地医护人员到上海学习，对卫生院进行考核，我们亲力亲为，最终评选创建了六家示范性卫生院。我希望当地卫生院进行标准化改造，树立样板，让他们起到辐射和引领作用。

后来去其他地方交流时，印证了我的想法，推广示范性卫生院的县和没有推广的县是不一样的。如果当地的卫生院都能做到这六家的水平，那新疆的公共卫生水平就能上一个台阶。

"柔性援疆"，推动医疗精准帮扶

我们这批干部援疆期间，上海援疆指挥部与浦东新区卫健委创新形式，在"组团式"医疗援疆的基础上，实施了以医疗需求为导向、以补齐短板为抓手、以精准帮扶为目标、以短期医疗服务为主要形式的"柔性援疆"，受到当地医务人员和患者的热烈欢迎。

在对莎车县人民医院和后方医院的协调下，先后邀请了六批次来自上海浦东新区第七人民医院等医院的46名医疗专家，基本上涵盖了莎车县人民医院最需要帮扶的科室，进行短期指导、培训、手术、教学产房等。柔性医疗援疆的特点是根据当地医院实际，缺啥补啥，促进精准帮扶，派遣的专家都是各院各专业业务和管理上的行家里手，一搭脉就知道症结所在，科室管理水平怎么样，质量控制做得怎么样，薄弱环节在哪里，适合开展哪些新项目，给每个科室进行全面评估，专家通过示范手术，让当地医生学习了从消毒等麻醉前的管理，一直到术后，整个手术周期该如何管理患者，这样术前、术中、术后的一整套规范。

此外，每个月我都率领医疗队进行下乡义诊和"送温暖"活动，服务当地患者1万余人次。莎车县的面积比浦东新区还大，从县里到最远的镇上，开车也要两个半小时。偏远乡村的交通只有极少的公交车或小毛驴、马车，患者要

▲ 小儿泌尿系统结石筛查及诊治惠民项目

出来很不方便，所以我们一直坚持送医下乡。

医疗队义诊期间还申请了惠民项目，比如当地因为水质含钙高，居民又习惯喝生水，所以结石病高发，胆结石、尿结石特别多，2018年，我们对莎车县的7000多名3—6岁儿童进行泌尿系统结石筛查，筛查出100多个患有尿结石的孩子，为97个结石儿童实施了手术治疗，费用全部由上海援疆资金报销，取得了很好的社会效益。

我们有一个上海援疆干部在学校里做副校长，学校里一个维吾尔族少年大腿骨骨折，家里因为贫困动不起手术想放弃，这个校长得知后马上联系我，我立刻协调医疗队里的骨科专家，亲自给这个孩子做了手术，医院还为其免除了许多费用，避免了一个家庭和少年的人生悲剧，患儿家长感激不已。

"柔性援疆"这种针对性强、专业性强、灵活性强的特点，特别受到当地基层医院和卫生院的欢迎和好评。

留下一支带不走的高水平队伍

尽管国家对于新疆特别是南疆的卫生医疗人才，给予了政策性的倾斜，但因路途遥远等客观条件所限，当地几乎无法邀请高水平的专家，进行较高层次的专业交流，再加上内地对人才的虹吸效应，当地的医护人员要提升专业水平面临很大的困难。

我们援疆干部和专家之间，有一个亲切的称呼：兄弟。我一直和兄弟们讲，你自己能给十个病例开刀，不是真正的了不起，要把你科室里的人全部培养成能开刀的医生，那才能福泽更多人。

因此，把技术传给当地医生，提高当地的医疗水平和整体素质，培养一支属于莎车人民自己的卫生队伍，留下一支带不走的、高水平的医疗队伍，是上海医疗队专家的目标，是我的目标，也是当地医护工作者和群众迫切希望的。

我们刚到的时候，莎车县人民医院只有一个喀什地区的科研项目，因此我们的医疗队不仅要做实际工作的指导，还要帮助提升当地医院的科研水平。医疗队的脑外科医生李海蒙博士带领当地医生的团队，完成了 SCI 论文，实现了莎车医疗卫生领域的历史性的突破。再比如医疗队的陶国强医生，一年半的时间，他带领当地的医生，完成了 500 多台 III—IV 手术。

上海专家到莎车后有一个"师带徒"制度，每位专家要签约带 2～3 个学生、徒弟。当地医护人员的学习意愿强烈，我们的专家也是倾囊相授，手把手地教。事实证明，我们的"传帮带"工作卓有成效，莎车县人民医院的主要科室主任、副主任，如外科、心内科、五官科、小儿脑瘫中心等的骨干医生，都是上海医疗队的专家培养出来的。

先后两批共 18 位援疆医疗队医生，在共计三年（每批医疗队在莎车服务一年半）的时间里，积极开展临床带教、教学查房、疑难病例讨论、科室管理、规范工作流程以提高临床质量，还在莎车县人民医院实施了多项首例手术，如颅内造影、动脉瘤栓塞术、肺动脉造影术等新项目、新技术 50 多项，分别创建了心脏介入及胸痛中心、儿童脑瘫康复中心等。其中，胸痛中心通过国家级认证，成为新疆第一家也是唯一的一家县级胸痛中心，现在能够开展冠脉造影、心脏支架等手术，不仅造福了当地的百姓，更提高了莎车县人民医院在当地居民中的医疗地位，附近甚至喀什的患者都到莎车的胸痛中心来求诊。国家和自治区的专家来参观，看到中心里的造影设备、核磁共振等设备，还能开展这些手术，专家们都感觉很惊讶，认为西部边陲的一个县级人民医院能够做到这样是很不容易。

还有我们医疗队的董沛晶医生主持建设的小儿脑瘫防治中心，由于妊娠时感染、分娩时缺氧、产时延长以及遗传等原因，南疆脑瘫儿的发生率较高。我们的医生手把手教他们如何实施治疗、用什么方法、怎样使用器械，医疗队回上海后，当地的医生已经能独立开展工作，做得也很好，那里现在是南疆最大的一个小儿脑瘫防治中心。

2020年1月3日，上海市第九批援疆干部结束了三年的援疆工作，回到上海。回首这段时光，我感叹时间真是太快了，三年里，我们不忘报名援疆的初心，没有辜负组织的信任和两地人民的重托，为当地卫生事业尽了力，为群众做了很多事，这段时光非常充实。

援疆只有三年，但与新疆的朋友，与援疆兄弟们的情谊却长留心中，至今我仍与莎车的很多同志保持着联系。援疆，最让我感到骄傲的有三点。

第一，我圆了自己的西部梦。三年，说快也快，说慢也慢，说幸福也幸福，说痛苦也痛苦。援疆三年值不值？就看你有什么样的"三观"，如何来解答这个问题。出发前，上海市委组织部给援疆干部的培训上，提出过这个问题：去新疆为什么，到新疆干什么，离开新疆留什么？我去新疆不是为了镀什么金，我心里一直有一个去西部种树的梦，作为一个共产党员，一个援疆干部，到祖国的大西北，为当地的群众做了一点事，我圆了梦。

第二，榜样的力量是无穷的。我希望自己将来可以和子孙后代说，我曾为当地人民做了一点事，取得了一些成绩。有一次，我儿子打电话向我诉苦，感到工作压力特别大，我说那你比比老爸这三年在新疆做的事，你觉得比我在新疆还困难吗？儿子在电话那头沉默了半分钟，然后说我知道了。援疆经历不仅是我个人的宝贵财富，也对我的家庭子女产生了潜移默化的影响。

第三，正确解读援疆干部。有的援疆干部经过锻炼，回来后到了更高级别的工作岗位，这代表组织上对援疆等援建干部能力与成绩的认可。援疆干部是经过组织上选拔和考核的，政治素质、工作能力等平均素质是比较高的。国家建设非常需要有视野、有理想、有能力的干部，援疆干部经过历练，在今后的工作中，一定能为国家建设发挥更大的作用，这也是援疆干部最值得骄傲和自豪的。

难忘文山　记忆永伴

　　龚永斌，1970年2月生，上海人。2007年6月至2009年6月，为上海市第六批援滇干部，任云南省文山壮族苗族自治州扶贫办副主任。现任浦东新区民政局安置就业处副处长。

口述：龚永斌
采访：龙鸿彬　任姝玮
整理：任姝玮
时间：2020 年 6 月 12 日

2007 年 6 月 12 日，我作为上海市第六批援滇干部到达昆明，第二天从昆明出发，一路行车，于 6 月 14 日抵达文山壮族苗族自治州。文山州由上海市闸北、虹口、松江、南汇四区对口援助，小组总共 4 人。从那一天开始，我便挂职在文山州扶贫办，对口帮扶文山、广南两县。

在文山挂职的两年时间里，我克服了艰苦条件下遇到的重重困难，从一无所知到融入当地干部群众，成为一名"文山通"，留下一个个难忘的记忆。

难忘的叮嘱

2007 年，我有幸成为上海市第六批援滇干部中的一员。其实之前我也报名参加援藏，遗憾的是在最后二选一的过程中落选。不过，我当时的领导民政局局长朱国平就是一名云南人，他说你去云南吧，历练一下，你会受益匪浅。于是在他的影响下，我报名援滇。

2007 年 6 月 7 日，这是我一生难忘的日子，在这一天我近距离地聆听了习近平书记对于我们这群援边干部的叮嘱，书记没有拿任何手稿，就像一名亲历者，娓娓道来，细心叮嘱。

还记得当天一早，我就赶到了上海展览中心，和所有的上海第五批援藏干部、第六批援滇干部一起等待时任中共上海市委书记习近平。

第一眼看到习书记，就感觉非常亲切，很是平易近人。他在见我们这群援藏援滇干部时说："按照中央战略部署，上海要进一步做好对口支援工作，这是深入贯彻落实科学发展观、促进社会主义和谐社会建设的迫切需要。大家肩负的使命神圣，从事的事业光荣，担当的责任重大，要牢固树立大局意识、使命意识、责任意识，不怕艰苦、勇于奉献、不负重托、不辱使命，努力在对口支援工作中建功立业、历练人生。"

他说："上海是全国的上海。上海的发展，与全国各地的大力支持和帮助分不开。作为东部发达地区，上海更应该主动服务全国，为促进区域协调发展多做贡献。大家肩负着援藏援滇的光荣使命，要不怕困难、不畏艰险，有担待、有作为，认真履行好自己的职责，以实际行动造福当地人民，完成好党中央交给上海人民的光荣任务。"

习书记说："艰难困苦，玉汝于成。大家即将奔赴的对口支援地区，条件十分艰苦。但也是一次磨炼自己、完善自己的极好机会，是成长过程中一次难得的经历，将能积累人生难得的精神财富。希望大家牢固树立艰苦奋斗的思想，努力在艰苦环境中锤炼党性、磨炼意志、砥砺品格、增长才干，为党和人民的事业作奉献。"

习书记说："大家进藏进滇后，要虚心向当地干部群众学习，甘为学生，甘当公仆，大力弘扬孔繁森精神和老西藏精神，实事求是、扎实工作、不断进取，用赤诚之心、一技之长、辛勤劳动，进一步开创对口支援工作新局面，为当地发展尽绵薄之力，向家乡人民交出一份合格答卷。"

最后书记还不忘谆谆叮嘱大家，进藏进滇后，要保重身体，注意安全。

五天后，带着总书记的嘱托，我们第六批援滇干部出发了。

难忘的调研

1958 年 4 月 1 日，文山壮族苗族自治州成立，辖文山、马关、麻栗坡、西畴、砚山、丘北、广南和富宁八个县，其中山区、半山区占 97%，有汉族、壮族、苗族、彝族、瑶族、回族、傣族、布依族、蒙古族、白族、仡佬族 11 个世居民族。

经济发展迟缓，群众生活贫困，全州八个县，全部为国家级贫困县，大部分家庭人均年收入不超过 900 元。

到了文山我们没有盲目的行动，而是对文山州八县的基本情况以及风土人情进行考察调研，虽然只有八个县，我们却用了足足一个月时间。第一个星期，从城市走出的我新鲜兴奋的劲头还没有过，感觉文山是个好地方，青山绿水太美了，每到一个地方就是风景点，心情特别舒畅。第二个星期随着调研的深入，感觉文山真的除了大山还是大山，可用的耕地很少，人们被困在山中。

一个月的州情调研对我制订援滇工作计划有颇多启发。扶贫一定要先扶智。后来做项目时，试点的村庄我会首先挑选有村民出去打工的，尤其是那种打工回来改善了自己的生活条件，建起新房子的。因为有这样的家庭，就有了示范性，能起到带动作用。让大家看到通过自己的劳动是可以改善生活的，生"红眼病"村民多了，大家就会主动去劳作，努力做好扶贫项目。只要有一批人盖好新房，娶了媳妇，就会有越来越多的人参与其中。

扶贫工作不是逼着当地老百姓去做，而是吸引他们去做。要跟他们做朋友，不能用高人一等的态度，这才能将扶贫项目真正落实下去。两年中我有计划地开展了一系列工作，请上海的种养专家对文山、广南两地相关人员进行培训，对农业龙头企业实地指导，提高当地农产品的产量和农民预防禽类、牲畜传染病的方法；请上海的教授到养牛基地指导，提高肉牛的利用率和价值的最大化；请上海的企业界到文山来考察，传授企业的经营和管理理念，促成两地企业界交流合作；组织两县的部分领导干部到南汇培训，提高他们驾驭市场经济的能力；在上海宣传文山的特色农产品，使这些农产品物有所值，从而让文山的老百姓更得益。

难忘的生活

在文山工作生活的两年，有很多难忘的点点滴滴，这些点点滴滴的改变，让我也成为一名地道的文山人。

◀ 上海援建的广南
县新纲要示范村

开始下乡我还没准备，没两天我就有了下乡时必备三大件：一袋饼干、一瓶水、一件外套。

那时文山机场刚通航，但还没有高速公路，从文山县到对口的广南县车程就要一天，早上 8 点出发，正常也要晚上 6 点才能到。而且全都是盘山公路，两辆车勉强通过。而这条路又是通往广西、广东的必经之路，大卡车特别多，交通事故也多，一堵就是三个小时以上。曾经有一次，一块塌方的巨石堵在了路中间，一直等到抢修队重修了一条从巨石边绕过去的小路，才又重新通车，等我们到达广南县时，已经是凌晨 3 点，这九个小时的等待，也就是靠着"三大件"撑过去的。

当地的交通问题不仅磨炼了我的耐心，还锻炼了我的胆量。

有一次下乡途中刚好下雨，目的地已经不远，就此放弃我心有不甘，而继续行驶，车辆就像在悬崖峭壁上游走。最后我们决定还是继续行驶，"明知山有虎偏向虎山行"。旁边人担心我害怕，问我要不要下来走上去？我说我不怕，你们能上去，我就一样能上去。其实在我们这辆四轮驱动车调档时，明显能感觉到车辆有下滑的感觉。我心里直打"突突"，所幸司机师傅技术高超，有惊无险地到了目的地，事后想想确实有些后怕。

还有一次是从普洱开例会回来，经过红河时，遭遇了泥石流。当时车辆在一座桥上，感到司机师傅突然加速，飞快地往山坡上开。我还纳闷："怎么开得这么快？"司机喊了句："泥石流。"

我再回头一望，果然看到刚刚经过的桥面已经被泥石流冲过。而前面的路被倒在地上的树拦住了。司机直接指挥："你们赶紧下去把树搬走。"我们坐在车上的四人，立即跳下车去搬树。说是搬并不确切，我们四个人只能合力将树干推开一点，移出车辆可以通过的空间。在泥石流将要漫到我们的位置时，车辆终于开动，把泥石流甩到了身后。幸亏师傅丰富的经验，否则我们还傻傻地在车里等待。

除了交通问题，还有一种情况在上海很少遇见，那就是地震。

从上海刚过来时，普洱就发生大地震。我是从来没经历过地震，说不害怕肯定是假的。结果当地人跟我说，不用怕，有地震你就当是摇篮，摇一下就过去了，好好睡。我这才知道地震是这里的常态，小地震几乎是一个月一次的节奏。

值得高兴的是，2018 年通往机场的高速路就修通了，从文山县到广南县的路程缩短到了三个小时，以前下乡都要住一个礼拜，随着高速路的修通，使一天往返文山、广南成了可能。这也是扶贫增速的一个实例。

难忘的学校

落松地听起来是个富有诗情画意的地名，然而在文山州广南县却是麻风病人集中居住的一个村子，几十年来很少有人进村。我是应南汇支教老师之邀，参加他们举办的"播撒希望，奉献爱心"系列活动，才去落松地的。

落松地距广南县城四十多公里，全村共有 64 户、168 人。一路上我有点忐忑不定，很想看看那儿的学生是怎么学习的，那儿的小孩会是什么样？在无绪的思虑中，车已转进一个峡谷，满眼青山绿水，山花烂漫，泉水的叮咚声在耳畔响起，司机对我说落松地到了。

落松地小学就在山脚下的一个坡上，只有三间平房，远看倒是很整洁，走近了才发现墙是裂的，屋顶是透光的。整个学校就一个老师，只有一、三年级

◀ 慈善基金会校服
捐赠仪式

两个教学班，共 26 个学生。办公室既是宿舍又是厨房，听说本来这个老师早想走了，可是他舍不得他的学生才留下来。

走到教室前，一个班正在上课，学生们都聚精会神地听老师讲课，另一个班学生在自习。学生们都非常用功，我们走过两个教室竟然没有一个学生回头看我们。一问才知道，这里的家长从小教育孩子，只有好好读书才能走出村子，才能看到外面精彩的世界，他们渴望的仅仅是想到外面的世界去看看！

课间休息时，我和老师聊了一下，问他需要什么帮助吗？老师对我说，家长们希望能有一个图书室让孩子们学到更多的知识，希望在这一代中能有孩子出人头地。

只需一个图书室？我问他们："你们看看把教室、宿舍、食堂都改建了需要多少资金？南汇区残联的残疾人资助项目，可以帮助解决。"

老师听我这么一说，连声道谢，叫我们先住下，他要和村民们算一下账，然后他就和几个村民去商量了。没多久，老师就来了，非常感激地对我说："我代表落松地全体村民，谢谢上海人民帮助我们。我们已经认真地测算过，整个工程只要 3 万元足够了。主要买砖、瓦、水泥等材料，房子我们自己来盖。"

　　一个月后，我又来到落松地，想看看工程进度，也代表上海市慈善基金会南汇分会赠送每个学生两套校服，上海南汇傅雷中学赠送崭新的课桌椅、新书包、新文具等。

　　当我来到学校时，发现惊人的一幕——教室、食堂、图书室全都盖好了。听老师说，村民们得知要改建学校，都全家出动，尽管手、脚有残疾，但都抢着干活。在短短的一个月时间就改建了教室 2 间 84 平方米、新建砖木结构图书室 1 间 42 平方米、教室办公室 1 间 24 平方米、厨房 1 间 24 平方米。

　　落松地的人民太伟大了！

难忘的精神

　　文山是一座英雄的城市，文山人有着拼搏进取的精神。在文山我们经常会看到如"不怕死、不怕苦、不怕亏"这样的标语，它们充分体现文山这座城市所有的精神特质。也就是祖国利益高于一切的爱国主义精神；英勇顽强、不怕流血牺牲的革命英雄主义精神；为祖国和人民的利益甘愿吃亏的无私奉献精神；团结协作的集体主义精神；不畏一切艰难困苦的革命乐观主义精神。这和我们一直在学习的核心价值观是一致的，也就是"国家至上、人民至上、奉献至上"。

　　在文山有一种精神叫"西畴精神"，可以说它代表了文山这座城市的精神面貌。

　　西畴县地处滇桂黔石漠化集中连片特困地区核心区域，99.9% 国土是山区，75.4% 土地石漠化荒山秃岭，怪石盘亘；河道断流，重山阻隔，25 万人生活在石头窝窝里。

　　就在这样一个被专家称为"失去生存条件"的地方，当地干部群众以"等不是办法，干才有希望"的"西畴精神"，战天斗地、自力更生。

　　面对"地无三尺平，滴水三分银"的生存环境，勤劳的西畴人民在艰苦条件下创造了奇迹。"等不是办法，干才有希望！搬家不如搬石头，苦熬不如苦干！不等不靠不懈怠，苦干实干加油干！"他们用最简单语言，践行着他们的精神。

西畴人民面对自然恶劣、生活窘迫的困境，没有怨天尤人、没有坐等观望，而是先干起来，赢得各方支持。正是在思想认识上实现了从被动"等"到主动"干"的蜕变，正是拼命豁出去的一股子豪气、正气、勇气激励着他们生生不息、顽强拼搏，才实现了西畴人民从安贫守命到穷则思变的深刻觉醒，把昔日的乱石窝窝变成了生态绿洲、美丽家园。

我认为这和浦东精神很契合，"西畴精神""不甘落后、自强不息、艰苦奋斗、战天斗地"，勇于探索、敢于拼搏、致富思源、富而思进。"浦东精神"勇立潮头、敢于争先、一往无前、攻坚克难、先行一步都突出勇、敢、先。"幸福都是奋斗出来的"。没有奋斗，一切都是空中楼阁。"西畴精神"永放光芒！

在这些精神的激励下，援滇两年，我完成协议内项目 44 个，其中"白玉兰"重点村 26 个、"白玉兰"卫生室 7 个、希望小学 8 所、扶持产业 6 个，投入资金 1400 万元。争取到计划外资金 554 万元，援建希望小学 9 所、"白玉兰"卫生室 2 所。只能说两年时间，幸不辱命。

回沪后我也曾回到过文山两次，一次是援滇二十周年，一次是文山六十年州庆。2016 年参加援滇二十周年活动时，在广南县我讲起落松地学校改造的故事。县长很自豪地跟我说，当时的老师农加贵一直坚持在学校教书，他本人已是中央电视台"2014 年寻找最美乡村教师活动"的特别关注乡村教师获得者，荣获全国模范教师称号。而他的学生现已有 9 人参加了工作，有教师、有医生、有公务员，还有企业老总。知道当年的小苗已经成才，我也非常自豪，我坚信文山的明天会更好。

唯有坚持　方得始终

　　黄俭，1967年7月生，上海人。2011年
6月至2013年6月，为上海市第八批援滇干部，
任云南省文山壮族苗族自治州招商局副局长。
现任浦东新区康桥镇党委副书记、二级调研员。

口述：黄　俭
采访：龙鸿彬　任姝玮　丁丽华
整理：任姝玮
时间：2020 年 5 月 28 日

今年是脱贫攻坚收官之年，决胜脱贫的时刻已然临近，2020 年注定是中华民族实现第一个百年奋斗目标、具有里程碑意义的一年！眼看脱贫攻坚收官在即，整个中华民族上下都连成一气，翻过重重困难险阻，迎接如期全面完成脱贫攻坚目标的那一天！在一批又一批援边干部持之以恒地不懈努力下，从"输血"到"造血"精准帮扶，让数以千万的贫困人口脱贫。九年前，我有幸亲身参与、亲眼见证了这场脱贫攻坚战，援滇的一幕幕仿佛就是昨天的事情一般。

机缘巧合　浦东援滇

援滇这件事可以说是阴差阳错，也可以说是机缘注定。

在 2004 年，我第一次报名援藏。

在此之后，我还报名过援疆，想出去见见"世面"。因为我是上海人，大学毕业就在浦东工作，没有当过兵，没有太丰富的人生经历，感觉相比经历过"大风大浪"的同志，我的人生经历就很平淡而乏味，所以我也想去边远地区磨炼一下自己。

一直到 2011 年，任职浦东新区金桥出口加工区管委会投资促进处副处长、金桥功能区域经济发展促进中心主任的我有了援滇的报名机会。

在此前，浦东是没有对口援滇这项工作的。2009 年，浦东新区和南汇区两区合并，这样原本一直由南汇帮扶云南文山州的这项帮扶工作就成了浦东的帮扶工作内容。结果这一次援滇报名我通过了最后的面试，这样我也就成为从浦东出来的第一个援滇干部。

文山壮族苗族自治州，是上海对口帮扶云南 4 个州之一，位于云南省东南部，与广西百色和越南接壤，山区、半山区占 97%，岩溶地貌占 53.4%，有 11 个世居民族。由于地处边陲和岩溶地貌加上历史原因，发展严重滞后，贫困人口较多。

上海与云南文山壮族苗族自治州的对口帮扶源远流长，早在 1983 年，上海市总工会和原南汇区就与云南文山壮族苗族自治州建立了对口协作的帮扶关系。从 1996 年开始，上海市虹口、闸北、松江、南汇（现浦东）与文山的八个县全面建立了对口帮扶的协作关系，打响了对口帮扶的扶贫开发攻坚战。

2011 年 6 月，我作为上海市第八批援滇干部来到文山，挂职在云南省文山州招商局任党组成员、副局长，主要负责浦东新区对口帮扶文山市、广南县的相关工作任务。

文山市是文山州政府所在地，我们算是条件最好的一批，刚好赶上文山州政府的干部交流楼建成，所以不用住招待所，而是直接住进了干部交流楼。楼是新的，但是选址相对偏僻，出行的公交车一个小时只有一班，每天晚上楼后就是从山上下来的牛群，我们便围着牛群散步。楼里有 16 名来自不同地方在此工作的同志，所以我们也戏称这里为"光棍俱乐部"。

适应新环境　迎接新挑战

作为一名浦东的援滇干部，必须牢固树立援滇干部的责任意识、服务意识、勤政意识，一到文山，我就和文山市、广南县的基层一线同志深入村寨，调查研究，积极筹划，克服困难，为扶贫工作和沪滇合作努力工作。

在上海的对口帮扶下，云南文山的扶贫开发工作虽已取得明显的成效，但由于文山特殊的地理条件和历史的原因，这里的绝对贫困程度还是令人触目惊心的。

通过密集地下乡调研，我知道"99道弯"是真实存在的，所有弯开下来，不光是我这个上海人，就连当地的扶贫干部也要晕车。广南县贫困人口规模大、贫困程度深。广南是云南省十个人口大县之一，人口总数居全省第五位。广南县农业贫困人口多以种植业为主，土地贫瘠，收入来源单一，长期在"低收入——低投入——低生产率——低商品率——低产出率——低投入"的恶性循环圈中，难以走出贫困。

2011年8月10日—15日，时任中央政治局委员、上海市委书记俞正声和上海市市长韩正等率领的党政代表团一行赴云南，先后走访迪庆、红河、文山、普洱4州上海对口帮扶乡县村，考察指导上海对口帮扶工作。

其间形成"十二五"对口帮扶的总体目标要求，即继续保持以扶贫为工作重点，按照民生为本、产业为重、基础为先、人才支撑的思路进一步加大援滇工作力度。我通过学习、实践、探索和思考，也形成自己对帮扶工作的认识：扶贫开发是国家战略，是实现和谐中国的战略举措；新农村建设必须实事求是，因地制宜；"造血"机制的建立才能真正使农民脱贫致富；加大人才培养使用力度才能实现经济的腾飞；上海援建项目应加强后续管理的力度。

不过由于两地文化思维，工作习惯的差异导致对事物认识的不同，在求同存异的过程中有时有急躁的情绪，有时会拿上海的工作要求相比较，没有完全做到因事、因地，为此还发生了一场跟当地扶贫干部的"争执"。

一场"争执" 更贴近百姓

刚到文山，我便随大组参观文山州对口帮扶的新农村建设成果，文山州塘子边村、西畴县莲花塘村的产业扶持项目已初见成效，规划齐整的民居掩映在青山绿水之间，农民近年也大幅增收，初步摆脱了贫穷。

一派安居乐业的乡村画卷，看得我心潮澎湃、激动不已，心中暗暗下了决心，在今后的帮扶工作中一定要以这两个村的建设为典范，建设一个更加美丽的乡村，为浦东的对口帮扶工作添彩。参观学习结束后，我就进入了满怀激情的工作状态。

在踏勘了前几年浦东援建的项目后，我开始规划我这一届的项目了，按照"整乡推进"的要求，我们的项目选在比邻文山城区的东山乡。这个乡可谓"灯下黑"，紧挨着文山州政府所在地的文山城区，却多山少地，还是典型的喀斯特地貌，整个乡没有一条溪流流经辖区，用水主要依靠雨水贮存，交通主要是土路，一到雨季便泥泞不堪，出行困难。至今还戴着"贫困乡"的帽子。

踏勘后，我和文山扶贫办、东山乡领导开始商量援建的具体项目，"坐而论道"时我们之间的观点有了分歧，乡里和扶贫办马文江副主任提出修建一条从岔路坝至南林大寨全长 10.6 公里的乡村道路，全线投资 650 万元，需要投入援建资金 300 万元。

我的天，这一年分配在文山州的新农村建设和产业扶持资金也只有 650 万元，如果大部分用来修建这样一条路，我设想的美丽乡村和产业扶持带动农民脱贫的目标怎么完成？我怎么在领导来滇考察时交出一份满意答卷？于是我拒绝了他们的要求，理由是按照援建要求，援建项目主要是新农村建设民居改善项目和产业扶持项目，道路项目不符合上级要求。第一次商量不欢而散。

马文江副主任负责上海对口帮扶工作已近十年，经验丰富。几天后，他不动声色地跟我说，项目村的书记、村主任想见见我，商量一下村里的新农村建设项目。我们上午 9 点出发，在崎岖的山间小路蹒跚了近两个小时，在半山腰越野车停了下来，老马说接下来车走不了了，我们得走着进村。

我以为离村已经不远了，哪知道在山路上走了近一个小时，临近晌午才到了村支书家。为了我的到来，朴实憨厚的村支书宰了一头山羊招待我，使我感动不已，我自己出生农村，知道这是最高的接待贵宾的礼仪了。

席间，支书告诉我，进村的路是村民跟乡政府申请了炸药自己炸出来的，但还通不了车，村民种的烟叶、三七和粮食只能靠牛车拉出去，家里造房子靠牛车拉建材成本要翻一倍。

"我们世世辈辈贫穷不是我们不勤劳，而是交通不便啊。村里小伙子娶不上媳妇，哪个女人愿意嫁进来？路通了，我们的农产品就能卖出去、媳妇就能娶进来，这样我们才有盼头。"朴实的村民、真实的体验、群众的盼望，使我

◀ 上海援建文山市
东山乡乡村公路

难以平静，陷入深思……

从村里回来，我向领导做了汇报，领导语重心长地对我说："小黄啊，群众的需求就是我们的目标，协调的事由我来负责。"

一年后，项目顺利竣工。两车道的乡间水泥路犹如一条缎带蜿蜒在东山乡的青山间，两个村委会六个村民小组464户群众出行问题得到解决，八个村民小组247户群众出行难得到缓解。其后，在州政府的协调下，东山乡的水库得以建设，吃水难的问题也解决了，东山乡的发展步入快车道。

在老马卸任后，我们喝了一次交心酒，两个人三杯酒下肚后，说起了知心话。老马说："黄局啊，这条路是我们逼你做出来的，对不起啊！"我说："老马，我感谢你，是你逼我了解群众，逼我贴近百姓，逼我自我成长，我没白来文山。"

事事深入　项项落实

2011年6月到2013年6月是我们援滇的服务时间，可以说只有2012年是第八批援滇干部的一个完整工作年，2011年要承接第七批制定的援建项目的收尾工作，2012年要落实实施自己规划的援建项目，还担负着规划好2013年项目的责任，任务重，时间紧，每一项工作都不容有失。

▶ 上海援建的者龙村活动室及活动场所

——新农村建设带动发展模式转变。

2011 年 10 月，红河石屏会议提出，上海援建新农村项目要体现前瞻性，示范性，引领性的要求。我和扶贫办以及项目所在乡镇的同志们多次下去踩点踏勘，新纲要示范村选点坚持"合理布局、突出重点、示范带动、辐射周边"的原则，选择群众基础好、干部得力、有实施条件的自然村优先开展。

为体现前瞻性，我们提出若干年内不落后的目标，除了村内公共服务基础设施坚持高标准外，要求家家户户饮水安全，改善家庭卫生设施，设置冲水厕所和太阳能淋浴设施。

为体现示范性，选点重点考虑交通较为便利，群众积极性高，有一定产业基础，能辐射周边村寨的地方。

为体现引领性，我们分别在文山和广南进行了探索，在广南者龙村，以村寨文化建设为重点，在公共服务基础设施中，我们建立了数字图书馆、小型网吧、数字电影院和村民文艺表演队，以此提升村民文化生活的丰富性，凝聚村民向心力，在文山且喜村，我们探索农村集镇化建设的引领示范作用，引进企业开办农家乐解决农村富余劳动力和新农村建设的后续管理难题。

——基础建设更夯实，城乡面貌大改观。

2012 年初，我和两县市扶贫办多次下到项目村规划建设项目，具体落实村内道路、公共设施、亮化美化等实施内容，多次到规划设计院商量修改整体规划。

在项目的推进建设过程中，我积极发挥项目建设乡镇的积极性，做到多和乡镇长沟通，对遇到的困难共同面对，共同商量，集思广益，坚定新农村纲要示范村要做出亮点的信心。走访每一个项目村寨，做到心中有数，关照乡镇对孤老家庭，特困家庭要适当照顾，对工程进度，工程质量严格要求，在工作推进中遇到困难及时与相关单位协商解决问题的办法，做好相关协调工作。

为拓宽视野，我还组织了扶贫办对口帮扶干部和项目乡镇干部去西畴县莲花塘乡小洞村、白石岩村参观学习，学习他们对规划设计的总体把握，对产业帮扶的理念和做法，特别是在项目实施过程中善于发动党团员先锋模范带头作用，善于面对困难千方百计推进工作的做法，通过学习，对两市县的干部触动很大，也坚定了做好项目的信心。

——社会事业帮扶深入推进。

从援建希望学校到引入社会力量，全方位帮助，对口帮扶工作给广大受助群众带来了知识，带来了希望。积极推动浦东新区社会各界合力帮扶对口地区的教育事业，完成了 2011 年引进的文山老回龙中学操场的改建工作，投资 49 万元，建成沥青跑道的标准运动场，解决了学生在雨天不能上体育课的问题。

在浦东新区工商联支持下，捐赠 30 万元改建广南板蚌乡中心小学，为全校 556 名学生购买了回力运动鞋，与文山市第一高级中学，文山州第一高级中学，广南县第一高级中学开展了结队助学活动，共结对学生 43 名，资助学生完成高中学业，累计捐赠资金 12.9 万元。

建立"多美滋爱心圆梦基金"40 万元，帮助被高校录取而因家庭贫困无法上学的学生圆大学之梦。积极争取复新集团慈善基金支持文山教育事业发展等。

逝者如斯　不舍昼夜

"常怀感激之情，常葆进取之心，常存敬畏之念，清清白白做人，干干净净做事。"回顾在文山的点点滴滴，我深深认识到，作为一名党员干部，要想干好工作，要想真正加强和改进思想作风、学习作风、工作作风、领导作风、生活作风方面的建设，提高廉洁自律意识，就必须强化科学发展观，以实际行动体现共产党员的先进性，强化执行力，以身作则，率先垂范，自觉抵制安于现状、浮躁浮夸、急功近利的不良思想和作风。

在文山的两年时间，我更加熟悉了基层情况，对云南的文化，民生民情，农民的真实生活和想法有了较深入的了解，对干部的工作作风，思维方式和工作方法有了较深入的了解，为进一步做好对口帮扶合作，融入当地干部共同建设边疆新农村打下了基础。

服务全局，把握全局的意识和能力得到了锻炼。作为联络员既有条的要求，也有块的工作实际，如何协调好条于块之间的不同需求，刚开始时觉得难以适应，通过实际工作实践，增强了服务全局的意识，提高了协调各方的能力。

锤炼了意志，结交了朋友。两年中，受到沪滇各级组织的关心帮助培养，工作得到各方的大力支持，尽管远离家乡，远离亲朋，心始终是温暖的，尽管生活条件，业余生活与上海相比比较艰苦，但始终把它当成是磨炼，精神是饱满的。和文山的同志共同工作，和衷共济，真诚相待，结下了深厚的友谊，"两年文山人，终身文山情"，艰苦的生活，激情的岁月，留下的是一份宝贵的精神财富。

此生难忘　在云南的 1123 天

文海涛，1976 年 1 月生，湖北当阳人。2016 年 6 月至 2019 年 7 月，为上海市第十批援滇干部。2016 年 6 月，任中共云南省文山壮族苗族自治州扶贫开发领导小组办公室党组成员、副主任；2017 年 9 月，任云南省大理白族自治州人民政府副秘书长、中共洱源县委常委、副县长。现任浦东新区科技和经济委员会办公室主任。

口述：文海涛

采访：龙鸿彬　任姝玮

整理：任姝玮

采访时间：2020 年 4 月 26 日

远赴云南　初到文山

2016 年 6 月 20 日，我作为第十批援滇干部离开上海前往云南。当天，我在微信朋友圈写了一句话："浩渺行无极，扬帆但信风。"没想到，这三年我真的站在了东西部扶贫协作的"风口"。

刚开始的时候，我们上海第十批援滇干部总共 15 人，分别在省扶贫办和红河、文山、普洱、迪庆四州市进行对口帮扶工作。浦东对口的是文山州的文山市和广南县，我和来自静安、虹口、松江区的援滇干部，分别在文山州政府办、扶贫办、发改委、招商局挂职，我在州扶贫办，重点对口联系文山市、广南县的扶贫协作工作。

第一天到达昆明，参加了省里召开的援滇干部欢迎会。第二天从昆明飞往文山。从机场前往文山市的路上，两边都是山，望着远处蜿蜒的盘山路，我的内心有一点忐忑和兴奋。车辆行驶 40 分钟后，我们终于看到坐落在山坳中的文山市，城里只有几栋 10 层以上的建筑，和上海的高楼林立形成鲜明对比。

文山州政府刚搬到新的办公地不久，位于城市的边缘。我们住在州政府的宿舍里，初来乍到，想去市中心逛一下。结果出门后发现，这个地方偏僻，公交车非常少，也没有出租车。好不容易等到一班公交车，临上车才发现需要投币，我们 4 个人谁也没有零钱。只好拿着 10 元钱，想和当地人换点零钱。谁知对方直接帮我们投了币，还摆摆手不要我们的钱。就这样一件小事，便感受到了当地群众的纯朴和热情。

初到云南，我很快适应了当地的饮食，但特殊的地理环境，也造成了一些不适应。开始我没穿长裤，结果满腿的"大包"，这才知道当地有种小黑虫，落在身上就是一个"包"。看到宿舍楼道里放着烟叶，我们不解，问了才知道是用来防蛇的，后来真在院子里看到过蛇。这些事情在上海是想象不到的。

还有一样不适应，就是晕车。之前没发现，到文山后，每次下乡，车在盘山路上开的时间一长我就会难受，一天都吃不下饭。而这个问题也没办法解决，只能慢慢适应，过了两三个月，随着下乡的次数多了才好转过来。

为了尽快开展工作，我们文山小组的同志们走遍了文山州八个县市进行调研，现实情况是文山州山区面积占总面积的 97%，山区多，基础设施差，产业薄弱。而扶贫资金有限，怎么把帮扶资金用在刀刃上，发挥积极的效果，是我们重点思考的问题。比如，广南县的贫困面大，贫困程度深，以前帮扶资金投入的项目相对小而散，效果不明显。通过调研发现，当地梨的品种不错，如果发展好了市场前景不错，能带动当地农民增收致富。我们建议将 800 万元帮扶资金，集中用于发展当地特色梨的产业项目上，配套建设冷链仓储，做大整个产业链。

几经调整　转战大理

2016 年 7 月 20 日，习总书记在宁夏银川召开了东西部扶贫协作座谈会，会上总书记用"大战略""大布局""大举措"来形容东西部扶贫协作。他指出，"小康路上一个都不能掉队！""这在世界上只有我们党和国家能够做到，充分彰显了我们的政治优势和制度优势。东西部扶贫协作和对口支援必须长期坚持下去。"同时提出：2020 年我国全面建成小康社会，是我们党向人民、向历史做出的庄严承诺，是 13 亿多中国人民的共同期盼。

因为这个承诺，上海援滇的政策有了大的调整。

2016 年 11 月 9 日，中共上海市委书记韩正、市长杨雄率领上海市党政代表团赴云南学习考察，并与中共云南省委书记、省长陈豪举行沪滇扶贫协作工作座谈会。会后，双方签订了《上海市人民政府、云南省人民政府关于进一步加强扶贫协作的协议》。

按照中央部署，上海对口帮扶云南在原来四州市的基础上，增加了大理、楚雄、德宏、西双版纳四个少数民族自治州，同时把曲靖、临沧、丽江、保山纳入面上扶贫协作。

因为上海对云南扶贫协作力度的加大，浦东帮扶地区被调整为与崇明共同帮扶大理州，浦东对口其中的五个国家级贫困县——鹤庆、剑川、弥渡、云龙、洱源，崇明对口其余的四个国家级贫困县——南涧、漾濞、巍山、永平。

帮扶关系调整宣布会后第二天，我便和浦东新区合作交流办副主任奚晓龙前往大理，先行对接扶贫工作。

当时从文山前往大理的交通并不方便，乘飞机要先飞昆明再转机到大理，花一整天时间。坐车同样途经昆明，仍是一整天时间。如今，从文山到大理的动车通了，乘车只需要四个小时，由此也可以看出这几年的发展速度。

但当时往返两地路上就需要两天，文山的工作不能放，大理的工作已经开始，我就只能两地往返。那时援滇干部的相应调整还没有定论，所以在大理没有固定住处，只能住酒店。第一次到大理，主要去"认门"，从州里到下面五个贫困县全都跑一遍，和当地的扶贫办"接上头"，总共用了 4 天时间。第二次，我独自去了 7 天时间，详细了解了五个县的具体情况，为后面开展工作做准备。

2017 年 5 月 22 日，浦东新区区委书记翁祖亮带领浦东新区党政代表团到大理州考察调研，落实扶贫协作工作。其间，浦东新区人民政府分别与大理州人民政府及洱源县、弥渡县、云龙县、剑川县、鹤庆县人民政府签订了 2017 年度扶贫协作协议，并向洱源县捐赠"3·27"地震救灾资金 200 万元。从 22 日到 24 日，浦东新区党政代表团先后深入对口帮扶的弥渡、洱源、云龙、剑川和鹤庆五县实地调研，并提出建成建好当年确定的四大类 32 小项援建项目，涉及资金 4000 多万元。

那段时间，都是我一个人跑五个县，直到 9 月，增派的 4 名浦东援滇干部到达大理，我们浦东对口大理的援滇小组初步形成，由我担任大理州人民政府副秘书长、洱源县委常委、副县长以及上海援滇干部联络组大理小组组长。

2017 年 8 月 25 日，上海市市长应勇率领上海市代表团来到云南多地调研，到达大理市、弥渡县、祥云县了解扶贫工作。应勇市长在云南调研后，又对上海帮扶云南的布局进行了调整。

从 2018 年 1 月起，浦东开始单独对口帮扶大理州，扶贫范围扩大到大理州的全部 11 个贫困县，宾川、祥云两个省级贫困县也被纳入其中，浦东对大理州的对口帮扶实现了全覆盖。第二批增派的 6 名浦东援滇干部 1 月 7 日到位。因为第二批增派援滇干部为科级，而国家要求选派到对口县的必须是处级干部，8 月份，区里又增派了 6 名处级干部。

最终，第十批浦东援滇工作小组成员定格为 17 人，是上海援滇干部队伍中人数最多、分布最散的小组。当时还开玩笑说，援滇干部由我一个长跑队员，变成了篮球队，最后成了足球队。

分散不松散　合力促攻坚

初到云南，我们每一个援滇干部都会思考三个问题：我来援滇为什么？援滇我能做什么？离开后能留下什么？

浦东与大理是新结对，一切都要从头开始。不同于之前"组团作战"的帮扶工作模式，援滇小组的成员是分散到各个县"单兵作战"。"一个干部一面旗"，每一个援滇干部都代表了浦东形象。作为小组中援滇时间最长的老队员，我和小组成员定下了行动准则。

援滇不仅要融入，还要深入。到大理以后，我们或集体或单独深入最边远、最贫困的地方调研，在合作社和田间地头，掌握第一手情况，努力让自己成为"最了解大理的浦东人"和"最熟悉浦东的大理人"，只有这样，才能发挥好两地之间需求和资源沟通对接的桥梁作用。

援滇不仅要苦干，更需要巧干。当地脱贫已经进入攻坚阶段，剩下的都是

◀ 劳务协作招聘会

难啃的"硬骨头",需要我们和当地干部群众一起苦干,但是不能蛮干。作为浦东干部,我们在参与改革开放的事业中耳濡目染,要把工作中坚持问题导向、需求导向和项目导向的原则和方法,把浦东的体制优势、制度优势、资源优势和当地脱贫攻坚的"短板"有机结合。

"分散不松散,合力促攻坚",我们小组成员既要能"单打独斗",又要发挥团队的合力。我们通过明确分工、建章立制,坚持党建、廉政、业务、生活四抓四促,建设坚强战斗堡垒。通过定期不定期召开小组会议,学习贯彻落实推动各项工作;建立了学习、宣传、财务、后勤保障四个分组,明确责任义务;建立微信工作群和交流群,24小时在线沟通;通过相互交流、学习考察、案例总结、项目督导,不断提升小组的"凝聚力、战斗力、创造力"。

"聚是一团火,散是满天星",援滇小组的每个人原来都从事不同的本职工作,在援滇过程中大家也发挥出自己的特长。

劳务协作是沪滇扶贫协作的"短板",也是工作的重点。我来自浦东新区人力资源和社会保障局,一到大理就到大理州人社局登门拜访,了解劳务协作的需求和问题,随后向浦东人社局主要领导专题汇报,争取局领导支持。最终促成浦东新区和大理州人社局率先签署了《劳务协作和人才开发合作协议》，在搭建就业信息平台、开展就业技能和创业培训、促进农村劳动力转移就业、推进柔性引才等方面开展帮扶合作，每年确定劳务协作和人才开发的重点项目。

我们当中，有"土豆常委"顾军，克服高寒缺氧，将剑川红土豆卖到大上海；"火腿县长"董立强，用脚丈量横断山脉，吆喝"舌尖"诺邓（诺邓村，地处云南省云龙县，是云南最古老的村名，白族最早的经济重镇）；"核桃主任"刘程，帮助组织古树核桃拍卖，做大做强漾濞的核桃品牌；"公益大使"张晓阳，全家总动员，个人捐款 46 万用于弥渡扶贫事业……

援滇期间，有的援滇干部自身患有严重伤病，有的家人生病手术，也有的老人、孩子需要照顾，但是大家都克服了困难，坚守在脱贫攻坚一线。为了当地的脱贫事业和群众脱贫，干部倾尽了个人资源，有的甚至把个人的工资都捐出去不少。对贫困群众和脱贫攻坚事业，我们每一个人都倾注了感情。

大理小组是援滇小组中人数最多的，但是我们可以自豪地说，我们是最团结、战斗力最强的小组之一。

真抓实干，推陈出新

除了州里和小组的工作，我还要抓好洱源县援建项目的推进。洱源县位于大理市北，因地处苍山十九峰第一峰云弄峰和洱海的源头而得名。是以白族为主，汉、白、彝、回、傣、傈僳等 24 个民族杂居的少数民族县。贫困面大，贫困程度深。

第一天到洱源县报到，已经晚上 8 点，县委书记李洋跟我说："走，咱们进村去。"我当时还很诧异，怎么晚上还进村？后来发现这样的工作是常态。当天晚上 10 点，村两委、驻村工作队的所有人聚在一起，研究了脱贫攻坚的情况和问题。后来，大半夜开常委会也是常事，因为白天大家都在外面走村入户，只有晚上才能把人聚在一起。

2018 年 4 月，洱源大蒜因为丰产引发滞销，同时洱海保护又要求禁种大蒜。扶贫和环保两项工作撞在一起，更增加了工作的难度系数。我们通过沪滇商务扶贫产销对接联盟联系了上海农产品批发中心、"淘菜猫"电商、上蔬永辉、大润发等企业前来洱源考察调研并进行采购，将当地滞销蒜引入上海市场。第一批以惠农价采购了洱源优质紫皮大蒜 200 吨。

其实大理有很多高原特色农产品，但是出于诸多原因，没有在上海很好地打开市场。到大理之后，我积极联系浦东新区工商联，精心挑选在农产品、医药产业及商品流通领域有优势的会员企业，同时邀请具有平台资源优势的上海市浙江商会赴大理州考察对接，促成两地企业达成了一些合作意向和项目。

其中上海华辰隆德丰集团拟在自主开发的优安天地进口食品商贸产业园，免费拿出 1500 平方米的场馆，专设大理特色产品馆，帮助大理产品在上海、同时面向世界拓展市场；家乐宝"千县千品"电商平台和大理州各县对接上线相关产品。和小组援滇干部一起，协调组织各县连续两年参加浦东农博会和上海 1017 对口支援地区特色商品展销会。此外，我们还积极参与"自然的馈赠"大型扶贫宣传公益节目，为大理特色农产品代言。

除了基础项目建设、产业帮扶、劳务协作、人才支持外，在援滇工作中，我们也积极探索社会扶贫模式。比如 2019 年"六一"儿童节当天，我去了洱源县旧州完小，看到留守在学校的同学们正在书画梦想班上美术课，上课的赵老师原本只是一名兼职的美术老师，2018 年，他通过参加一心公益的云南书画梦想项目，经过线上、线下两次培训，系统地学习了美术的理论知识，成为一名名副其实的美术老师。

这其实是来自浦东的公益机构——一心公益，在云南设立的第一个公益项目——云南书画梦想项目。以助力乡村艺术教育、帮助留守儿童点亮艺术梦想为目标，以书画等传统文化课程为切入点，培训当地美术教师，提高专业素质，帮助留守儿童放飞童真和艺术梦想。

社会组织、企业、个人到大理开展公益扶贫是做公益的一种形式，上海中梁、上海浙江商会、浦东信鸽协会、街镇商会等就来捐款捐物。同样公益项目也可以有另外一种模式，通过培养老师，让贫困地区的孩子们接受良好的教育，由于当地大部分美术老师都是兼科的，鲜有时间脱产培训。为此项目组设计了线上、线下相结合的培训方式，线上不出家门即可培训；线下则安排上海老师为线上培训表现优异的老师送训上门，到当地集中培训，再从集训老师中

▶ 爱心图书室捐赠
仪式

选出"梦想老师"在本校开设书画梦想班。

除了一心公益，还有团区委、浦江润和等公益组织在大理开展开放式阅读、志愿者支教等公益扶贫行动，助推当地脱贫攻坚工作。

高位推动　战果喜人

援滇干部在前方攻坚，主要依靠浦东大后方的支持。两地高层多次互访，推动援滇扶贫事业前进。2017 年以来，双方党政领导开展了九次互访，在两地沪滇扶贫协作联席会议上，签订扶贫协作协议，明确工作思路和目标任务，推动沪滇扶贫协作向更精准、更广阔、更务实方向发展。

按照"中央要求、当地所需、上海所能"的原则，浦东新区不断加大帮扶资金投入力度，2017 年 11750 万元，2018 年 32876 万元，2019 年 39895 万元，浦东对大理州援助财政资金逐年递增。

用好帮扶资金，切实发挥好资金效益，是我们所有援滇干部和当地共同的责任。通过深入调研，我们将帮扶资金重点向深度贫困地区倾斜，着眼于贫困村基础设施提升、产业发展、劳务协作、人才支持等方面，将 96.6% 的帮扶资金"沉到"贫困村，"绑定"贫困户，使贫困村、贫困群众直接受益。

助力脱贫攻坚，更需要动员社会各方共同参与。在区委、区政府和相关部门支持下，我们援滇小组当好桥梁和纽带，促成浦东新区 19 个镇结对大理州 35 个乡镇，国企和民企开展"双一百"村企结对，对大理州 153 个深度贫困村实现了结对全覆盖。大理州 15 所学校、14 家医院分别与区属学校、医院结对帮扶。

2018 年 9 月，大理州祥云、巍山、鹤庆、洱源、宾川等五个县在全省率先脱贫摘帽；2019 年 4 月，漾濞、永平、南涧第二批脱贫摘帽。上海援滇干部大理小组荣获 2018 年度云南省脱贫攻坚奖，我个人也被推荐为"云南省脱贫攻坚先进个人"。

2019 年 7 月，我完成援滇任务回到上海。但是浦东援滇扶贫还在继续，不获全胜、决不收兵。时光荏苒，白驹过隙，在云南的 1123 天历历在目。回望在云南的日子，曾经艰难翻越蜿蜒曲折的盘山路，现在觉得是那么美丽；曾经"挂包帮"的贫困户脸上质朴的笑容，现在觉得分外动人。正是援滇，让我们得以走进西南大山，零距离走近贫困户，更深刻领会习总书记提出的脱贫攻坚大战略，增强党性修养和思想觉悟，涵养家国情怀。我们对组织心怀感恩，让我们此生能够有幸到云南，参与脱贫攻坚这一世纪伟业，让自己的人生更加精彩。

十年后　我的援建夙愿成真了

顾军，1972年11月生，上海人，2017年9月至2019年7月，为上海市第十批援滇干部，任中共云南省大理白族自治州剑川县委常委、县人民政府副县长。现任上海市浦东新区书院镇副镇长。

口述：顾　军
采访：龙鸿彬　任姝玮
整理：任姝玮
时间：2020 年 5 月 14 日

2007 年，我报名援藏；2008 年，我报名援疆；2017 年，我报名援滇。2007—2017 年，十年后，我的援建夙愿终于成为现实，这一年我已经 44 岁。

十载夙愿　结缘剑川

援建边疆是我多年以来的夙愿。

我曾是一名军人，到最艰苦的地方建设祖国是我的心愿，2007 年，我是宣桥镇乡镇农村办公室负责人，听说援藏报名，我第一时间报了名。

通过层层筛选我进入市级面试程序，但最终我没有被选上。当时我记得镇党委书记姚和平来找我谈话，他问我："如果这次没有被选上，以后还有援派的工作，你还报名吗？"我说："我还会报的。"2008 年，援疆开始报名，我又报了名，这一次还是进入面试环节，还是没有被选中。

此后，我的工作也从宣桥到大团再到书院。本以为援派与我无缘，没想到时隔十年后，这个机会又出现在了我的面前。

我记得那是 2017 年 7 月 24 日，镇组织委员谭志恒跟我说，区里正在进行援滇干部报名，镇里有 4 个人符合条件，我是其中一位。我问了一下，其他三个人因为家里的原因都没有报名，如果我不报，镇里就没人报名。

而这一年我已经 44 岁，距离援滇年龄上限 45 岁，只差一年。没有任何犹豫，我说："我坚决报！"我知道这一次是我最后的机会。

其实，我报名并没有跟家里人商量。之前，因为援建，区委组织部副部长徐雯曾来家里家访，父母和我爱人都是支持的。但是这一次，他们虽然没说什么，但我知道他们并不希望我去，毕竟我的年纪也不小了，父母的年纪也大了。然而收到通知后，他们还是选择了支持我。

于我而言，这是一片完全陌生的土地。因为听过《小河淌水》这首歌，我报了四个对口支援贫困县中的弥渡县。最后，按照组织安排，我援滇的地点是国家级贫困县——剑川。接到通知后，我对着中国地图找到了剑川。

剑川县位于云南大理州北部，地处丽江、大理之间。县城海拔 2211 米，是整个大理州海拔最高的贫困县。剑川总人口 18.18 万，少数民族人口占 96%，其中白族人口最多，占 92%，是全国白族人口比例最高的县，也是大理州主要的白族聚集地。在剑川，当地的通用语言是白族话，我这个汉族人反而成了"少数民族"。

2017 年 9 月 21 日，我以浦东援滇干部的身份来到了云南大理州的剑川县，成为云南省大理白族自治州剑川县委常委、县人民政府副县长。那一天，我在朋友圈写下：剑川上班第一天，一个新的起点。

正常援滇工作应该是三年，因为援滇政策的调整，我是作为援滇增派干部前往云南，少了一年，只有两年时间。所以，从到达大理剑川的第一天起，我就有一种紧迫感，时间真的太紧张了。真的没有太多时间，剑川是国家级的深度贫困县，要在 2019 年摘掉贫困县的帽子，需要做的事太多，而时间太少。一上班我就到县委书记那里请愿，也要求他给我一段时间，我要先下乡熟悉情况。

其实初到剑川，生活方式上的不同都能克服，最困扰我的还是高原反应。剑川县城海拔 2200 米，很多村子都在 3000 米以上，有些村的海拔要在 3500 米以上。我第一天到剑川时，所住的地方是四楼，我没让来接我的同事帮忙，自己提着行李就往四楼搬。上到二楼已经大汗淋漓，到了三楼已经上气不接下气，这在上海是没有的情况，后来才知道这就是高原反应。

剑川县政府办公室副主任李丽娟带我下乡，说是去剑川最美的乡，结果车开了很久，后段路已经成了土路，最终到了海拔 3000 米以上，才看到窝在山沟沟里的古村落——象图。那时候我还好面子，车里备着的氧气瓶我也没有用，还坚持着爬坡走下去。当天从早上 8 点出发，晚上 9 点才回到县政府，晚上我就睡不着，心跳过速，还头疼。此后我就再也不逞强了，后来每天都需要吸氧才能进入睡眠。即便如此，还是落下了心脏问题。

不过当时我是满满的干劲。援滇之前，我是浦东新区书院镇副镇长，分管农业。农业方面算是行家里手，曾因在第三次全国农业普查工作中成绩显著，被评为国家级先进个人。所以我第一时间深入基层，到田间地头"打卡"。

随着了解不断深入，我发现一个个限制当地发展的难题，"剑川红"便是其中一项。

滞销土豆　亮相上海

2017 年 11 月，我遇到一个棘手的难题——"剑川红"滞销。

"剑川红"是一种具有高原特色的红心土豆。因其生长于海拔 2500 米至 3000 米的红壤中，富含花青素，土豆内部呈现一圈辐射状紫红色，所以又被称为"剑川红"。"剑川红"对于高山上的白族同胞而言，既是主食，又是唯一的经济来源。

而"剑川红"滞销是我在主要种植地白山母村发现的问题。通往白山母村的路还是土路，车辆需要沿着山路盘旋一个多小时，会被颠得七荤八素。在村委会，我第一次吃到烤熟的"剑川红"，才知道原来土豆也能烤出红薯的味道。

然而更让我吃惊的是在村民家中，堆满房间的"剑川红"。前几年，"剑川红"每斤零售价在 3 ～ 5 元，大家都开始种土豆，结果从 2016 年开始，"剑川红"就不好卖了。到了 2017 年"剑川红"降到 5 毛钱一斤，还是卖不掉。村民堆在家里也只能喂猪，不然都要烂在屋里了。

当务之急，是解决这些特色农产品的销路问题。我除了在自己的朋友圈吆喝卖土豆，还将"剑川红"送到了千里之外上海市农委、农展馆等工作人员的

◀ 农特产品"剑川红"马铃薯

手中，并说明了情况。因为我知道春节前上海会举行新春农产品大联展，这是一次很好的机会，不能错过。在所有展馆已经分配完毕的情况下，他们硬是给我挤出了一个展台，而且是免费的，他们说也是援助贫困地区了。"剑川红"就这样以独有的特色和品质，敲开了上海农业展览馆的大门。

接下来就是准备参展，我将这个工作立即汇报给了剑川县县长王远，他表示很支持，让我来推动。下面的工作人员却是有想法没办法，还有顾虑。因为之前他们最多到云南参展，效果也不理想，这次去上海能行吗？他们很担心。

我一面给他们宽心，一面开始全力推进，并告诉他们我们这次参展的目的主要是推广"剑川红"，同时也推广剑川。因为我做农业，很了解参展流程，从备货到上海的食宿安排，我都一手操办。因为之前的"打卡"，我对剑川的特产也很了解，最终展品选择了特色产品：白山母的"剑川红"、老君山的青花鸡、董月畅的黑陶、段四兴的木雕、臻福农副产品加工……

2018年2月2日，上海新春农产品大联展在上海农业展览馆拉开帷幕。20人组成的剑川参展团队，将所有剑川特色产品全都搬到了展览馆内。打响剑川的品牌，关乎脱贫攻坚能否走出关键一步。

第一天，"剑川红"的销量并不好，剑川人开始议论："我们就是来看看上海的吧?"但是通过当天上海电视台、浦东电视台、《浦东时报》、《东方城乡报》、人民网上海频道等媒体对"剑川红"的报道。第二天,我们的展台上排起了长龙,不到两个小时,不但"剑川红",展台上所有的货品都被抢购一空。这时人们才后悔了,"当初'顾副'让带 10 吨土豆来,我们怕卖不掉,才带了 3 吨,结果不够卖。"

经次一役,"剑川红"土豆开始进入上海人民的视野。采购订单超出平日 10 多倍,而这只是剑川农产品在沪上打响品牌的第一步。

打通通路　成功入沪

不动用一分钱帮扶资金,利用市场将"剑川红"等特色农产品引入上海市场才是我的最终目的。

在此之前,浦东来剑川采访的记者任姝玮曾采购了 100 箱"剑川红",通过快递发往上海,参加义卖活动,这也成为出现在上海市民餐桌上的第一批"剑川红"。同时开创了从白山母村建档贫困户手中采购土豆,经过分箱包装,通过快递运往上海的先例。

之后,这个方式被沿用到微信推广模式中,通过微信公众号,剑川县甸南镇白山母村的滞销"剑川红"在沪上被广泛宣传,并直接进行销售,但暗藏的问题也暴露了出来:运输成本过高,快递费用是土豆采购价格的三倍,土豆的品质没有监管,后期关于质量的投诉明显增多……

如何解决这些问题?同样还是按市场规律找企业。我选中了剑川县臻福农副产品加工有限公司,这是当地的农产品龙头企业,主要产品有黑蒜、葱酥、葱干等,最关键的是有完善的采购和运输能力。

"'剑川红'的销售难题,不仅关系着农产品的推广,也关系着剑川县的脱贫攻坚工作,更直接关系着百姓的生存发展。"我跟臻福公司负责人张飞说得很清楚,"运输'剑川红'你是不能赚钱的,但是你可以打通从剑川到上海的物流难题。"他答应了。"剑川红"的运输成本降至一斤 6 毛钱,而且统一收购,对品质也有了把控。更重要的是成功与上海孙桥农业、盒马鲜生对接,"剑川红"土豆拓展了新出路。

　　对于"剑川红"的入沪，浦东新区区委、区政府高度重视，全力做好相关支持工作，同时加上上海相关企业，共同组成了强大的浦东后援团队，为"剑川红"的市场推广持续助力。2018 年 6 月，浦东新区商务委和浦商集团来剑川考察农产品基地情况；孙桥农业科技股份有限公司董事长毛小慧率队到甸南镇白山母村，以清单采购方式将"剑川红"马铃薯推介到上海。

　　7 月，"剑川红"又出现在了 2018 年浦东新区第十届农产品博览会上，并与上海绿萃农业科技有限公司签订产销合作协议；通过浦东新区合作交流办的努力，"剑川红"上了浦东新区人民政府食堂的餐桌；上海绿萃农业科技有限公司、上海孙桥农业科技股份有限公司、上海浦商集团已通过手机 APP "每日鲜优""天天果园"等形式累计销售 70 吨。

　　但真正要将"剑川红"在沪的市场全面打开，必须由最初的以销售为目的转变为占领市场。通过上海光明集团与剑川县臻福农副产品加工有限公司的深度合作，2018 年 9 月 13 日，"剑川红"正式进入上海平价菜柜，真正实现了"产销对接、精准扶贫"的目的。四家企业销售"剑川红"马铃薯已达 500 多吨。

　　此外我还成功对接上海安信保险股份有限公司，为农户提供种植保险，为"剑川红"马铃薯、中草药种植户提供相关损失赔偿保障，最大限度降低农户种植风险，让农户安心种植，确保源源不断将农产品输送到沿海城市，也为大理州开展保险扶贫试点试验。

　　上海市场大、需求大，全国示范效应强，通过高原特色农产品对接、推广，打通高原特色农产品的市场，提高产品的价值，真正带动的是背后农户的发展，才是真正做到精准扶贫。"剑川红"土豆入沪的过程中，没有使用帮扶资金，而是通过调动两地资源，运用市场规律，发挥企业的能动性，将"剑川红"成功打入上海市场。

扶贫帮困　引资引智

　　扶贫帮困，招商引资无疑是重要一项工作。我不但引进"资金"，还引进"资源"；不但将资本引"进"剑川，还将剑川的人力资源引"出去"。

　　原本根据沪滇"携手奔小康"工作要求，在最初的框架协议中浦东新区书院镇和航头镇帮扶剑川县弥沙乡、甸南镇各 150 万元，但是我觉得不够。于是我一次又一次与书院镇和航头镇的主要领导协商，希望能提高资助标准："剑川的贫困面之广、贫困程度之深，150 万元真的不够！"最终帮扶资金增加到 230 万元，这无疑是为剑川的脱贫攻坚工作注入了一剂强心针。

除了资金，科技资源更不可少。剑川有大量的中药资源，可是对于药材的开发还只是最基本的生产加工，缺乏更深层次的生产利用。如何从技术上突破中药开发难题？为此，我多次与上海交通大学先进产业技术研究院李晓波副院长对接，最终达成一系列共识。2017 年 11 月，剑川县与上海交通大学药学院签订了《战略合作协议书》，云南滇本草药业有限公司与上海交通大学药学院签订了《当归多元开发研究协议书》。2018 年 4 月 12 日，最终促成上海交通大学云南（大理）研究院与云南滇本草药业有限公司成立联合研发中心。

引"进来"的同时，我还不忘引"出去"。在当地，外出务工是贫困家庭实现脱贫的有效手段之一，剑川还有许多劳动力没有得到有效转移，大部分人守着自己的一亩三分田地转，严重制约了家庭经济发展。

我发现其实不是他们不愿意出去，而是缺少科学的指导和规划。而上海宏滇人力资源公司一直致力于云南劳务输出工作，我就与公司负责人禾银晖多次对接，希望宏滇公司能为家乡的发展做一些贡献。我还协调了老君山镇，希望能在老君山镇做劳务输出的试点。老君山镇全力配合，与上海宏滇人力资源公司在乡镇各村上进行了为期一个星期的入户走访调查，全面了解群众对劳务输出的需求。最终，上海宏滇人力资源公司在老君山镇开展了"春风百日行"专场招聘活动，成功转移就业 20 余人，并且现在工作稳定，走出了乡镇集中务工的"第一步"。

细算两年来，在上海各级各部门的大力支持下，我共协调争取 28 个项目，项目资金 3900 多万元。覆盖了全县 8 个乡镇，涉及公共基础设施建设、产业培植等方方面面，充分发挥了沪滇项目的经济社会效益。

教育医疗　共同守护

"再苦不能苦孩子，再穷不能穷教育。"这是一句老话，也是一句实话。

◀ 和孩子们在一起

2018 年"六一"儿童节时，我到了沙溪镇华丛山小学时，看到的一幕让我很难过。

在上海，每逢"六一"孩子们都会被打扮得漂漂亮亮，在父母的陪伴下，参加学校安排的亲子活动。但是我在当地看到的却是孩子们孤单的身影，不但没有父母的陪伴，甚至每一位小朋友衣服都是破旧的。看着一个小男生穿着已经脏旧到几乎无法清洗干净的衣服，瑟缩着从教室里走出来，我就上去摸了摸他的衣服，只是薄薄的单衣，而我穿的是带棉的夹克。云南的气候条件，一天可以穿四季衣，这样薄薄的单衣根本无法御寒。

我找校长了解情况，原来当地还有家里穷得孩子连衣服都穿不上的情况。我当即联系了浦东新区教育局的朋友严国华，希望通过教育局发动浦东辖区内的各所小学为剑川县贫困山区的小学生筹集衣物，进行爱心传递。不想一拍即合，浦东新区教育局发动了 20 所小学为剑川贫困山区的小学生捐献冬衣，在不到 20 天的时间里，筹集了 20 多吨的衣物，并送达剑川县教育局。

其实早在 3 月份，我已经联系了认识的上海中学东校的老师王佳宇，举行了一次捐衣活动，募集到了 2 吨衣物，加上这一次总共 22 吨捐赠的冬衣。衣服运到剑川后，因为当地从来没有收到这么多的衣服捐赠，我又集合相关

◀ 援助捐建胡乡村
卫生室

部门，进行分类，在 10 月份天气转凉时，每个孩子都能选到两套自己喜欢的衣服。

除了 22 吨冬衣，在我的争取下，上海市浦东新区书院商会出资 15 万元，资助剑川县 45 名建档立卡贫困户的优秀学生每人每年 3000 元，上海市浦东新区航头商会出资 15 万元，资助剑川县 50 名建档立卡贫困户的优秀学生每人每年 3000 元。爱心人士严伟资助 2 名学生，我的同学薛蕾出资挂钩户共 5 名学生每人每年 3000 元，资助直至他们完成学业。通过我们主动对接联系的受助学生，已有 102 名。

此外，我还和上海援滇干部大理联络小组长文海涛共同努力，将上海市慈善基金会浦东新区信鸽协会慈善公益基金捐赠 20 万元用于剑川一中篮球场修缮。

教育关于未来，医疗却关乎老百姓的现在。我在金华镇邑平村下乡调研时，看到小小的卫生室挤满了人，我问书记怎么你们村的卫生室每天都有这么多人？邑平村党总支书记说："我们村的卫生室相比其他村的硬件条件要好一些，加上医生的水平高一些，许多其他村里的村民大部分都选择来我们村卫生室看病。"

在此后的调研过程中，我便更加关注村级卫生室的现状。我发现村级卫生室普遍硬件不足、就医环境差、人员配备不齐。而村级卫生室是农村三级卫生服务网的网底，是保障农民群众身体健康的基础。所以春节假期，我在上海也没休息，而是多次到上海瑞金医院团委、书院镇对接，希望上海瑞金医院、书院镇能为沪滇帮扶的挂钩县解决一些实际的问题，援建剑川村级卫生室。

通过我的努力，10 天假期就基本确定村级卫生室建设项目，上海瑞金医院团委计划资助 30 万元为剑川建设一间村级卫生室，浦东新区书院镇出资 30 万元为剑川县弥沙乡东庄村建设一间村级卫生室。

春节销假后，我又马上同上海瑞金医院的龚笑勇医生调研了金华镇各村级卫生室，通过综合考虑，最终将卫生室建设项目的选址定在金华镇龙营村，并制定了项目实施方案。现在这两所崭新的卫生室已经建成正式启用。

从 1002.8 万元到 2200 万元，再到 3190 万元，三年间，上海对口剑川的帮扶资金逐年增加，扶贫领域和覆盖面不断扩大。两年时间，我的足迹踏遍剑川的五镇三乡。临走前，当地群众跟我说："您做的我们看在眼里，记在心里。"我说："有你们这两句话，我就满足了，这两年我没有白来。"

两年援滇路，一生剑川情，剑川已经成为我的第二故乡，情浓于血。

彩云之南写春秋

张文宇，1973年4月生，上海人，2018年1月至2019年7月，为上海市第十批援滇干部，任云南省大理白族自治州南涧彝族自治县人民政府党组成员、政府办公室副主任、县扶贫开发办公室副主任、县沪滇扶贫协作领导小组办公室专职副主任等职。现任中国（上海）自由贸易试验区市场监督管理局保税区分局注册许可科科长。

口述：张文宇
采访：龙鸿彬　任姝玮
整理：任姝玮
时间：2020 年 5 月 20 日

2018 年 1 月，我作为上海第十批援滇干部中的第三批增派干部中的一员，带着领导的嘱托，带着对彝族同胞的深情厚谊，远离家乡和亲友，历经四个小时，飞越近 2500 公里，开始了为期一年半的援滇工作，也开启了人生的又一段征程。

其间，我担任了云南省大理州南涧县政府党组成员、政府办副主任、县扶贫办副主任、县沪滇办专职副主任，并被大理州州政府聘任为大理综合保税区申建工作顾问。

转眼间，时光匆匆而过，回顾这段工作生活的点点滴滴，还是让我难以忘怀，耳边也会时常回响起彝族老乡那动听的歌声："彝家有传统，待客先用酒，彝乡多美酒，美酒敬宾朋，请喝一杯酒呀，请喝一杯酒……"

援滇为什么？

2017 年 12 月的一个周末我正好看到了浦东增派第十批援滇干部的报名通知。十五年前，我曾经去云南旅游，当时感觉这片彩云之南的土地，美丽而又神秘，令人向往。那么美丽的地方还有那么多的贫困人口需要帮助，我想去看看。

当天已经是报名截止的最后一天，我当即给家人打电话，说了我想要报名去援滇的想法。此时，儿子已经在读大二，家里没有什么负担。爱人对此并不在意，反而开玩笑说：这个竞争很激烈，你可不一定能被选中哦。

接下来我马上又去找我们浦东新区试验区市场监管局副局长、保税区分局局长张建华汇报，我的决定让领导很意外。其实上海自贸区的任务也一直很重，尤其是刚刚成立那几年，注册的企业特别多，而现在基本已经进入了一个相对平稳的阶段。2013年起，我在上海外高桥保税区从事商事制度改革工作，在一线参与了中国第一个自由贸易试验区改革战役。如今我征求领导同意，希望能帮我争取这次机会。我想我在改革第一线冲过锋，在脱贫一线我也想去打一仗。为此，我还去找浦东新区市场监管局吴伟平局长积极表达了自己想要去援滇的想法。

对于我这个仓促间的决定，领导很支持。我也一路通过面试，成为上海第十批援滇干部中的第三批增派干部中的一员。援滇的地点是大理州下面的六个县，报岗位的时候我说："我要去自治县！"为什么是自治县？因为这里是少数民族多的地方，也是脱贫攻坚任务最重的地方，既然援滇，就要去最艰苦的地方。

2018年1月4日，早上6点我在单位领导同事和家人的陪同下来到伊犁南路215号上海市党建服务中心，在这里市委组织部、市人社局、市合作交流办等领导简单举行了欢送仪式，我戴上小红花就登上了出发的大巴。我跟爱人提前约定，说了再见就不要再叮嘱我任何事情，我害怕会掉眼泪。上车的那一刻，我看27名援滇干部有偷偷抹眼泪的，而我忍住了。

坐在进滇的飞机上，我就暗暗下定决心，一定要用心去做，尽力而为，力争为南涧人民做一点实事，为南涧留下一点值得回忆的东西，不辜负组织对我的期望，做一名合格的援滇干部。

援滇从这里开始

我所挂职的南涧彝族自治县位于云南省西部，大理白族自治州南端，1986

年，被国务院列为国家重点扶持贫困县，是国家扶贫开发重点县、云南省88个贫困县和61个滇西边境山区少数民族集中连片特困地区县之一。

刚到南涧，县的周转房还没有建好，我所住的地方是县政府旁边的一间小旅馆，就是一间简单的单人间，洗好衣服才发现没有地方晾衣服。

除此以外，初来乍到的我，还面临着语言不通、饮食不惯、文化差异等诸多障碍，多少有些不适应。但想起当初自己报名参加扶贫时的宏伟意愿，想起作为一名党员的责任和义务，想起总书记的扶贫嘱托，我命令自己要迅速打起精神来，用最短的时间调整心态，克服心理压力，每天都用饱满的热情投入了日常工作。

我出生在上海的崇明岛，多年来生在基层、长在基层、工作在基层的经历，让我对农村和农民有着血脉相连、难以割舍的感情。

幸运的是，南涧之前的援滇干部是来自崇明的管旭日，而老管是我多年的好友，所以在我来接手前，他已经帮我宣传了一番。南涧县领导问他："援助南涧的干部从处级变成科级，力量会薄弱吗？"老管说："你们放心。第一，浦东帮扶肯定比崇明财力雄厚，第二，这个科长是自贸区出来的，在经济条线可能带来更多资源。"

因为有了老管的推荐，在我到达南涧的前一天，已经被任命为县政府党组成员，我就不止在扶贫办上班，也要在县政府上班，而这样有利于我开展工作，侧面也说明县里对我这名浦东来的援滇干部的重视。

我的扶贫经历要从帮助一个小姑娘开始说起。

那是抵达南涧的第二天，一大早，我来到小湾东镇神舟村委会开展入户调研工作。途中，听工作人员提到，有一个叫字永琴的女孩家庭十分困难，父亲酗酒不归，母亲离家出走，哥哥常年在外打工，小姑娘多年来独自在家，我听了之后决定先到她家去看看。

虽有心理准备，然而一进门，还是被眼前的景象惊呆了。这个"家"一个像样的房间都没有，甚至感受不到有人居住的气息。这时，字永琴刚好回来，在她的指引下，我找到了她的房间，准确地说是一个用旧木板搭起的窝棚。

过去八九年时间里，字永琴一个人上学，一个人写作业，自己做饭自己吃，生活基本靠哥哥寄回的微薄费用维持。听着字永琴的讲述，我的鼻子一阵阵发酸，心里暗暗决定："我的扶贫经历就从这里开始吧！"

通过多方了解情况，我出面协调各方，解决了字永琴家的房屋改造款，字永琴终于有了自己的房间。平时我还经常带上海、大理两市的好心人去看望她，并带头捐出工资，用实际行动为她募集各类帮扶资金共计 3 万余元，还亲自联系了学校，请老师代为保管这部分资金，根据实际需求进行支取。

我告诉字永琴，必须努力学习，只有这样才能改变自己的命运，同时还与她做了一个特别的"约定"，让她假日抽空给其他小弟弟小妹妹辅导功课，帮助更多的人，她笑着答应了，当看到字永琴脸上真诚的笑容，让我心头的坚定又多了一分。

2019 年 7 月，她特地送来了一面写着"暖心帮扶，大爱无疆"的锦旗，此时的她已经"脱胎换骨"，早已不是当初见面时那个自暴自弃、成绩垫底的小姑娘了。听她骄傲地说起现在考试成绩已经大幅提高，在班级排名中上游，我真心为她感到高兴，同时再次让我感受到，扶贫路上虽然有辛酸和汗水，但收获的终将是群众打心底的认可。

"一只鸡"的难题

通过深入走访调研，我看到了南涧的"穷根"：贫困面大，贫困程度深，贫困群众自我发展能力弱，贫困人口分布点多面广。一个个问号在我的在脑中盘旋：钱到哪儿去？路朝哪儿走？劲往哪儿使？

通过日常工作，我深刻地认识到，给钱给物，虽能解一时之困，但这只是他救，只有自救才能真正治懒、治愚，彻底拔掉"穷根"。因此开展"输血"工程之外还需要大力研究"造血"工程。在不断摸索中，我总结出一条经验，那就是必须坚持因地制宜，帮扶要帮在"点子"上。

2018 年浦东举行"农博会"，我觉得这是一次"走出去"的好机会。出发前，我们在南涧"六个一"的各色农产品中，选定了"一只鸡"。这"一只鸡"便是南涧著名的无量山乌骨鸡，在几年前还是热销品，但在 2017 年进入滞销状态，老百姓养的鸡卖不出，日子自然不好过。

▲ 南涧县岔河沪滇
扶贫协作项目

我说带一万只鸡，县农业部门强烈反对，因为之前他们刚去昆明参加展会，带去 100 只鸡，带回来了 78 只，只卖掉了 22 只。我跟他们算了一笔账，因为这次展会所有的运输费用、参展费用全部由浦东的帮扶资金出，一只鸡的冷链运输成本就要 30 元，带一万只就相当于节省了 30 万元的运输费，还有免费的经销商合作……最终他们还是很谨慎地带了 300 只鸡。

展会前我说，你们要听我的，让他们借了个高压电饭锅。展会当天九点半，区领导开始进场，在离我们展位还有 20 米左右的距离时，我说：开始放气。很快，乌骨鸡的香味就弥漫到整个场馆。等书记走到我们这里，一小杯一小杯的鸡肉已经分好，翁祖亮书记吃了以后，称赞："真香！"有书记"带货"，周围的老百姓排起了长队，两个小时，乌骨鸡就全部卖光了。

中午吃饭时，听到乌骨鸡已经卖光的消息，带队领导大理州李炎副州长赶过来说，你们不能卖了，还有两天时间，你要留两只鸡出样！这时再想调货已经来不及了，只剩下留在宾馆冰箱里的 7 只鸡。

当天晚上，收到"捷报"的南涧县委书记吉向阳给我打来电话，他跟我说："文宇，你挂职除了完成规定动作，我再给你一个重要的任务，就是解决我们的'一只鸡'。要是完成了，我代表南涧 22 万人民感谢你！"

接过任务后，我"撸起袖子"马上投入了工作。第二天，我就回到自己的大后方——自贸区市场监管局，一方面向领导汇报工作，另一方面寻求支持。领导为我出谋划策打品牌，同时牵线搭桥与上海的盒马生鲜超市取得联系，最终达成了合作意向。2018 年 9 月，我们市场监管局吴伟平局长带队来到南涧，同时带来盒马网络科技有限公司与南涧秉炎农牧食品开发有限公司正式签约，达成南涧无量山乌骨鸡产品供应协议。

随着无量山乌骨鸡上线盒马生鲜，如同一个风向标，卜蜂莲花超市、绿地超市、环球广场纷纷跟进，短短三个月时间，上海无量山乌骨鸡销售火爆，实现了 514 万元的销售额。当年年底，南涧已经出现乌骨鸡"一鸡难求"的景象。如今，乌骨鸡每个月的销量都在增加，彻底实现订单式生产，每月基本维持在 1.5 万—3 万只的供应，全年供应量达两三百万只，使得农民收益大幅增加。

可以说，我在市场监管局、保税区管理局的全力支持下，顺利地解决了"一只鸡"的难题。2019 年底，市场监管局工会还采购了价值几十万的南涧特色农产品"大礼包"，同时推荐给上海城市建设设计研究院集团工会也采购了 154 万元的农副产品"大礼包"。

我的家人和战友

我深知自己的一举一动不仅仅代表着个人，也代表着我的"战友们"，代表着浦东新区市场监管局。

因为有自贸区工作经历，我也被大理州政府聘任为综合保税区顾问，利用在上海自贸区方面的建设和监管经验，推动大理州综合保税区的筹备和发展，并促成了大理州杨健州长带队来保税区与多家意向来滇西发展的企业签约一起参与大理综合保税区申建工作。在"战友"的帮助下，我也将一些世界五百强企业引入南涧，实现南涧"零的突破"。

碧迪医疗器械（上海）有限公司向南涧县人民医院捐赠价值 15 万元的医疗器材；三菱商事（上海）有限公司捐赠南涧一中 24 名贫困生 4.8 万元，加上 2000 元文具用品共计 5 万元；引进韩资企业——大理海旻国际贸易有限公司和内资南涧一笑农业开发有限公司进行产业发展项目；联系上海合作交流绿色产业发展联盟组织 30 多个成员企业来南涧考察产业对接……

为了接待三菱商事，我的身体还出了问题。2018 年 12 月 1 日，我陪同南涧党政代表团前往浦东学习，但是其间刚好三菱商事前往南涧帮扶。这是我从自贸区引入南涧的世界五百强企业，所以在浦东安排好接待工作后，12 月 2 日我搭乘晚上 9 点的航班飞昆明，结果飞机晚点到 12 点才起飞，等我到昆明已经是 3 日凌晨 4 点，睡了三个小时，我 7 点在昆明接了三菱商事的代表团赶五个小时行程前往南涧，一路陪同完成学校的捐赠仪式，又带着代表团考察无量山樱花谷项目。

6 日的下午 6 点，送走三菱商事代表团后，我觉得头很晕，就顺路到大理州人民医院。没想到这一检查，以前低压从来没有超过 80 的我，此时低压已经达到 119，高压飙升至 190，被要求立即住院。后来分析病因，就是疲累过度加之在高海拔与低海拔之间频繁往返引起的。

我住院第一天晚上县委书记吉向阳同志陪我到 12 点，第二天我的爱人从浦东赶过来，但是因为我住在宾馆，无法做饭。而且我爱人往返南涧和州里需两个小时路程山路也不方便。南涧的同事们就如家人般照顾我，大家轮流给我送病号饭，补营养。这份情感我一直铭记于心。

即便如此，我的家人依然用实际行动支持我援滇。我的爱人跟我一起走访我帮扶的家庭，她回到上海后，还动员朋友、同事捐衣物，送给帮扶家庭的孩子，小朋友兴奋地跟我说，从来没穿过这么漂亮的衣服。

我儿子暑期实习也是来南涧，在教育局做义工，帮助当年准备入学的学生办理助学贷款，我母亲也是一直坚持等到我回上海，才去做了腰椎间盘突出手术……

这里还要特别提到我的"黄金搭档"潘丹，我们并肩战斗十一个月，我们同住小旅馆，每天晚上一起散步，然后一起讨论，我擅长经济、他擅长城市管理，我们互相补台、齐心协力攻克难题，"黄金搭档"也是大理小组送给我们的称号。

2019 年 7 月 17 日是我离开云南的日子，潘丹一路从大理将我送到昆明。

他还写了一篇《在南涧脱贫攻坚战中倾注浦东情——写在上海挂职干部张文宇离开南涧之际》，里面写道：在南涧挂职期间的所见、所闻、所想等，进行简单的侧记，宣传并纪念这位好战友、好兄弟。分别从"政治、能力、担当、实绩、纪律、廉洁"这六个方面展开，也可以概括为"六个一"：一颗赤诚之心、一位多面好手、一张民族之脸、一份成绩清单、一道高压之线、一页清白之纸。

在此也感谢你，我的好兄弟，援滇路上继续加油！

丹青难写是精神

翻阅平时的工作日志，密密麻麻地记录着援滇工作开展以来的各项事务。

在结对帮扶方面，我主动到浦东新区汇报对接 8 次，2018 年双方党政领导带队互访 9 次 90 人次，促成数个扶贫项目顺利进行。为南涧县争取到三个"携手奔小康"项目，为南汇新城镇与南涧县乐秋乡米家禄村、宝华镇云华村、碧溪乡新虎村结对帮扶，每个村委会投入帮扶资金 210 万元，共计 630 万元，用于发展村内基础设施和人居环境建设。

在消费扶贫方面，组织了 13 家企业、72 个农产品参加 2018 年浦东新区第十届农产品博览会，销售额达 11.9 万元，达成意向订单 50 多万元，与上海从禾公司和上海盒马生鲜公司达成了初步合作协议，与 8 家企业达成合作意向。

在产业扶贫方面，2018 年南涧县获得东西部扶贫协作投入资金 3432 万元，比上年同期增长了 232.3%。2018 年沪滇扶贫协作"携手奔小康"项目实施四个，其中三个项目已经完工。2019 年沪滇扶贫协作正在推进实施三个项目，涉及高山茶产业、光伏扶贫等，计划投入资金 3200 万元。在产业合作项目上，协助沟通并确认落地的上海企业到位资金 7390 万元，包括茶叶加工及茶庄园建设项目，现代农业、民族文化、新能源等领域项目。

全力以赴，扎实履职，是一名扶贫干部责无旁贷的使命。云南有着独特的区位优势、开放优势、资源优势，在南涧县扶贫办这个基层大舞台上，我竭尽全力做好上级分配的各项工作，不忘全心全意为人民服务的初心，争做一名优

◀ 援建基础设施筑
脱贫致富之路

秀的基层扶贫干部，历练的是自己，受益的是人民，我觉得这才是新时代干部的使命。

如今，我可以自豪地说，面对困难和风险，我没有退缩，没有辜负我的责任和使命，圆满完成了援滇任务。在各方努力下，2019 年 4 月，南涧县退出贫困县序列，提前一年实现脱贫"摘帽"，我自己也荣获云南省 2019 年脱贫攻坚奖、东西扶贫协作单位"扶贫先进工作者"称号，在南涧县 2018 年度科级领导干部考核中被评定为优秀等次。

一年半的时间很短，转瞬即逝，这一年多来的援滇生涯对我而言意味着什么呢？我想说，它极大地丰富了我的人生阅历，让我领略了那滔滔江水、巍巍大山，让我明白了什么是"国"，什么是"家"，更让我领悟了依靠人民、植根人民、服务人民的重要意义。

人的一生，能有幸参加一个国家战略行动已经十分不容易了，我参加了两个，觉得十分光荣。回顾这一路，经历了很多，受益匪浅、无怨无悔。

"丹青难写是精神"，从遇到的南涧党员干部到各族群众身上，我感受到了昂扬的干劲和闯劲。我珍惜这段经历给予的历练，让我深深地爱上了这片物产丰饶、风光绮丽的土地，爱上了坚强能干、豪爽大气的各族干部群众。这段扶贫的经历必将成为我一生的宝贵的财富，因为在那里，回头有一路的故事，低头有坚定的脚步，抬头有清晰的远方。

今后，我将继续努力，把援滇精神传承好，把在南涧工作期间学到的优秀传统发扬好，将它们投入到后续工作中，为事业发展再立新功！

援黔曲再奏山海情

　　史美乐，1983年10月生，上海人，2014年11月至2015年11月，为上海市第一批援黔干部，任贵州省遵义市新蒲经济开发区管理委员会副主任。现任上海浦东开发（集团）有限公司投资金融部总经理。

口述：史美乐
采访：陈长华　陈丽伟
整理：陈丽伟
时间：2020 年 6 月 24 日

2013 年开始，党中央、国务院确定上海市对口帮扶贵州省遵义市，当年上海第一批 10 名援黔干部启程奔赴遵义；2014 年 11 月，应遵义所需，上海增派三名技术干部赴遵义挂职，参加对口帮扶工作，我当时在上海金桥集团，也积极报名，经过各级组织层层选拔，光荣地成为援黔的技术干部，赴贵州省遵义市新蒲经济开发区挂任管委会副主任一年，主要帮助当地开展园区的产业定位、开发建设及招商引资等工作。

上海是中国共产党的诞生地，贵州是中国革命圣地，遵义会议是中国共产党历史上的重要转折点，对口帮扶把党的"诞生地"和"转折地"紧密地联系在了一起，也使上海与遵义这两座城市从"三线建设"到"脱贫攻坚"结下的山海情谊更加深厚。中央把对口帮扶贵州遵义的任务交给上海，是重大的政治任务，也是上海义不容辞的责任，对口支援工作的根本，是全力服务好打赢脱贫攻坚战这个大局。能在这个伟大征程中，尽一分自己的力量，我感到光荣和自豪。

只争朝夕迅速进入角色

从遵义市区出发，大约需要三个小时、40 多公里山路的车程，才能到达

▲ 遵义·上海产业
园开园

位于遵义市区东部的新蒲经济开发区，我们来到时，这里百废待兴，从开发区的规划和定位上，我们能深深感到，当地政府和人民对上海寄予了发展经济的迫切希望和借助上海帮助实现跨越式发展的期待：新蒲经济开发区 2014 年正式启动建设，是规划面积 30 平方公里的省级开发区，由国家级遵义经济技术开发区东区、遵义·上海产业园、黔北临空经济区、遵义综合保税区四个园中园组成。其中，遵义综合保税区与遵义·上海产业园是遵义市重点打造的标杆产业园区；遵义·上海产业园是新蒲第一个蕴含上海元素的合作共建园区，规划面积约 7 平方千米，通过上海对遵义的产业帮扶，重点发展电子信息、新材料、新能源及高端装备制造等主导产业，并围绕主导产业打造研发、办公、商业、住宅等配套区域；遵义综合保税区建设面积 1.11 平方千米，重点发展以大数据为引领的智能终端产业、以绿色生态为特色的轻工产业、以航天航空配套为主的装备制造业等"三大产业"，2014 年 2 月按照"边申报、边建设、边招商"的思路启动"申建"工作，后于 2017 年 7 月 1 日获国务院批准设立。

我当时所任职的金桥经济技术开发区是国家级开发区，是浦东开发开放的主力军（2015 年金桥北区纳入自贸区范围），从 1990 年成立至今，经过几十年的发展，产业发展成熟、知名企业集聚、生活配套完善。2018 年 11 月 19

浦东的责任

246

日，国务院批复金桥出口加工区（南区）整合优化为金桥综合保税区。

对比金桥，新蒲经济开发区处于开发的初创阶段，面临产业落后、基础薄弱、资金困难、经验缺乏、人才短缺、制度落后等问题。遵义方面提出，希望新蒲能够复制"浦东模式"，充分利用上海对口帮扶遵义的契机，并制定了"一年打基础，两年上台阶，三年大发展"的战略规划，要在最短时间内建设成一个千亿级规模的开发区。

面对当地的实际困难以及遵义当地领导和同事对于上海干部的期待，我深感对口帮扶工作是一份既光荣又艰巨的使命，下定决心要实实在在为新蒲经济开发区竭尽所能，做出自己的贡献。

我的援黔工作任职只有一年，必须只争朝夕，尽快进入角色。如何体现"上海元素"，将帮扶落到实处，向两地党组织、政府和人民交上满意答卷？我迅速确定了自己的工作思路和重点：引入上海产业规划以及招商引资的先进理念，借鉴上海开发区平台公司的管理方式，迅速打开招商引资局面，帮助引入产业项目，并搭建新蒲经开区与上海方面产业合作发展、招商信息互通的长效沟通机制。

上海驰援共创"新蒲速度"

根据新蒲经济开发区管委会确定的分工安排，我主要负责推进新蒲经济开发区（遵义·上海产业园）的招商引资工作，我主动作为、迎难而上，当好沪遵共建的铺路工。一年当中，我结合当地所需，利用浦东资源，运用金桥经验，主要在项目引进、宣传推介、平台搭建、体系完善等方面开展工作，也取得了一定成效，为新蒲发展完成的第一项重要工作，就是在新蒲引进了贵州第一家上海外高桥进口商品直销中心（DIG）及跨境通销售体验中心，在外高桥集团和新蒲开发区的密切合作下，我们推动项目在签约后不到一个月内开店营业，创造了外高桥 DIG 项目开业的最快纪录，也完成了 25 天从建设到开业的看似不可能的任务，而"新蒲速度"的背后正是上海对帮扶遵义的全力支持和援黔干部的全情投入。

随着援黔干部的到来，遵义市及新蒲新区（经济开发区）提出，希望借助

引进贵州第一家
上海外商桥进口
商品直销中心项目

上海自贸区资源，在遵义新蒲新区特别是综合保税区内引进一家高端的进口商品展示销售中心并打造 O2O 的销售体验平台，同时完善新蒲新区的生活配套、服务当地群众，提升便利度和生活品质。为此，我陪同当地领导实地考察外高桥保税区及外高桥进口商品直销中心；由上海援黔联络组牵线，多次与外高桥集团商讨与遵义新蒲投资合作的可能性和投资模式，外高桥集团给予了最大程度的支持，结合新蒲当地实际，迅速研究，形成了创新的项目合作模式，引入遵义当地的房地产开发企业，外高桥输出品牌、产品、服务及培训与当地房开企业共同投资合作，既推进当地经济发展、产业提升，同时也能够扶持当地企业的发展。历经近两个月的多方协调、沟通以及对合同细节的谈判，2015 年 9 月 8 日，外高桥进口商品直销中心及跨境通体验销售中心签约落户遵义新蒲。签约后，遵义市和新蒲新区领导提出，9 月 30 日就是新蒲美食节开幕，希望DIG 在开幕当天启动。考虑到新蒲方面此前尚未有类似项目的建设运营经验，我提出，DIG 项目开业涉及场地建设、供货商选择、两地物流运输，以及现场软硬件设备安装调试等大量工作，通常需要数月时间，但是当地领导给我举了一个新蒲建设项目的例子，新蒲经济开发区内的以晴科技园项目一期 15 万平方米厂房，于 2014 年 1 月开工，当年 7 月便建成投产，他们提出只要有

"新蒲速度"，DIG 项目一定能在 25 天后开业。

当地干部群众对发展经济的坚定决心和后发赶超的工作干劲深深触动了我，我们与外高桥团队、当地开发团队及供货商围绕 25 天开业的目标迅速制定了工作组织方案，在最短时间内确定了项目选址；上海与新蒲两地的沟通联络也时刻不停，在我全力协调和外高桥集团的大力支持下，方案设计、建设施工、供货选择等各项工作几乎都并联推进，各方加班加点，在共同努力下，9 月 30 日当天，DIG 如期揭幕启动，以不到 25 天的开业速度创造了奇迹。当享受美食节的人们，在新颖的 DIG 里流连挑选进口商品，在系统上下单购买时，每一个亲身经历这场"战役"的人都觉得无比欣慰，近一个月来高度紧绷的精神，焦灼的通宵工作，都变得值得。

以先进理念打造专业招商队伍

在援黔的一年里，既有忙碌时的激情、成功时的喜悦，也有促使我深入思考的事件。在援助初期，曾有一家大型上海企业，在我们的努力推介下，对在新蒲经济开发区上海产业园投资很感兴趣，甚至已经拟定了到当地投资的框架协议，但是一件意外的小事却使事情发生了变化，当地出台了一项投资相关的重要政策，仅由当地招商部门的一位普通工作人员致电该企业董事长通知此事，这让企业对政策的准确性和当地招商环境、服务水平产生疑虑，最终，对方对比自己在成熟开发区的经历，决定不选址新蒲投资。一个距离真正落地只有一步之遥的项目就这样遗憾告终。这件事让我意识到，比引进项目更重要的是引进先进的招商管理理念，要为当地打造一支带不走的专业招商队伍。

为了转变当地干部的理念，我借助浦东资源，在浦东外商投资协会的大力支持下，为新蒲经济开发区在浦东策划举办了第一次在沪专题产业投资推介会。既是做好对遵义的推介宣传，也是让当地招商干部吸收新观念，打破他们"酒香不怕巷子深"的固有思维。筹办期间，我要求当地开发区招商人员全程参与包括方案制定、会议会务、企业邀请、现场调度等工作，为当地开发区今后举办招商推介活动提供了模版、积累了经验。新蒲经济开发区在沪第一次产业投资推介会，邀请了 55 家在浦东的中外企业及招商中介机构参会，向在沪企业及中介首次正式推介了新蒲经济开发区及遵义·上海产业园，反响热烈，多家企业及中介在会后主动提出投资项目对接需求。

工作中，我特别注重搭建长效招商机制。在金桥集团的大力支持下，利用金桥的招商资源和信息平台，加强新蒲经济开发区在沪招商，组建了开发区驻上海办事处，挑选当地合适人才、制定年度工作计划，帮助搭建了与浦东外商投资协会等中介机构的信息互通平台，并负责日常管理协调与上海相关单位的招商合作；先后组织邀请了包括德国赢创化工、英国普华永道、浦东外商投资企业协会、上海云图科技公司等10多家企业与招商中介机构赴遵义新蒲经济开发区投资考察，并促成多家招商咨询机构与新蒲经济开发区签订了招商战略合作协议，为开发区与在沪招商机构建立了长效的合作机制。

随着招商工作的深入，我感到，受地域及经济发展程度等限制，遵义不能完全复制"上海模式"，但可以借鉴相关开发经验、学习发展路径。在浦东市民中心、金桥集团、外高桥集团等单位的大力支持下，安排遵义新蒲经济开发区有关领导和同事实地考察浦东市民中心、金桥开发区及外高桥保税区，并深入沟通交流，在遵义综合保税区、新蒲经济开发区政务中心建设等方面充分借鉴"浦东经验"。同时，促成新蒲经济开发区与外高桥集团签订了战略合作协议，在综保区建设、产业项目信息互通等方面建立合作机制。通过浦东新区市民中心（行政服务中心）的帮助，为新蒲经济开发区政务中心建设提供了浦东市民中心在功能设计、建设方案和政务管理方面的经验借鉴，并专门邀请浦东市民中心的设计单位到新蒲经济开发区实地进行专业指导和技术支持。我还结合新蒲自身特点，就新蒲经济开发区政务中心的功能定位、审批职能及规划布局提出了建设思路和建议。该政务中心于2015年正式运行，成为开发区招商引资服务的核心平台。

此外，我借鉴金桥集团作为开发平台公司的运作管理经验，用近四个月的时间在组织架构、议事制度及薪酬体系等方面针对性地提出了可操作的短期设计方案以及中长期路径规划，搭建了当地开发平台公司的组织架构，明确了管委会与平台公司的管理界面和责任分工；并为平台公司的招商部门完善了包括招商流程、工作职能、宣传资料等招商体系和基础材料，为开发区中长期的招商工作打下基础。

这些工作不仅为新蒲经济开发区的后续发展夯实了基础，也拓展了我的工作领域、锻炼了我从更高层面更全面思考问题的能力和视野。上海对口帮扶遵义的工作带有开拓性和探索性，我结合当地实际，借鉴"浦东经验"，以本职工作的招商管理作为发力点和切入点，通过项目落地、投资引入、合作共建，推进当地产业发展提升，努力形成"输血"机制与"造血"机制的良性互补，实现了沪遵两地的互利共赢。

援黔干部背后的"无名英雄"

离开上海来到 2000 公里外的遵义挂职，在生活和工作上不免也遇到了不少困难和突发的意外。比如接到援建任务时，我妻子刚刚怀孕，但是在家人的理解和支持下，我顾大局舍小家，毅然投入到服务上海对口帮扶遵义的工作中去。到达遵义后不久，我接到爱妻突然流产的消息，妻子身心都受到很大的打击，我在遵义非常担心，但当时正好有一个很重要的上海企业代表团到访遵义，未能第一时间赶回上海陪伴妻子身边，十分愧疚。

白天忙碌于工作，晚上好几次与妻子通电话都流下了眼泪。新蒲的领导得知此事后，经常到宿舍看望我，关心我家里的情况，询问我是否有困难需要帮助，让我感到深深的温暖和情谊。每一位援遵干部背后都有不为人知的牺牲和付出，和我一起的援黔干部韩大东，母亲被查出肿瘤要手术切除，他却因遵义工作，无法陪伴。他们无怨无悔、坚守岗位、忠实履职，把遵义当家乡，为对口帮扶、脱贫攻坚伟大事业不懈奋斗，第一批上海市援黔干部联络组连续两年被贵州省评为"全省社会扶贫先进集体"。没有家人的理解与支持，我们就无法在前方冲锋，每一位援黔干部的家人都是这份荣誉背后的"无名英雄"。

工作上，遵义的工作环境很艰苦，新蒲经济开发区地处遵义市东部的远郊山区，距市区 40 公里路程，每天在高速路上奔波三个小时，开发区在大建设阶段，办公条件十分简陋，我就在小山头临时搭建的板房里办公一年，地面总是泥泞不堪，一天回去皮鞋总是要沾上厚厚一层灰土；当地基础设施不完备，几乎每天都会停水停电，遇到放炮开山，办公室就会如地震般剧烈震动；由于靠近山头，办公室几乎每天都会飞进马蜂，有一次外出开会忘记关窗，回来办公室已经筑了一个马蜂窝。在饮食上，当地嗜辣，食堂几乎所有菜都是伴着辣椒，炒菜的锅具等都是辣的，对于不习惯吃辣的我来说，一开始经常是馒头配汤面就算一餐。只有在周末休息时，上海的援黔干部会聚在一起，在宿舍里大家七手八脚一起做一顿上海菜，用乡音聊聊在遵义的工作和生活，舒缓工作的压力和对家乡亲人的深深思念。

新蒲的领导和同事，在生活上对我也是十分关心，知道我不能吃辣，特意让食堂准备一个不辣的锅子，每天给我炒一个上海味道的番茄炒蛋；工作之余，会带我到工作地附近的山里走走，看看自然风景、疏解工作压力，也会经常叫上我一起打场篮球、踢场足球，他们的真诚和热情深深感动了我，一年虽然不长，但我与当地同事都结下了深厚的情谊。

无愧使命展现援黔干部风采

在遵义的工作强度很大，经常没有周末休息，有时开会开到深夜一两点，当地的干部忘我投入、后发赶超的工作作风，也让我深深感动，由衷钦佩。但同时，与当地干部也存在工作理念和方式的不同，我通过引入金桥招商经验，搭建招商体系，建立服务中心等方式，帮助新蒲经济开发区在项目策划精准化、招商队伍专业化、企业服务精细化方面狠下功夫，推动开发区产业的高质量发展。

"一年遵义行、一生遵义情"，能够参与对口帮扶工作，投身到决胜脱贫攻坚、全面实现小康的伟大事业中去，是对我个人成长的极大历练也将是伴随我一生的宝贵财富。这一年的工作让我更深刻地学习领悟了"坚定信念、实事求是"的遵义精神内涵。这一年也让我与遵义的干部群众结下了深厚情谊，被当地干部弯道取直、敢于创新、后发赶超的勇气担当所深深感染，也切实感受到了东西部发展的差异以及理念的不同，对国情有了深刻了解，也进一步树立了艰苦奋斗的工作作风，使我如今能够为浦东开发集团推动浦东经济高质量发展，服务浦东改革开放再出发总体战略做出积极贡献。

2013年7月—2016年7月三年间，时任中共中央政治局委员、上海市委书记韩正，上海市委副书记、市长杨雄，上海市人大常委会主任殷一璀，上海市政协主席吴志明，市委副书记应勇等领导分别率团到遵义考察指导并亲切看望援遵干部。遵义是唯一在首轮对口帮扶时段内，上海市四套班子主要领导都到受援地考察的地区。13 位上海派出的援遵干部是对口帮扶的第一批使者，带着好思想、好作风、好观念，成为遵义推动脱贫攻坚、民生改善和产业合作的一支重要力量。三年来，上海向遵义对口帮扶地区投入资金共 1.92 亿元，实施各类帮扶项目 122 个，项目覆盖惠及遵义市 9 个片区县、58 个乡镇、72 个村，各类扶贫项目直接受益贫困群众超过 16 万人，助推 111 个贫困乡镇减贫摘帽。各类援建项目基本完成，有力改善了对口帮扶地区贫困群众的生产生活条件，推动了对口帮扶地区经济社会事业跨越式发展进程。

时光荏苒，结束援黔工作已近六年，那些与我并肩战斗的遵义兄弟们，一直在微信里保持着联系，互通工作和生活的情况。分别的日子里，我始终牵挂曾经战斗过的遵义，牵挂着从无到有的新蒲。作为上海第一批援黔干部，肩负着国家战略的使命，也承载了上海父老乡亲的重托，我们以严谨扎实的工作作风、甘于奉献的精神面貌，扎根基层、苦干实干，主动融入、融洽、融合，向遵义广大干部群众展现了上海干部的先锋风采和良好形象，在工作中科学把握了"遵义所需、上海所能"与"上海所需、遵义所能"的辩证关系，当好对口支援遵义的先行官、推动遵义跨越发展的助力者、促进两地交流的联络员，将沪遵对口帮扶与合作交流工作打造成扶贫开发攻坚的有生力量，开发带动战略的对接窗口，产业承接合作的示范区域，人才人文交流的重要平台，奏响了上海对口帮扶遵义的崭新乐章。

在高原创出新天地

　　张士伟，1969年11月生，上海人，2010年7月至2013年7月，为上海市第一批援助青海干部，担任中共青海省果洛藏族自治州达日县委常委、副县长。现任中共上海市浦东新区川沙新镇党委副书记、二级调研员。

讲述人：张士伟
采访者：杨继东　陈丽伟　谢晓烨
整理者：陈丽伟　谢晓烨　杨继东
采访时间：2020 年 6 月 10 日

在成为援青干部之前，我在原南汇区（2009 年南汇区并入浦东新区）申港街道担任党工委组织委员。多年来，每次上海市委组织部选拔援建干部，我都积极报名。2010 年 4 月，上海市委组织部再次选拔援建干部，当浦东新区组织部征求我个人意见时，我义无反顾，当即就在电话里表示愿意承担重任。经过层层严格选拔，我光荣地成了上海市第一批援助青海干部。

我能做出这个决定并最终比较圆满地完成三年援青工作，离不开我爱人的大力支持。当时我女儿即将面临高考压力，我父亲 2009 年 10 月因病去世，尚未从悲痛中走出的母亲又被查出身患肺癌，卧病在床。但是我认为，和援青工作相比，家里再大的事也是小事，爱人也对我的决定给予了充分理解和支持。2010 年盛夏，上海市援建干部和华东三省一市的援建干部以及中央部委的援建干部，共同在北京接受中共中央组织部的培训。7 月 24 日，我把家里的大事小情托付给爱人，和同志们一起从海拔 4 米的上海市浦东新区来到平均海拔 4200 米的青海省果洛州达日县。

开好头站好第一班岗

在许多人的印象里，认为青海草原片片，牛羊成群，人们过着牧歌式的生活。但实际上由于青海省果洛藏族自治州的海拔比西藏的一些地区还要高，全州自然地理和气候条件呈现"一高、两多、三低"的高原特点：海拔高；大风天气多、自然灾害多；含氧量低、气温低、降水量低。空气含氧量仅占海平面的 54%，全年没有绝对无霜期。因而果洛的自然条件总的来说是比较差的。

作为达日县副县长，我身兼一县援青重任，当地的现实情况更让我下定决心，要在援青三年的时间里为当地实实在在地做一些工作。

达日的海拔比西宁要高，所以在青海时，我们习惯把去西宁叫"下"，回达日叫"上"。一上达日，我便忍着强烈的高原反应，尽快投入工作。我主动向达日县委、县政府提出下乡调研的要求，带着问题从 8 月 11 日至月底，克服高寒缺氧和身体不适，随同县委、县政府主要领导及有关部门负责人走遍了达日九乡一镇，行程近千公里。达日县的总面积超过 1.6 万平方公里，但是总人口只有 3 万多人，和内地城市的人口、土地比例完全不一样，那里几乎 1 平方公里就只有 1 户人家。

调研过程中，我把基层当成一个大课堂，用心去观察，留心去体会。作为援青干部，只有沉下心、俯下身才能进入角色，做好工作。所以在调研走访时，我特别注重与基层的相关负责同志的接触，向他们了解当地的实际情况，学习他们从实践中总结出的工作经验和方法。我重点考察了十个乡镇游牧民定居工程、教育、医疗、基层政权建设和基础设施建设等方面的情况，认真学习当地风土人情、民族习惯、宗教信仰等，对高原牧区的基本情况和牧民生活有了初步认识，对达日县的经济社会发展情况有了总体了解。我还利用闲暇实践，走访了解当地社区文化，了解当地群众的工作、生活状况以及他们对全县经济社会发展的意见、建议和期望；加强与县教育、卫生、发改局等有关职能部门的沟通，听取大家的建言献策，找准帮扶工作落脚点，同县发改局一起形成了《达日县对口支援"十二五"规划》，做到了心中有底，心中有数。实践证明，规划对圆满完成三年对口支援达日工作任务提供了较好的科学依据。我也深深地体会到，在援建地工作，援青干部既要有所作为又要认清自己的定位和角色，做好充分调研，认真听取并尊重当地干部群众的意见，切忌闭门造车。

我是浦东本地人，性格直爽，通过生活与工作的大量接触，当地的干部群众也很接受我，在我心里，达日已经成为我的"第二故乡"，我暗下决心，一定要为上海市对口帮扶青海站好第一班岗，开好头，起好步。

"实在干"彰显"正能量"

我一到达日就开始思考扶贫工作应该怎么做，我知道产业扶贫很重要，但是对当地而言，如何让真正对路子的产业落地是一个难题。当时达日县有600多户贫困户，吉迈镇的扶贫联社集中了其中的十分之一。这些贫困户都是无畜户或少畜户，在社长的带领下用集体联合的模式生活在一起，主要靠壮劳力在外打零工或上山挖虫草。经过调研和深思熟虑后，我觉得通过扶贫联社做好牛羊肉的加工或许是一个不错的出路。一是因为牛羊肉本身也是最受当地牧民群众欢迎的生活必需品，二是由于当地牧民的劳动技能和生产水平有限，三是考虑到当地未来发展旅游业的前景。因此加工风干牛羊肉不仅可以带动当地的消费水平，也可以为之后达日发展高原旅游增加亮点，提供一种当地特色旅游消费品。

我这个想法赢得了当地县委、县政府的支持，同时也引发了吉迈扶贫联社牧民群众的兴趣。经过商议后，专门挤出一笔资金，用于建造厂房、购买设备，形成一个产业加工点，以生产风干牛羊肉为主导的同时，再考虑其他牧区的一些特产加工，例如人参果的加工包装等。

2012年6月底，达日牧业示范区食品厂正式投产，吉迈镇扶贫联社15名年轻人成为这里的第一批工人。虽然这个项目的投资并不是很大，总投资400多万元，其中我们浦东投入帮扶资金330万元。但它承载的功能却不小，它是产业培训基地，也是技工培训基地。

此外我在达日还有一个发现，与发达地区的县城不同，当时达日整个县城都没有配套完善的小区建设，一些贫困的牧民群众即便在县城居住，也是住在一些零散的平房里。作为第一批的援青干部，我一直想把上海的好经验带到达日，于是便考虑在县城按照上海的标准建立一个样板小区，引导牧民群众集中居住，以此改善他们的生活条件。实地调研后，我撰写了方案的可行性报告，通过和达日的领导多次商议，最终达成一致，投入帮扶资金2000万元，在达

◀ 达日和谐小区开
工现场

日县城一块最好的地段按照上海的标准建设一个配套完善的小区，并命名为
"和谐小区"。在我结束援青时，小区已经全部封顶，虽然没能亲眼看到牧民们
搬入新家的幸福场景，但我非常自豪能够一手推动这个项目的实施，让当地的
牧民群众享受到扶贫的成果。

　　三年里，这样大大小小的援建项目共有 20 个，总投资额 4424.98 万元。
从基础设施配套到新农村建设，从产业扶植到人员培训，从教育教学到医疗卫
生等等，我希望尽可能地把资金用在实处，尽可能地让帮扶起到实效，尽可能
地给达日带去更多的发展机会，因此对于每一个援建项目我都非常重视。由于
当地地震频繁，4 级左右的地震是经常性的，我们每个项目的基建都有着额外
的要求——达到抗震 8 级的要求，我们当时有句话，哪怕县政府倒了，援建的
建筑项目也不能倒。

　　为了确保援建项目建设程序合规、进度合理、质量合格、资金运用规范，
每一个项目都严格按照《上海第一批援青项目管理办法》，严格实行工程月报
制度，抓好对建设项目质量、进度的督促检查。由于每一个项目都会涉及多级
多个部门，我积极主动地协调省、州相关部门，明确责任分工，抓牢项目进
程，坚决杜绝因雨季长、工期短、经常断水、断电等原因而使工程延误。除了

召集有关领导和职能部门集中开会商讨、交换意见，我坚持亲自跑工地、时时看现场，确保把上海帮扶项目建设成达日县示范性、带动性、辐射性强，能引领全县发展的项目，保证上海援建资金不出问题，工程质量不出偏差，每一笔帮扶资金都用在改善民生的刀刃上。值得欣慰的是，我们的埋头苦干换来了一个个援建项目的落地，这些都是对口支援的成果体现，是上海、达日两地人民友好交往的见证，是达日人民走向幸福生活的阶梯，是达日经济发展的台阶。

汗洒高原，成了"果洛人"

援青过程，是一个自身不断克服的过程，要克服文化、习俗、饮食的差异，更要克服思乡和独处的寂寞。我还记得有一次，我们的住处从原来的平房搬到了新的县委宿舍，这才有了网络，我和我爱人视频，她发现我房间里有一只苍蝇乱飞，她问你怎么不打，我说让它陪着我吧，增加点生活的气息，也是一点乐趣。现在回想，这只是一个小小的笑话，但这个小故事里却有我当时夜深人静，独自承受寂寞的真实记忆。

但是当离开达日的日期临近，回顾三年里忙碌充实的援派生活，我觉得这一切都是值得的，我深深地爱上了这片土地和生活在这片土地上的群众。我和其他上海市援青干部一共7人，后来媒体称我们是"果洛七兄弟"，我们用三年时间，用扎实的工作，一个个落地完成的项目，回答了那个经典的问题：援青为什么，到了青海干什么，离开青海留什么。

这三年的成果，省上、州里、县里也对我们给予了高度肯定，2012年，我被评为果洛州"争先创优先进个人"。援青期间，2010、2011、2012连续三年考核我都被评定为优秀。《解放日报》、中组部《组织人事报》、《东方网》、"浦东党建网"等主流媒体都刊登了我们的援青体会和感受，这些舆论宣传使得上海等地数以百万的民众了解了达日，也关注并参与到了对口支援的行列，起到了宣传达日、推介达日的目的，对今后的援青工作都具有深远意义。

认清定位有所作为

援青干部是桥梁，是纽带，是使者。作为首批援青干部，为两地人民牵线

上海市浦东新区
友好对接座谈会
暨项目签约仪式

搭桥、建立好两地人民的友谊，是做好援青工作的基础和根本，也是我们义不容辞的责任。

　　三年来，通过我与两地的沟通协调，上海浦东和达日党政代表团先后互访了五次。2010 年，达日县党政代表团到上海及浦东学习考察交流，开启了两地友好交流的先河；2011 年 6 月，上海市浦东新区代表团一行 15 人抵达达日县，深入县民族中学、医院、吉迈镇社区及扶贫联社、格萨尔王狮龙宫殿、查朗寺等地进行了实地考察，举行了友好帮扶座谈会暨项目签约仪式，达成了117.9 万元帮扶项目资金的协议；2012 年 5 月，达日县党政代表团一行 16 人赴上海市浦东新区进行回访，并召开座谈会，浦东新区捐赠抗雪救灾款 30 万元，上海科恩生物技术有限公司捐资助学 30 万元；7 月 28 日，上海市党政代表团浦东分团一行到达日考察对口帮扶工作，召开达日、浦东两地对口帮扶工作座谈会，听取两年来帮扶工作进展情况，并对考察活动进行总结反馈，分别向达日县人民医院捐赠医疗设备资金 60 万元、向达日县民族中学捐赠道路基础设施资金 90 万元。2013 年 5 月，达日县党政代表团一行 15 人回访浦东，此行除了在浦东考察学习，还提前与第二批对口帮扶的奉贤区做了对接，并赴长宁区慰问了达日的挂职干部。

两地频繁的交流和一系列互访活动为今后帮扶工作的开展打下了坚实的基础，架起了一道凝聚两地情谊的桥梁。

现在想到达日，我脑海里首先出现的还是达日的草原，正值格桑花盛开，巍巍群山在绿装中沉稳悠然，白云在蓝天里静静徜徉，满山奔跑的牛羊似天地间涌动的乐章。回首援青工作，有汗水与泪水交织的艰苦，也有项目落成时的激动、自豪，三年来和受援地干群同生死、共患难的情谊已经在我心中深深打下烙印，这份珍贵的记忆将永藏心头，援青所积累的工作经验在我后来的工作中也一直发挥着作用，成为我宝贵的人生经历。我依然清楚地记得，2013 年我女儿高考前夕，我在日记里写下："女儿三年高中，我三年援青，女儿参加高考，我接受考核，山高路远，只好各自为战，虽不能随身照顾，但是心与心相连，彼此默默鼓励。"正是在家人的充分理解和大力支持下，我最终比较圆满地完成三年援青工作。2013 年 8 月，我与青海的同志们洒泪而别，结束援青工作回到上海，按照规定可以休息三个月，但是我一个月后就重返工作岗位。

三年果洛行，一生果洛情，我们援青干部也永远是上海与青海的桥梁。

云龙情深　合力脱贫攻坚战

　　段冬梅，1978 年 11 月生，云南鹤庆人，现任中共云南省大理白族自治州云龙县委书记。

口述：段冬梅

采访：谢晓烨　龙鸿彬

整理：龙鸿彬　谢晓烨

时间：2020 年 7 月 10 日

　　浦东对云龙的帮助情真意切、用心用力。2017 年开展东西部协作扶贫以来，上海浦东以高度的政治站位和大局意识，将帮扶大理作为重要的政治责任和分内工作来抓，全力以赴帮扶大理州 11 个贫困县。这既是我，也是每一位大理人的真实感受和亲身体会。

　　云龙县是整个大理州的贫中之贫、困中之困，脱贫攻坚任务更是艰巨。云龙地处大理州、保山市、怒江州结合部，山区面积达 98.6%，下辖 11 个乡镇、86 个行政村（社区），少数民族人口占 87%；其中有 4 个深度贫困乡镇，占大理州的 80%，有 47 个贫困村，占全县行政村（社区）的 54.7%（其中 24 个为深度贫困村，占大理州的 15.7%），共识别建档立卡贫困人口 12533 户、48342 人，贫困发生率 23.9%；在 548 公里县界中有 217 公里与列入"三区三州"的怒江州山水相连，在周边结合部分布着 85 个深度贫困自然村，是大理州脱贫攻坚的主战场，脱贫难度不亚于"三区三州"和深度贫困县。以前有一句话是这么说的，"大山头上垛木房，三个石头搭火塘，无床无被地下睡，房破脊寒围火塘"，讲的就是云龙深度贫困群众脱贫以前的生活写照。长期以来，云龙广大山区自然条件恶劣、基础设施落后、群众居住分散、经济发展滞后，是典型的集山区、少数民族、贫困、偏远"四位一体"的国家级贫困县。

合力决战脱贫攻坚战

实施东西部扶贫协作和对口支援工作，是党中央推动区域协调发展、协同发展、共同发展的重大战略，是实现"先富"帮"后富"、最终实现共同富裕目标的重大举措，是集全党、全国之力全面打赢打好脱贫攻坚战的重要机制保障。

一方面，充分彰显了我们国家的政治和制度优势。在东西部扶贫协作和对口支援工作中，浦东新区党委和政府始终将扶贫协作列入重要议事事项来加以推进，体现了高度的政治站位和责任担当。翁祖亮书记、杭迎伟区长等领导每次来大理，首站都选择了云龙，他们主动询问、了解情况、听取汇报，对协作扶贫工作进行了全程指导和推动。浦东的各级领导每年定期到云龙访贫问苦、问诊把脉、协调对接，通过广泛动员、全力投入，充分展示了响应党中央号召、主动投身脱贫攻坚战的浓浓"浦东情"，浦东新区各级党委和政府认真贯彻落实中央、习近平总书记关于扶贫开发重要论述精神，把它当作脱贫攻坚、决战决胜、兑现承诺的一项重要实践。

浦东新区 21 个镇与大理州 35 个乡镇开展结对帮扶，138 个村（社区）与大理州 129 个贫困村结对。对口援助云龙县以来，全县深度贫困乡镇、深度贫困村均 100% 与上海企业、浦东新区所辖镇、村（社区）结对，在全力支持云龙精准补齐基础设施建设、产业发展等方面短板的同时，上海东方医院、陆行中学对口支援云龙县人民医院、云龙一中，帮助我们持续提高医疗、教育水平，同时，帮助培训云龙干部和专业技术人员、致富带头人 836 人次，在给予物质帮扶的同时，在激发干部群众的内生动力方面做了大量卓有成效的工作。

另一方面，创新了云龙推进精准扶贫、精准脱贫的模式。在推进东西部扶贫协作和对口帮扶中，双方深入贯彻习近平扶贫开发战略思想和东西部扶贫协作座谈会议精神，携手打造了东西部扶贫协作的"浦东—云龙"样板，主要表现在"三个创新"上。一是创新了社会帮扶模式。浦东新区广泛动员企业和社会各界参与，积极开展捐资助学、慈善公益医疗救助、支医支教等扶贫活动，

▶ 云龙县沪滇协作
残疾人技能培
训班

2017 年以来，上海企业和社会组织共捐助资金、物资 1200 多万元，形成了党建引领、企业参与、社会关心支持的多层次、全方位、宽领域扶贫协作局面。二是创新了扶贫内容和形式。以层层结对、企业合作、民众广泛参与为主要方式，通过"携手奔小康"、村村结对、"双一百"企村结对帮扶等具体途径，实现对云龙县深度贫困乡镇、深度贫困村的全覆盖结对，开展了基础设施建设、产业就业发展、教育医疗扶持等多方面内容的扶贫开发，所涉及的不仅是简单的资金、技术注入，而且向教育、卫生、产业等多个领域全方位拓展，不断丰富了助力脱贫攻坚的内容和形式。三是创新了"造血"扶贫模式。浦东新区在帮扶中，坚持"富口袋"与"富脑袋"并重，把提高教育卫生水平和贫困劳动力素质作为重要内容，不断激发贫困群众的内生动力，比如，通过资金和企业支持，帮助转移就业 1424 人，援建扶贫车间 21 个，吸纳就业 734 人，有效提升了贫困群众自主脱贫、勤劳致富的"造血"能力。

此外，促进了双方的合作共赢。通过搭建东西部扶贫协作和对口支援桥梁，双方开展党政代表团、商会（协会）等调研对接近 50 次，深化了各领域的合作交流，既把浦东新区的资金、人才、经验等"揽进来"，又不断拓宽了云龙干部的视野。通过消费扶贫的创新推进，拓宽了云龙高原特色农产品"出滇入沪"渠道，利用上海市场把云龙高原特色农产品"推出去"，促进了资源变资金，既增加了群众收入，又让上海市民品味到了云龙的优质农产品，实现了互惠、共赢。

苦干实干　顶住硬干

2017 年，云龙县成为浦东新区结对帮扶大理州的 11 个贫困县之一。这三年来，浦东新区主动担当、积极作为，2019 年大理州及 11 个受援县的东西部扶贫协作成效均被综合评价为"好"的等次，这充分体现了对口支援工作对我们脱贫攻坚和经济社会发展所产生的积极促进作用。我的切身感受是，云龙的脱贫攻坚进程集中反映了浦东援派干部和云龙当地干部群众"苦干实干、顶住硬干"的精气神，当前全县脱贫攻坚取得来之不易的成绩，是双方携手努力、共同奋斗的宝贵成果，这必将给云龙的经济社会发展带来全面而深远的影响。

一是促进了干部群众的观念转变。浦东新区是上海乃至全国重要的改革开放示范区域之一，也是国家现代农业示范基地之一。通过多批次、多元化合作交流，浦东新区富有创新活力的思想经验和雷厉风行的工作作风，极大地触动了云龙干部群众，双方"携手奔小康"的过程，也是云龙以思想观念大解放、大更新驱动发展实践大促进、大提升的过程。比如，帮助云龙诺邓火腿生产企业进入"云品中心"，提供孵化服务，针对上海市场消费群体，指导云龙企业开发和完善诺邓火腿产品，把诺邓火腿孵化为上海商业渠道定制化和品牌化的商品。以马金桥商贸有限公司为例，包装产品由原来的 4 个增加到 15 个，新增开发了"炒饭宝""熬汤宝""轻奢装""盐泥肉"等系列产品，增强了产品竞争力，诺邓火腿产品越来越受青睐，市场份额不断扩大。又比如，云龙县检槽乡三合村充分借鉴浦东新区在垃圾分类处理中的先进经验，为群众免费提供垃圾收集设施，指导群众对垃圾进行分类，并由村保洁员和村民小组长跟踪督促，村委会与垃圾回收经营者联系，定期、无偿对全村垃圾进行清运处理。在借鉴浦东新区先进经验基础上，结合村情实际，形成了"村级引导、群众实施、社会参与"的模式，既提升了人居环境，又实现资源循环利用；既转变了群众观念，又为垃圾处理经营者创造了利益。

◀ 三合村的垃圾分类工作

二是促进了特色资源的经济转化。借助沪滇扶贫协作，我们立足云龙高山、净土、生态等优势，用好消费扶贫政策，充分激活了"五谷粗粮"农产品的价值，有效促进了贫困群众增收。长期以来，云龙山区面积大，山高谷深，海拔差异大，立体气候明显，产业发展难以突破"小、散、弱"的困局，加之交通不便、信息闭塞，群众一直固守传统，种植老品种荞麦、玉米、豆类、燕麦等粗粮，产量低、种类杂、销售难、效益低，以自产自销为主。借助上海浦东和上海企业等帮扶力量，我们立足于杂粮既符合上海消费需求、又绿色生态的优势，把"小、散、弱"组合起来形成"五谷粗粮"的组合装，组织党政企代表团分八批次赴上海国有企业、浦东新区和同济大学开展"绿色食品发布"暨消费扶贫推荐会，全力开拓市场，并根据市场需求及时调整生产、加工，解决好农特产品的"最后一公里"问题，让它们顺利地进入超市、市场，让"五谷粗粮"市场越走越宽。浦东新区张江镇把云龙农产品引入辖区内的"叮咚买菜"电商平台和张江高科技园区，大团镇与云龙县检槽乡开展农业科技示范项目并建成大团镇精准扶贫馆。目前，上海帮扶企业及关联企业、浦东新区辖区镇、社会组织共参与购买"五谷粗粮"及其他农产品1200多万元，帮助群众增收650多万元，直接带动建档立卡贫困人口740多人，为贫困群众持续增收、稳定脱贫注入了新动力，同时也实现了资源优势向经济优势的转化。

三是促进了基础设施的加快提升。浦东新区累计向大理州投入帮扶资金13.57 亿元，其中投入云龙 1.45 亿元。云龙县始终把资金、项目"沉到贫困乡、落到贫困村、绑定贫困户"，充分利用上海资源精准补齐短板。2017—2019 年，实施总投资 8600 多万元的沪滇扶贫协作项目，其中，投入安全饮水、住房保障、乡村道路建设 5000 多万元，占总资金的 58%，解决了一大批事关群众生产生活的实际困难。比如，云龙县白石镇云顶村冲门村民小组 25户 103 名群众居住在海拔 2500 多米的大山上，由于居住地高，附近没有可以安全饮用的水源，群众一直以来靠房前屋后的地下渗透水作为饮用水。县里专门从沪滇扶贫协作项目中安排了 70 万元资金，带动群众累计投入 400 多个义务工，终于喝上了安全稳定的自来水，同时，联动解决了该片区四个村民小组的安全饮水和卫生路面硬化问题。

四是促进了内生动力的不断激发。云龙县基层党组织与上海帮扶单位党组织开展党建联建，实现党建和脱贫攻坚"双推双促"。比如，上海联和投资有限公司通过公司所属党组织，每年向云龙县检槽乡文兴村捐赠 11 万元，为期三年，组建村"爱心超市"，成为上海联和投资有限公司和文兴村党建联建的重要载体和平台。通过"爱心超市"的"积分"激励机制，逐步改变广大村民的日常生产、生活习惯，鼓励广大村民文明、健康地生产、生活，树立积极向上的生活理念，达到了扶贫先扶志的效果。

云龙的"开拓者、服务员、代言人"

2017 年以来，浦东新区累计向大理州选派挂职干部 60 人次，是云南省最大的一支上海援滇干部队伍，其中，浦东新区先后选派大团镇副镇长董立强、老港镇副镇长季涛和大团镇干部黄联峰这 3 名思想素质高、工作能力强的干部到云龙县挂职，分别担任云龙县委常委、副县长和沪滇办副主任，助力云龙打赢、打好脱贫攻坚战。他们无怨无悔、真情融入、扎实工作，充分展现了上海援滇干部的能力素养、责任担当和精神风貌。

他们是无私的"开拓者"，一心扎根云龙。2017 年 9 月，董立强同志到云龙挂职。2019年，季涛、黄联峰同志接过"接力棒"，开始新的援滇征程。面对与上海完全不同的工作环境和现实差距，他们任职后迅速转变工作角色，深入基层一线开展调研，积极投入到服务云龙脱贫攻坚和经济社会发展工作中。他们结合云龙实际，牵头研究制定了《云龙县沪滇扶贫协作工作机制》《云龙县沪滇扶贫协作三年行动计划（2018—2020年）》《云龙县沪滇扶贫协作项目资金管理办法》，理顺了全县沪滇扶贫协作工作机制，迈出了沪滇扶贫协作新步伐。

他们是务实的"服务员"，一生情系云龙。针对云龙贫困程度深、基础短板多的困境，他们把发挥好援滇资金效益作为工作的突破口，到实地踏勘调研，参加项目评审，为沪滇扶贫协作项目顺利推进、取得实效奠定了基础。同时，他们充分发挥优势，积极对接，促成上海资源向云龙聚集。比如，董立强同志提出并牵头开展以"上海桃花节"和"云龙梨花周"为媒的系列扶贫帮扶活动，开启了交流新模式；积极对接筹备上海市"携手奔小康"现场会，促成将云龙县列为现场观摩点。季涛同志积极协调，对接上海企业向哨上等三个村合作社捐赠车辆，帮助支持村合作社发展，带动群众增收。

他们是最美的"代言人"，一道携手云龙。在三位援滇干部的不懈努力下，浦东新区三个镇与云龙五个乡镇签约结对，上海市13家国有企业对云龙进行结对帮扶，并通过村村结对、"双一百"村企结对帮扶，与云龙县24个深度贫困村全覆盖结对签约，双方真情结对、结亲，深化了全面的对接交流。他们还亲自为云龙"代言"，推介农产品。比如，董立强在云龙挂职期间，在《阿基米德电台：大山的馈赠》栏目宣传诺邓火腿；积极组织云龙本土企业参加浦东新区第十届农博会，促成诺邓火腿作为云龙县"一县一品"进入"云品中心"进行重点推介。季涛同志在新冠疫情防控期间，积极协调上海企业向云龙捐赠防疫物资，为降低疫情影响，帮助群众销售农产品，通过线上直播推介云龙农特产品。

他们以强烈的政治担当和大局意识，舍"小家"顾"大家"，不远千里奔赴大理州脱贫攻坚主战场，为云龙决战决胜脱贫攻坚做出了积极贡献。他们把扶贫援助作为自己工作的全部，融入当地、融入群众，面对困难、问题，勇于

◀ 援建干部下乡调研

顶在前面、干在难处，与当地干部群众并肩作战、全力以赴。他们自始至终把云龙当作"第二故乡"，把云龙的父老乡亲作为自己的亲人来看待和热爱，经常走村入户，在嘘寒问暖中拉近与群众的关系，在帮助解决实际问题中增进干群感情。在平时工作中，我和他们开玩笑说："你们已经和我们当地干部一样黑了。"说句心里话，这些挂职援建干部虽然在体制上还是浦东的干部，但在我的眼里他们就是云龙的干部，我们就是一家人、一个团队。我可以说，他们就是代表上海干部、浦东干部形象的一面旗帜，是体现云龙脱贫攻坚"苦干实干、顶住硬干"精神当中一面有力、鲜艳的旗帜。

新生活新奋斗的起点

面对贫困面大、贫困程度深的现实困难，我们自觉向以习近平同志为核心的党中央看齐，从习近平总书记亲力亲为的强烈历史担当和深厚人民情怀中汲取力量，我们也始终坚信，没有比脚更长的路，没有比心更近的距离，没有比干更有效的途径。通过六年多的攻坚奋战，截至2019年底，全县累计脱贫11837户46050人，贫困发生率从23.9%下降至1.35%，在第三方评估中交出了零漏评、零错退、零举证和群众满意度较高的"三零一高"好成绩，2019

年省对县扶贫成效考核及东西部扶贫协作考核均为"好"的等次，2020 年 5 月 16 日被云南省人民政府批准退出贫困县序列，5 月底剩余贫困人口 2292 人全部达到脱贫标准，圆满收官脱贫攻坚战、同步全面建成小康社会取得重大决定性进展。还记得我们团结乡河南村的彝族大叔字照芳说的一段真情感言，"我们享共产党的福，现在我们道路通畅了、住房稳固了、饮水安全了、用电舒心了、环境改善了、收入提高了……真的是好日子都让我们赶上了"，可以说代表了全县广大群众的心声，也道出了全县干部群众小康路上一起走的坚定信心。

习总书记指出："脱贫摘帽不是终点，而是新生活、新奋斗的起点。"对云龙来说更是如此，我们不仅仅要高质量地"摘帽"，还要实现高质量的脱贫。在全面完成脱贫攻坚任务后，我们将实施乡村振兴战略，要把浦东的智慧和力量更好地运用到云龙脱贫攻坚巩固、提升的过程当中去。学习借鉴上海、浦东在产业发展、环境治理、社会管理等各方面的先进经验和做法，结合云龙实际，努力在乡村产业发展、城乡融合、人居环境改善提升、智慧乡村建设等工作中走出新路子、取得新成效。同时，在现阶段浦东新区项目资金、产业发展等方面支持的基础上，充分发挥上海人才、技术、市场等优势和云龙特色优势产业资源优势，顺势而为、乘势而上，积极寻求双方更多的契合点，在给予云龙帮扶的同时，本着合作共赢的原则，努力推动两地优势互补，争取在招商引资、投资发展、生态建设、城镇管理、产品研发、市场开拓、科学技术等领域闯出合作发展的新天地，携手打造东西部扶贫协作"浦东—云龙"模式的升级版。

想人所想　急人所急　美人所美

聂金辉，1972 年 5 月生，福建三明人。现任云南省大理白族自治州剑川县委书记。

口述：聂金辉
采访：谢晓烨　龙鸿彬
整理：谢晓烨
时间：2020 年 7 月 8 日

　　我是 2016 年 4 月从福建省三明市交流到云南剑川工作，扶贫对我来说也是一个全新的课题和考验。在我看来，打赢、打好脱贫攻坚战是全面建成小康社会的标志性指标，是贫困地区的最大政治任务和第一民生工程。剑川县1984 年被列为省级贫困县，1994 年被列为国家级贫困县，2012 年被列为滇西连片特困地区县，2014 年被列为云南省扶贫开发重点县，全县有 4 个贫困乡镇，46 个贫困村，建档立卡贫困户 7760 户 31397 人。我作为县委书记和一线总指挥，深知肩上责任之重大和使命之艰巨。经常对自己说，脱贫攻坚这一仗，只许成功，不许失败。

　　幸而四年多来，在省州党委政府的坚强领导和各级帮扶单位的大力支持下，县委、县政府团结带领全县干部群众牢记嘱托、苦干实干，不断推动脱贫攻坚爬坡过坎、节节胜利。2014 年至 2019 年，剑川县共实现 4 个贫困乡镇和 46 个贫困村脱贫出列，7334 户 30089 人退出，贫困发生率从 20.18% 降至 0.86%。在 2019 年省对县扶贫开发成效考核和东西部扶贫协作考核中，剑川均获得了"好"的等次。2020 年 5 月，剑川剩余贫困人口全部"清零"。经过第三方评估检查，实现零漏评、零错退，群众认可度高达 98.72%，脱贫成效被评价为"稳定可持续"。5 月 16 日，云南省人民政府正式批准剑川县退出贫困县序列，剑川终于打赢了这场脱贫攻坚战，实现了高质量脱贫摘帽。

在这个过程中，浦东新区结对大理州开展的东西部扶贫协作和对口支援无疑发挥了不可或缺的重要作用。东西部扶贫协作和对口支援不仅是中央的重大战略和重大举措，也是我们社会主义政治优势和制度优势的集中体现，通过"先富"帮"后富"，推动区域协调发展、共同发展。自 2017 年以来，剑川作为大理州 12 个县市之一，得到了浦东新区大量的支持和投入，不仅仅给钱和项目来帮助我们补短板强弱项，更重要的是帮助我们获得发展所需的理念、信息、资金、人才和产业，培育自我发展能力。可以这样说，浦东新区对我们剑川的"造血"式扶贫是非常成功的。

想人所想，展现担当和情怀

这些年我全程见证了浦东新区对剑川的对口支援，深深地感受到整个浦东所展现出来的强烈政治担当和为民情怀。

每年浦东新区的翁祖亮书记、杭迎伟区长等领导都会带领党政代表团深入大理州的县市做调研、做指导，进一步了解我们受援地的情况和需求，从而对浦东的支援做出指示和要求。我在陪同调研和参加座谈的过程中，发现翁书记和杭区长的政治站位都非常高，每次都会重点强调，东西部扶贫协作和对口支援是中央的一项重大战略和布局，是习近平总书记高度重视和亲自推动的大举措。他们在实践中也是亲力亲为地去推动各项工作，带领浦东真心实意地帮扶，真金白银地投入，从项目、资金、人才等各方面全力支持剑川的脱贫攻坚。这几年浦东新区累计投入 1.12 亿元资金，以问题和目标为导向，想我们之所想，总共实施了 37 个援建项目，涵盖了产业扶贫、基础设施、人居环境、劳务协作、人才培养等各个方面。

为了让援建更加有针对性，浦东新区特地安排书院、航头、泥城三个镇先后与我们剑川的五个乡镇七个贫困村结对，还有上海浦东资产经营有限公司等十家企业与我县十个深度贫困村结对。浦东的这些镇和企业的领导干部们也都

▶ 浦东新区—大
理州 2020 年东
西部扶贫协作
联席会议

将剑川的脱贫视为己任，非常重视、关心剑川的脱贫攻坚进程，总是在我们最困难、最需要的时候给予大力支持和帮助，通过结对帮扶"点对点"，有效地解决我们乡镇这一级在脱贫中遇到的实际问题。

此外，浦东新区 2017 年以来先后选派了 3 名干部到剑川挂职，深入剑川扶贫工作一线。第一位顾军同志从 2017 年 9 月开始到剑川任县委常委、副县长，去年已顺利完成两年的挂职任务返回浦东；第二位富庆云同志从 2019 年 8 月到任剑川县委常委、副县长，为期三年；第三位肖翠金同志从 2019 年 11 月到任剑川县沪滇扶贫协作领导小组办公室副主任。应该说，这三位同志都非常优秀敬业，他们的到来也为我们的团队注入了新鲜的血液。首先，他们带来了先进的理念、开放的意识和鲜活的经验，浦东是我们国家最开放、最发达、最具有改革创新精神和活力的地方，有很多理念和做法值得我们学习借鉴；其次，他们充分发挥了桥梁和纽带作用，通过深入调研和扎实工作，找准问题症结，积极汇报对接，把剑川所需和浦东所能很好地衔接起来，为精准开展对口支援奠定了坚实基础，为加快项目落地见效发挥了重要作用；再者，他们履行了扶贫责任、做出了积极贡献，把挂职当任职，真正完成了历史使命，彰显了人生价值。面对剑川县高海拔对身体造成的影响，以及语言、饮食、民俗等不同所带来的工作和生活上的困难，他们都能够一一克服，迅速进入角色、融入当地，始终牢记自己的责任担当，全身心地投入工作，兢兢业业、任劳任怨，出色地完成了各项任务。

尤其是顾军同志非常不容易，剑川的气候和海拔对他造成了很大的影响。我记得一到冬天，他就容易感冒，一感冒就要持续很久，即便在天气转暖后，顾军同志有时还穿着很厚的衣服。此外睡个安稳觉对于顾军同志而言也很难，他经常要吸氧才能入睡，身体也受到了不少伤害。即便在这样艰难的情况下，顾军同志依然出色地完成了他的工作任务，这一点我觉得是非常难能可贵的。

所以在我看来，浦东新区上到书记区长，下到村镇企业和挂职的每一位干部，都是以强烈的政治担当承担对口支援的责任，以执着的为民情怀落实扶贫的具体工作，切实为剑川高质量脱贫摘帽做出了巨大的贡献。

急人所急，聚焦产业和人才

剑川为什么会贫穷？我觉得最核心的原因主要有两个，一是产业弱势，二是人才不足。因此这两点是剑川在脱贫攻坚中迫切需要解决的"短板"，是我们能够实现精准扶贫和造血式扶贫的关键，也是我们未来发展能够行稳致远的基石。而浦东新区恰恰是急我们之所急，聚焦产业扶贫和人才培养，尽其所能帮助和支持我们培育自我发展能力和动力。

剑川是以第一产业为主，因而保障、推动农业的发展是重中之重。针对马登镇工程性缺水导致土地资源得不到充分利用的问题，上海沪滇合作处委托上海淼汇能源科技公司在新民村实施自然能提水项目，项目建成后每天可提水 500 多方，有效解决了苹果种植区周边 2000 亩农田灌溉问题。针对农业风险大的问题，在浦东新区的关心支持下，剑川引进了上海安信农保，投入东西协作沪滇帮扶资金 388.17 万元，实施全县建档立卡贫困户马铃薯、中药材价格保险项目，投保面积 1.38 万亩，受益群众 5726 户，目前理赔 382.4 万元，有效降低了因市场波动和自然灾害对贫困户农业生产和农户收入带来的影响。

◀ 剑川县参与 2019 年上海农产品新春大联展

　　"剑川红"马铃薯是剑川的特色农产品之一，因其切开时里面白里透着紫红的颜色而闻名，具有很高的营养价值，但在 2017 年年底，"剑川红"出现了滞销难卖的现象。顾军同志对这个问题非常关注，希望通过打开上海市场扩大"剑川红"销售。2018 年 1 月，顾军邀请上海记者对"剑川红"马铃薯进行专题深入报道，为"剑川红"进入上海市场进行前期准备。同年 2 月，通过协调对接，他促成"剑川红"马铃薯参加上海 2018 年农产品新春大联展，成功与上海孙桥农业、盒马鲜生等企业对接，为马铃薯产业发展拓展新出路。之后他又带领剑川县臻福农副产品加工有限公司负责人到上海浦商集团对接剑川县农副产品进上海市场事宜，达成协议销售"剑川红"马铃薯，并在浦东新区第十届农博会上与上海绿萃农业科技有限公司签订"剑川红"马铃薯产销合作协议，使"剑川红"马铃薯进入浦东新区人民政府食堂。可以说顾军同志为推动以"剑川红"马铃薯为代表的"剑品入沪"做出了巨大贡献。2020 年，在富庆云同志的积极对接下，"剑川红"马铃薯入选了上海对口帮扶地区"百县百品"产品推荐目录，大大拓宽了"剑川红"的销售渠道。在这整个过程中，因为市场的高要求，我们也发现了剑川的农业产业在种植标准化、分拣、品牌、包装、物流运输等方面存在着很大的不足和短板，这推动我们按照市场化更高

◀ 聂金辉书记带队
到上海考察学习

的标准不断提升和完善。

　　除此以外，剑川未来的发展更依托于本地干部群众自我发展的内生动力和能力素质的提升，因而人才交流和培养对于我们来说至关重要。这几年，浦东新区对我们教育和医疗的帮扶效果是非常明显的，先后选派了上海市进才实验中学 14 位教师到剑川县金华一中开展教研活动，使我们当地教师的教学观念和技能得到了极大提升，也让我们的学生体验了发达地区的教学模式。在医疗卫生方面浦东选派了上海瑞金医院、上海第七人民医院共 69 位专家到剑川县医院和中医院开展医疗帮扶，其中上海瑞金医院四年半先后选派 8 批次 40 名专家，每批次医疗队 5 个专业、驻点半年，全方位对口帮扶剑川县人民医院，通过义诊、技术培训、教学查房、手术示范、疑难病例讨论等方式，有效提高了县人民医院对常见病、多发病和重大疾病的诊疗能力，为剑川留下了一支"带不走的医疗队"，发挥更长远更实际的作用。我们的老百姓也非常关注和欢迎每批来支援的医疗专家，现在他们不出县就能享受到三甲医院专家提供的优质服务。

　　同时，剑川县也先后选派了 131 名干部、带头人和专业技术人才到上海浦东挂职、培训。其中富庆云同志协调上海光明食品（集团）分两期安排剑川县贫困村书记、致富带头人 45 名到上海光明进修班培训，并开展专家团送学培训，分三期培训剑川基层卫生技术人员、乡村教师和乡村农技人员。剑川党政代表团也组织了 12 批次共 144 人赴浦东新区参观考察、学习培训，开展协作帮扶活动。可以这样说，如果没有浦东新区提供的这些交流平台和渠道，我们中间的许多人甚至是领导干部可能都没有机会去上海参观学习。这些交流的机会，极大地开阔了我们的视野，增长了我们的见识，转变了我们的观念。

美人所美，传递支持和关爱

在脱贫路上，我们从浦东新区收获了大量的关爱和支持。有一点让我尤其感动，每次我带队去浦东新区学习交流，翁祖亮书记、杭迎伟区长等领导都会在百忙之中接见我们或做出安排。从这一点也可以折射出，浦东新区的领导是真正把剑川的脱贫当作自己的事，格外重视我们的脱贫工作，十分关注我们取得的每一点进步。这些在双方的互动和交流中体现得非常明显，让我深深地感受到浦东新区不仅仅只是选派了几位干部在扶贫，背后是浦东新区党委政府的各级领导、各个单位以及乡镇、企业等凝聚起来的一股强大的支援力量，共同支持推动我们实现高质量脱贫。对此，剑川的各族干部群众也都铭记在心，我们发自内心地感谢浦东的大力帮扶和到剑川支援的干部、教师、医生等团队。因此作为受援地的领导，如何为浦东的援建干部创造一个比较好的生活和工作条件，帮助他们融入剑川，支持他们推进工作，一直是我义不容辞的责任。

在生活上剑川的条件相对比较艰苦，尽管援建干部们都不怕苦、不怕累，遇到问题自己竭力克服，从来不愿意给我们添麻烦。但我们还是希望能够力所能及地满足他们的一些日常所需，平时我也都把他们当作自己的家人兄弟一样相处，一起吃、一起住，在他们遇到困难时及时地给予一定的关心。

在工作上，我和县长率先垂范，做好带头，影响和带动各级干部共同为援建干部创造一个良好的工作条件。这些年只要浦东新区有团队来剑川考察，有工作需要对接，都及时安排。特别是一些比较重要的团队，我和县长都会尽量

◀ 援建干部下乡调研

抽空去陪同和接待。同时，我们还特别要求剑川相关部门和乡镇的领导干部也要积极支持理解浦东援建干部的工作，主动为他们创造更好的条件。在项目推进中，我们对症下药，紧扣时间节点，积极推动项目落实开展、落地见效，这也是为了让这些项目能够更早地惠及贫困群众。

虽然目前我们已经取得了脱贫攻坚的阶段性胜利，但是脱贫摘帽不是终点，而是新生活、新奋斗的起点，我真诚地期望浦东新区未来能够在这几个方面继续支援和带动我们的发展。一是加强交流互访，希望在新生活、新奋斗的起点上，剑川能得到浦东新区的帮助关爱，让我们的友好关系能够长期维系下去；二是加强产业承接，期待之后能够更好地发挥剑川的比较优势，承接上海的企业落地，通过产业升级从根本上推动剑川的发展；三是加强人才培养，希望剑川的干部、教师、医生等团队能够有更多的机会到上海学习培训、挂职锻炼；四是加强消费扶贫，希望有更多的渠道和平台让剑川的优质农特产品进入上海市场，真正把我们的特色农产品做大做好。之前我带队去浦东新区交流学习时，参观了航头镇、泥城镇的美丽乡村示范村，给我留下了非常深刻的印象，我想通过浦东对我们的长期支援和带动，剑川未来也能够有如此美丽的乡村，也能够继续在乡村振兴的道路上行稳致远，越走越好。

浦东与大理的深情厚谊

　　赵建军，1966 年 3 月生，云南大理人，现
任云南省大理白族自治州人民政府扶贫开发办
公室扶贫协作科科长。

口述：赵建军
采访：谢晓烨　龙鸿彬
整理：谢晓烨
时间：2020 年 7 月 10 日

　　"我住长江头，君住长江尾。"一条长江水把云南和上海紧紧相连，长江奔流不息，云南与上海情谊深厚悠长。浦东对口支援大理是 2016 年 10 月份确定下来的，从 2017 年正式开始，到现在也可以说是近四个年头。两地的协作不仅是对中央要求的贯彻落实，也是源远流长的兄弟情的体现。在云南省内，浦东新区对我们大理投入的真金白银是最多的，投入的帮扶力量也是最大的。我能真切地感受到浦东是真心把对口支援大理作为"家务事"来抓，浦东新区的领导和各部门都把大理的使命挂在心上，责任扛在肩上，全力以赴地支持大理脱贫攻坚。特别是浦东新区的党政领导翁祖亮书记、杭迎伟区长等，他们都是靠前指挥，每年都要到我们大理深入贫困县和贫困村考察调研，召开联席会议，研究脱贫良策，签署扶贫协作协议，推动沪滇扶贫协作向更精准、更广阔、更务实的方向发展。

　　在浦东这样有力的支持下，我们大理到 2020 年 5 月份为止已经有 11 个贫困县全部实现了脱贫摘帽，贫困发生率降到了 0.28%。这个喜人成果的取得，是浦东新区鼎力支持的一个结果，也得到了我们云南省里的充分肯定。可以这样说，如果这几年没有浦东的倾力帮扶，我们脱贫攻坚的这份成绩单，可能就不会这么漂亮。

翻天覆地的变化

浦东对口支援大理以来，我觉得带来的最典型的变化主要有三个，用最简单的语言来说就是贫困村"亮"起来了，增收的产业多起来了，县级医院热闹起来了。

为什么说贫困村亮起来了呢？这几年浦东投入的帮扶资金用于贫困村提升上大概超过了4亿，重点围绕贫困村补"短板"、强弱项，以及"两不愁三保障"等方面来开展。在投入大量的资金后，我们的贫困村以前没通电的现在都通电了；村庄道路以前是泥泞不堪的，现在全都是硬化过的水泥路；以前村里没有路灯，现在都安装上了路灯；以前村里面没有群众的活动室，现在也都建了。可以说整个村容村貌都发生了巨大的变化。在我们南涧县龙凤村，2018年沪滇扶贫协作项目共投入1100万，实施了整个龙凤村贫困村的改造提升工程。在项目建成的第一天，当地老百姓说他们不习惯，晚上睡不着觉，为什么呢？因为新安装的太阳能路灯亮了一晚上，整个村子都灯火通明，早已经习惯太阳落山后村里就一片黑灯瞎火的村民们，在第一个晚上都激动得失眠了。一句"不习惯"，折射出了龙凤村变化之大、变化之快，作为南涧县第一批沪滇扶贫协作项目的受益者，龙凤村也是全州沪滇扶贫协作成效的一个缩影，我们的贫困村"亮"起来了，当地群众们的生产生活条件也得到了很大的提升。

在产业方面，目前浦东针对大理的产业发展投入的帮扶资金总量已近6亿元，重点用在贫困群众增收、消费扶贫、劳务协作等方面，更多的还是投在扶植培育与群众直接增收相关的种植养殖产业上，并且通过利益联结机制带动我们贫困户的增收发展。在弥渡县，面对深度贫困村比较多、产业比较落后、群众增收难的现状，考虑到其一直是传统生猪养殖大县，浦东新区积极助推，引进正大集团，目前共投入沪滇专项援助资金4000多万，兴建27栋1100头标准化生猪育肥场。

2020年，在建成50万头生猪全产业链后，将带动15000多的贫困人口稳定增收，还能让85个行政村每村每年产生村集体收入5万—10万元。在生猪

► 浦东新区援建的
弥渡县德苴乡邑
郎村"光养一
体"项目

养殖促进脱贫的基础上，浦东还投入援助资金 1500 万元助推弥渡县利用现有
条件发展光伏扶贫电站建设项目，采取"光伏＋养殖"的建设模式，在生猪
育肥场屋顶上建设光伏电站，实现"光养一体"，项目建成后可实现二十年持
续的扶贫收益。像这样通过帮扶产业解决贫困村发展难题的例子还有很多，增
收的产业多起来，当地老百姓的口袋也渐渐鼓起来了。

　　还有一个明显的变化是县级医院热闹起来了，这主要是因为到县级医院看
病的人多起来了。2018 年，浦东新区按照"分类对口、医疗优先、项目合作、
区城覆盖"的原则，推动 9 家二级以上医院对口支援大理 11 个县的医院及州
中医院，通过派驻人员、赴现场调研指导、帮助本地医护人员进修培训、输出
优秀管理理念、开展远程医疗服务等形式，为大理提供"组团式"帮扶，真正
让大理的老百姓们在家门口就能得到浦东专家的诊疗，享受到浦东同质化医疗
诊治水平，造福了一方群众。特别是帮扶医生义诊的时候，队伍每次都排成了
长龙，老百姓们对浦东的医生都非常信任，说上海专家来了，必须要借这个机
会去检查一下，之前有什么问题没解决的，这次也可以去咨询一下。此外，针
对大理本地医院专业人才匮乏、医疗技术总体水平有待提高的突出问题，浦东
的支援医院和医护们通过义诊、技术培训、教学查房、手术示教、疑难病例和

死亡病例讨论等方式，提高了本地医院对常见病、多发病和重大疾病的诊疗能力，并通过带教培养等方式着力培养本土医护人才，可以说是为我们大理的医院留下了一支"带不走的医疗队"。正是因为如此，以前已经跑到外地医院也没治好的病人，现在又都回到了县里的医院，即便遇上疑难杂症县里无法处理的，也可以通过远程会诊请浦东的专家医生帮忙会诊，这几年县医院收治的病人也是越来越多。

总的来讲，无论是基础设施建设，还是产业发展，还是教学医疗等等方面，在浦东的对口支援下，大理发生了翻天覆地的变化，特别是贫困村，真正实现了跨越式的发展。

有困难找上海人

浦东援滇干部这个称呼对于我们大理的老百姓而言可能比较陌生，但是只要一提上海人就没有人不知道了。在他们眼里，这些上海人特别关心他们的生活和当地的发展情况，并且给他们带去了实实在在的好处，如果哪个地方的路不通，哪家有什么困难，只要找上海人，这些问题就能够迎刃而解。虽然由于语言障碍，我们当地的老百姓在和援建干部沟通交流时没那么顺畅，更别说讲一些漂亮话，但是他们都是通过最直接的实际行动来表达自己对援建干部的感激之情。哪天看到援建干部下村了，就会争相热情地邀请干部们到自己家里吃顿饭、喝口酒，把家里最好的东西拿出来招待。这些都是我从当地群众了解到的最真实的情况，我想这充分说明了大理的老百姓们对浦东援建干部工作的肯定。

事实上浦东的援建的确为我们解决了很多难题，其中最大的帮助就是提供大量的资金支持。自脱贫攻坚战打响以来，面对大范围的建设需求，大理最大的困难就是缺少资金，而恰恰是在最关键的这几年，浦东在中央的统筹下适时地对我们开展援建，在某种程度上解决了这燃眉之急。浦东对大理的帮扶资金仅财政计划内的就从 2017 年的 1.17 亿元增长到了 2020 年的近 4.4 亿元，累计投入了 11.78 亿元，每一年的平均增速高达 62.9%。除此以外，浦东还大力动员企业、社会团体、投资者对口支援大理，这方面的资金也总共投入了将近

▶ 浦漾"连心桥"
全景

2.55 亿元。这无疑彰显了浦东的帮扶力量，有效地解决了我们帮扶资金不足的问题，极大地减轻了我们地方政府的资金压力，也为我们打赢脱贫攻坚战提供了强有力的支撑。

这几年，我们利用这些资金也为我们基层切切实实地解决了一些多年都没能解决的问题。鹤庆县的六合乡自然水源奇缺，是全州严重干旱地区，有水的时候也是山洪水，水质很差，老百姓要喝水就要到一公里多外去挑水，生产用水就更难供应了，因而缺水也是阻碍六合乡经济、社会发展的主要制约因素。浦东对口支援以来，一次性投入了 900 多万元，解决了六合乡饮水难的问题，让当地的老百姓都喝上"放心水"，用上"安心水"，无论是生活用水还是生产用水都得到了保障，当地群众对这一项工程是非常感激的。

漾濞县龙潭乡和县城之间隔着一条顺濞江，多年来因为没有钱修桥，当地群众或是直接蹚过河水到对岸，或是要绕道远路，花费至少两个小时的车程，生产、生活十分不便，这一直是当地党委政府的一块心病。浦东援建漾濞后，资金有了一定的保障，针对这个问题，沪滇协作项目共投入了四百余万元建设大桥。2019 年 4 月，历时一年多，浦漾大桥终于建成通车。浦漾"连心桥"的建成，不仅有效解决了当地群众出行难的问题，关键还助推了经济和产业的发展，桥通以后，很多农户开始转变思想，搞养殖、跑运输、发展现代农业，本地的农副产品慢慢从山村走向城市市场，转变为财富，村民们的生活也是越过越好。

所以在我们大理老百姓的心目中，上海人的地位是很高的，有困难找上海人的共识，充分说明了援建干部的付出与汗水得到了人民群众的信赖，浦东的支持与帮扶得到了人民群众的认可，我想这对于浦东和浦东的干部而言，一定也是最大的鼓舞。

脱贫攻坚的战友

从 2017 年开始浦东派遣援滇干部到大理对口帮扶，到目前为止共有两批28 人，每一位都是我们大理打赢脱贫攻坚战的亲密战友，在与他们的合作相处中，我清晰地感受到了他们身上共同的特点和品质。

首先是能吃苦，能"打仗"。我们大理的上海援滇干部队伍可以说在云南省是人数最多的，无论是凝聚力上，还是分析问题解决问题的能力上，都非常优秀。浦东援滇干部远离家乡和亲人，远离相对优越舒适的生活条件，不远千里到大理，需要克服高海拔、高紫外线、水土不服、饮食不服等困难，确实要吃很多苦。但是每个人到岗之后，都能够迅速地进入角色，熟悉县情、村情，真心把大理的脱贫当作自己的事情，全身心地投入工作。许多人没多久就变得又黑又瘦，这不仅仅是因为气候原因，更多的还是由于他们深入基层，扎根一线，辛勤工作，才会出现这种体貌上的变化。我印象很深的是第十批援滇的文海涛同志，他当时的工作任务非常重，既挂职了大理州政府副秘书长，负责综合协调方面的工作，又兼任洱源县委常委和副县长，有具体的扶贫工作，同时他还是那一批浦东大理小组的组长，具体负责相关事务，这就导致他要在州和县之间来回奔波，但是他从来没叫过苦，而且每次都能把州和县里的工作完成得非常出色，在他身上我感受到了旺盛的战斗力和昂扬向上的精神面貌，这一点在第十一批大理小组组长沈李峰同志身上也很明显。

其次是严格要求，敢于担当。因为工作原因，我和援滇干部的接触比较多，我从来都没有听到有人对他们有负面评价，都认为援滇干部们低调朴实，在工作上严格要求自己，敢于担当，在生活中努力克服，不给当地政府添麻烦。我记得第十批的孙峰同志刚到宾川县任职不久，他的爱人就生病了，他既要完成宾川的工作，又要时刻牵挂留在上海的爱人，即便到最后无法兼顾的时候他还是选择留在宾川没有回家，这让我们都非常感动。所有援滇干部都勇于承担、认真履行自己的岗位职责，遇到工作上的困难和问题从来都不推脱，我在工作中和他们联系对接，他们都是积极回应落实。

最后是无私奉献。每一位援滇干部都为大理的脱贫攻坚付出了很多，他们既是战斗员，又是协调员。我们大理是滇西脱贫攻坚的主战场，有11个贫困县，脱贫的任务非常繁重，而我们的援滇干部都是扎根在这11个县，扎根在脱贫攻坚一线，与我们脱贫攻坚的全体成员并肩作战。基层的工作是没有时间界限的，每天都需要加班加点，甚至夜里十一二点仍在挑灯夜战，周末和节假日的加班也是家常便饭。面对加班，援滇干部也是从不推脱，无私奉献着自己的时间和精力，我想如果换一下，我们未必能比他们做得更好。另一方面援滇干部也是联系大理与浦东的一座桥梁，我们大理有什么需求？浦东有什么可以提供？这些问题都要通过我们援滇干部这座桥梁来实现。为此他们频繁地往返于浦东、大理、贫困村与贫困户之间，积极地沟通协调，推动产业项目的落地，推动两地的人才交流，推动浦东的社会团体到大理帮扶，推动医疗帮扶、教育帮扶、劳务协作，等等。大理取得脱贫攻坚丰盛果实的背后，离不开浦东援滇干部的付出与奉献。

让我印象深刻的是第十批在弥渡县挂职的张晓阳同志，他到大理后体重减轻了20多斤，体型的转变也折射出了他的肯干、实干。他曾经和我说，弥渡所有项目的落实落地他都要亲自跑，不然他就觉得不踏实。每一次援滇干部来州里开会，结束后第一个急着赶回弥渡奔赴工作岗位的，也是他。特别要说的是，除了工作上尽心尽力，张晓阳同志一直在为大理默默奉献，直到2019年他结束援滇回到浦东后，我们才知道原来他在大理工作的这两年里和家人前前后后为大理捐款46万多元，却从来没有声张，因此我们也有一些遗憾，没有及早地发现，当面对他表示感谢，他确实是一位无私奉献的好干部。像张晓阳同志这样的例子还有很多，每一位浦东援滇干部都非常了不起，他们是我们在这场脱贫攻坚战里的好战友。

扶上马再送一程

习总书记曾指出："东西部扶贫协作和对口支援必须长期坚持下去。"从我个人的角度而言，我亲眼见证了浦东的支援给大理带来的巨大变化，也亲身经历了这场持久的脱贫攻坚战。虽然我们现在已经取得了阶段性的胜利，但是我衷心希望东西部扶贫协作和对口支援能够一直坚持下去，浦东和大理的情谊也能够长期延续下去，这不仅是国家战略的需要，也是我们两地这几年结存下来的情谊的深化。在经济、社会发展的道路上大理已经被扶上了马，下一阶段的路程我想可以转向重点巩固脱贫攻坚成果和防止返贫上，因为脱贫只是起点，扶起来了还要走得稳，真正让大家都过上好日子。

所以我认为浦东和大理之后的协作，可以重点加强产业扶贫方面的协作力度。一个地方要发展进步，肯定是离不开产业的支持。我们大理拥有一些独特的资源，也形成了我们的区位优势，如何将这些优势资源转化为产业，是我们一直在思考的问题，也需要请浦东在下一步的协作中给予更多的关注和支持，利用两地产业的差距，把浦东和大理的优势相结合，帮助我们改造现有的产业，提质增效，打造更多的增收产业，培植更多好的新兴的产业，延长产业链，这样才能通过增强我们自身的"造血"功能，来进一步巩固、提升脱贫成果。

除了产业以外，协作的重点还应该转向医疗与教育的帮扶。人才和观念的落后是大理发展落后的根本原因，这是东西部之间差距最大的地方，也是我们大理可以为浦东提供的最大的施展平台。希望未来浦东能够派出更多的专业团队到大理支援，而我们本地的医护和教师也能有更多的机会去浦东学习交流，打造一支留得住、能战斗、带不走的人才队伍，以此提升大理的教育和医疗水平，有效助推大理的经济社会的可持续发展。以上就是我个人对未来浦东和大理之间东西部扶贫协作以及对口支援的展望。

"相知无远近，万里尚为邻。"一条长江把大理和浦东从地理上联系起来，而这近四年的对口支援，更是让大理和浦东的心也紧密相连。大理人民真切地感受到了浦东的真心实意，真情实意和真金白银，不仅在脱贫攻坚方面助推了大理，同时也在社会经济发展等各方面给予了大理很大的支持，这份东西守望相助的深厚情谊宛如长江水延绵不绝。我相信在下一步的工作中，大理的发展依然离不开浦东更大的关心、帮助、支持，我很期待大理能够拥有更加美好的未来，大理人民能够过上更加美好的日子。

摘掉贫困帽　走上致富路

　　解琳，1977年3月生，陕西宝鸡人。现任新疆维吾尔自治区喀什地区莎车县发展和改革委员会党组副书记、主任。

口述：解　琳
采访：龙鸿彬　任姝玮
整理：任姝玮　龙鸿彬
时间：2020 年 8 月 5 日

2010 年中央新疆工作座谈会，拉开 19 个省市新一轮对口援疆大幕，确定上海市浦东新区对口支援莎车县。

十年来，浦东新区累计实施援疆项目 341 个，安排援疆资金 88.88 亿元。在浦东的无私援助下，莎车县生产总值由 2010 年的 40.72 亿元增长到 2019 年的 120.21 亿元，创造了年均增长 12.8% 的奇迹。

十年间，莎车县 20 多万贫困人口脱贫，最后 3 万贫困人口 2020 年也将脱贫。可以说，牵手浦东，莎车一步一步摘掉贫困帽，走上致富路，奔向新天地。

莎车浦东共牵手

莎车，古丝绸之路上的要冲，至今已有 3000 多年历史，是世界非物质文化遗产——十二木卡姆之都、"世界少有、中国唯一"的名贵干果巴旦姆之乡。

莎车县位于新疆西南边陲、昆仑山北麓、帕米尔高原南缘、叶尔羌河冲积平原中上游，面积 9037 平方公里，辖 36 个乡镇（街道、管委会）、493 个村、73 个社区。2019 年底常住人口 101.7 万，其中农村人口 68.9 万，有维吾尔族、

◀ 由上海规划援建
的莎车城南新区

汉族、塔吉克族、回族等 13 个民族，全县耕地面积 209 万亩，137 万亩为巴旦姆为主的林果，剩余主要种植棉花、小麦和特色作物。

莎车是国家级扶贫开发工作重点县，有深度贫困乡镇 21 个、深度贫困村 264 个、贫困村 77 个，建档立卡贫困户 5.8383 万户 23.7444 万人。

2010 年中央新疆工作座谈会，拉开了 19 个省市新一轮对口援疆大幕，确定了上海市浦东新区对口支援莎车县，也是上海对口援疆资金量最多、任务最繁重的一个县。

新一轮对口援疆工作启动以来，浦东新区对口援建莎车，投入资金多、参与人员多、覆盖领域广，前所未有，极大地改变了莎车县的城乡发展面貌。

十年来，浦东新区因地制宜，精准施策，把项目资金作为有效载体，在产业结构调整升级、推动产业带动就业上狠下功夫，通过支持传统产业提质升级、发展劳动密集型产业、消费扶贫、转移就业、结对帮扶、人才培育、文化教育等系列举措，持续增强内生动力和"造血"功能，着力推进援疆扶贫，以产业促就业，以就业促脱贫。

从 2010 年至 2019 年，莎车已累计减贫 4.806 万户 20.1998 万人，退出深度贫困村 100 个、退出贫困村 68 个；目前尚有 164 个深度贫困村、9 个贫困村未退出，1.0323万户3.5446万人未脱贫，剩余贫困村和贫困人口2020年也将全部脱贫。

十年来，浦东累计实施援疆项目341个，安排援疆资金88.88亿元。"十三五"以来，共投入援疆资金51.12亿元，其中用于脱贫攻坚项目的援疆资金达到41.94亿元，占"十三五"时期援疆资金量的82%，脱贫攻坚力度明显加大。

十年间，城南片区从无到有，安居富民房旧屋换新颜；各族群众开阔了视野、思路，新思维、新思路提供了干事创业的强劲动力；各民族交往、交流、交融，边疆少数民族群众和内地人民沟通往来日益频繁，充分感受到祖国大家庭的温暖；锻炼了莎车各级干部、密切了党和群众血肉联系，充分彰显了社会主义制度巨大优越性。

十年硕果惠民生

在浦东新区的无私援助下，莎车县生产总值由2010年的40.72亿元增长到2019年的120.21亿元，年均增长12.8%；工业增加值由2010年的1.95亿元增长到2019年的6.22亿元，年均增长13.75亿元；三大产业结构分别由2010年的59.2∶11.5∶29.3，优化调整为34.7∶14.6∶50.7；公共财政预算收入由1.76亿元增长到5.72亿元，年均增长14%；全社会固定资产投资由24.9亿元增长到56.21亿元，年均增长9.46%，城、乡居民人均可支配收入分别增加到25462元、8746元，分别是2010年的2.77倍、2.6倍。莎车县各族群众的安全感、获得感和幸福感不断增强。

脱贫攻坚方面，援疆项目和资金牢牢聚焦"两不愁三保障"，在安居富民房、农村安全饮水、乡村道路、教育、医疗上给予了重点支持和倾斜。近年来，年度实施的援疆项目数为40个左右，仅安居富民房一项，安排的援疆资金量就占到年度资金量的30%，极大程度保障了莎车农村群众住房安全，有力抵御了地震对各族群众的生命威胁。

社会民生方面，通过援疆资金的大量注入，在县城和乡村新建起了一批功能全、设施齐、标准高、配套完整的学校，帮助莎车县解决了农村学生"应寄宿，尽寄宿"大难题，为推行普及全国通用语言文字教育，教授科学知识，营造现代文明氛围，提升教学质量，培养社会主义事业合格接班人打下了坚实的硬件基础。

在社会保障上，新建了一批农村敬老院、幸福大院等综合福利设施，着重解决"鳏寡孤独"特殊弱势群体生活问题，为实现民生兜底提供强有力的支撑。援疆医疗团队以建学科、强管理、填空白、带人才为目标，通过临床教学、业务讲座等方式，在心内科、骨科等重点科室带教当地医生，提高当地医疗水平。实施资源共享，打造远程医疗会诊系统，对本地人才进行远程示教和培养。新建残疾人康复门诊，填补莎车空白。发挥援疆干部人才优势，每年组织远程教育业务培训班，提高全县 548 名村专管员的工作技能。

无论是在经济社会发展，还是民生改善、脱贫攻坚、社会稳定，对口援疆工作给莎车带来的变化是实实在在的，是前所未有的。对口援疆工作的巨大成就，是以习近平同志为核心的党中央坚强领导的结果，是中央新疆工作协调小组精心指导的结果，是上海浦东新区大力支援、支持的结果。

十年来，对口援疆工作给莎车大地带来了前所未有的变化，沐浴着党的关怀和祖国大家庭的温暖，莎车各族群众心中满怀着对上海浦东深深的感恩之情，这份深刻的感情必将转化为实现社会稳定和长治久安总目标的强大动力，转化为创造美好生活、建设美丽莎车的积极行动。

莎车产业大发展

十年前，莎车还没有产业的概念，收获的巴旦姆只能装在麻袋里卖出最低的价格。而现在，浦东帮我们做出了莎车巴旦姆特色产业，通过加强巴旦姆田间管理、技术培训、生产加工、销售推广等全链条建设，加快巴旦姆产业提质增效，强化消费扶贫，促进农户增收，有效助力打赢脱贫攻坚战。

近几年来，莎车县用好、用足援疆项目资金，力促第一、二、三产业融合发展，推动产业结构优化升级，促进经济社会高质量发展。

第一产业上水平，大力发展粮食加工业，使用援疆资金，新建日加工 300 吨面粉厂，积极推进馕产业发展。棉花面积控制在 70 万亩。发展特色经济作物 30 万亩；推进 60 万亩巴旦姆提质增效，持续落实托市收购，做大做强果品保鲜，推进错时上市，提高农产品效益。推动畜牧业持续健康发展，发挥好良种繁育中心、养殖小区、特禽基地的辐射带动作用，大力发展肉牛、奶牛、肉羊、土鸡养殖，新建 1 座年产 8 万吨饲草料加工厂。

在第二产业上，仅 2017—2019 年三年时间，通过援疆资金为企业建造了工业、园区厂房 9.8 万平方米，建设乡村扶贫车间 4.2 万平方米，吸引了 168 家工业企业签约落地。同时，浦东新区还充分发挥援疆资源优势，以纺织服装、农产品深加工、电子元器件组装为重点，引进劳动密集型企业，通过产业促进就业，通过就业推动脱贫增收。

现在，莎车县各厂区、园区都是一片繁忙景象。城区内的工业园区就业人数从 2017 年初的 3500 人增加至 1.9 万人，乡村扶贫车间就业人数也从 2017 年初的 500 人，增加至 1.3 万人，就业人数翻了近 26 倍，多家企业用工人数超千人。落户企业数和解决就业数在喀什地区位居前列。

壮大外贸主体，支持龙头带动县域形成农产品加工产业集群，扩大外贸出口总额。全面落实、支持民营经济发展各项政策，构建亲而有度、亲而有为的政商关系，营造和保护企业干事创业的良好氛围，让更多的民营企业在莎车投资兴业。

第三产业大发展。实施旅游兴莎战略，以开发自然风光、历史文化、民俗风情旅游资源为基础，利用援疆资金持续进行旅游景区基础设施建设，完善景区功能，打造人文旅游精品线路，提升旅游供给质量。利用莎车古城、"十二木卡姆"、特色民族传统手工艺等非物质文化遗产，大力开展特色民俗、民宿、特色街巷、农村节庆等体验感强、参与度广的旅游活动。通过上海包机游和"百万莎车人游莎车"活动，实现"淡季不淡、旺季更旺"目标，使旅游业成为莎车经济发展的富民产业。

发展电商和消费扶贫产业，依托援疆省市建立农副产品直销点，建设电商产业园和网上直销展厅，构建乡级服务站和村级服务点，带动农村青年、大学生、返乡农民工创业就业。用好城乡农贸市场、城区"跳蚤市场"、村"巴扎"，全面开放早市、夜市，多渠道拉动消费，激活城乡消费活力。

援疆干部"亚克西"

十年来，前后四批援疆干部还有专业技术人才在莎车县各行业、各单位挂职。他们起早贪黑、加班加点、扎根基层、忘我工作，运用科学的方法把每个项目、每笔资金都用在关键处、帮在根本上。他们扎根边疆，把莎车当成自己的"第二故乡"，只为让莎车尽快发展起来，让莎车各族群众尽早富裕起来。这里，我就讲一讲自己在工作中所接触过的援疆干部们。

援疆工作的带路者——虞刚杰，第三批援莎干部总领队，上海援疆莎车分指挥部指挥长，县委副书记。他刚到莎车就立刻投入到工作中，短短数月时间跑遍了全县 36 个乡镇，迅速摸清莎车经济社会发展存在的短板、弱项，超前谋划援疆项目资金，完善项目推进协调机制，深入现场跟踪指导，确保了援疆项目"当年任务当年完成，当年资金当年使用"。跟着他我明白了，工作不能坐在办公室里，一定要跑到项目点。

在莎车援疆三年，在虞刚杰的统筹组织下，共组织实施了 97 个援疆项目，投入 31.1 亿元援疆资金。在他的脑子里有一张清晰的"莎车急需单"；他一家一户走访、一家一户推广，引入上海浦莎投资发展有限公司进行市场化运作，努力盘活莎车温室大棚，带动农民就业增收；最终引进藜麦试验种植项目，开辟农民脱贫致富新渠道；他及时组织开展"扶贫先扶智"行动，启动网络教育、远程会诊等平台建设，缓解当地教育、卫生资源紧缺现状；他开启"旅游包机"，打响莎车对外知名度，2019 年莎车接待游客 310.1 万人次，同比增长 147.7%，旅游综合收入 3.2 亿元，同比增长 56.2%……"哪怕身体透支，也不让工作欠账"，是他挂在嘴边的一句话，也是他的奉献写照。

莎车产业发展的"店小二"——杨伟东。第九批援疆干部，身兼莎车县发改委副主任和县商工局副局长，自称"小二哥"。除服务指导援疆项目外，他还具体负责产业援疆工作，全力做好招商引资和服务企业工作。

针对莎车农村富余劳动力多的实际，围绕脱贫攻坚，聚焦产业、促进就业，他把目光投向了纺织服装、电子器件、农产品深加工等劳动密集型行业，实施精准招商，三年时间内，引进了北希实业、追梦服饰、新莎电子、优思达科技等多家企业。

每个星期，他都会驱车几个小时往返于莎车的四个工业园区和 128 座乡村车间，帮助企业协调货运交通、招录员工、解决员工住宿就餐等问题，在安商、稳商的同时，有效促进了以商招商。2017 年引进瑞丰纺织公司，6 月份签订招商合同，10 月底投入生产，实现用工 300 多人。通过该企业，2017 年 10 月成功引入制鞋厂项目，实现用工 250 人。2018 年 10 月，他以同样的方式再次引进手袋加工、电子表加工项目，用工人数超过 2000 人。

莎车农村安全住房的守护人——左文。第九批援疆干部，挂职莎车县住房和城乡建设局副局长，主要负责安居富民工程、城乡基础设施建设、城乡规划编制等援疆工作。

农村住房安全作为"两不愁三保障"的重要一环，能否保质保量完成农村安居富民建设任务，对于莎车县如期打赢脱贫攻坚战意义重大。面对莎车农村安居富民房建设任务重、时限要求紧的现状，左文每天都坚守项目一线监督项目实施进度，引导农民自拆老旧住房，主动搬入新建安居房。三年来，浦东对口援建莎车县安居富麻房 6.387 万户，投入援疆资金 8.694 亿元。

援疆干部的故事有很多很多，无论他们走到哪里，哪里就会有群众对他们竖起大拇指，说一声"亚克西"。

民族团结一家亲

2016 年 10 月 16 日，新疆维吾尔自治区"民族团结一家亲"活动大幕拉开。在你来我往、相亲相融中，不是亲人、胜似亲人的骨肉深情，把新疆各族干部群众的心紧紧地连在一起。

浦东援疆干部初来，面对"民族团结一家亲"这个他们从未参与过的活动，体现出极高的政治站位和政治素质，积极履行新时代党中央治疆方略，牢牢聚焦维护社会稳定和长治久安总目标，主动参与。按照县委的安排，每名援疆干部和 3～4 户少数民族家庭"结亲"，用自己的实际行动使"亲戚"们感受到祖国大家庭的温暖。

援疆干部每周都要去"亲戚"家走走，有的援疆干部卷起袖子参与劳动，

▲ 援疆干部"民族团结一家亲"

帮助"亲戚"剥棉桃、脱玉米粒；有的援疆干部自掏腰包买菜买肉，帮"亲戚"改善伙食；有的援疆干部整理院落、打扫屋内外卫生；有的援疆干部送来了煤炭，让"亲戚"过一个温暖的冬天；有的援疆干部帮忙送孩子上学、教孩子学习国家通用语言文字；有的援疆干部资助困难大学生，与孤儿共庆"六一"，与孤寡老人共庆重阳；有的援疆干部根据"亲戚"家实际，帮"亲戚"寻找农产品销路，为他们解决生产、生活中的实际问题。

我还记得第九批援疆干部离开前，下午的飞机，上午援疆干部还要去"亲戚"家走走，和"亲戚们"告别。临走前和"亲戚们"说，欢迎你们来上海"走亲戚"。

"今天看到群众满意的笑容，真是无比欣慰。今后，我就是一名新疆人，定当积极为新疆的社会稳定和长治久安贡献力量。相信只要各族同胞齐心协力，新疆的明天一定会更加美好！"这就是援疆干部对援疆工作最生动的诠释！

铁打的援疆指挥部，流水的援疆干部人才，第九批援疆干部圆满完成援莎任务，回到了各自的工作岗位，第十批援疆干部满怀对莎车的热爱，带着责任，带着使命，扎根一线，继续谱写沪莎两地援疆情。

　　援疆的精神如奔流的叶尔羌河水一样永续传承，援疆干部远离自己的亲人、儿女，踏上漫长的援疆路，倾情援疆，将自己人生中弥足珍贵的时光义无反顾地奉献给莎车大地，与莎车县各族干部群众交心交友、交流交往、融为一体，谱写了民族团结一家亲的赞歌。

后　记

　　2020 年是全面建成小康社会之年，根据习近平总书记关于"脱贫攻坚不仅要做得好，而且要讲得好"和中央关于党史工作"一突出，两跟进"的要求，经中共上海市委同意，市委党史研究室组织全市各区党史部门，在各级党委领导下，编写的"上海助力打赢脱贫攻坚战口述系列丛书"，经过各方的通力合作，与大家见面了。本书是"上海助力打赢脱贫攻坚战口述系列丛书"中的一本。

　　党的十八大以来，以习近平同志为核心的党中央把脱贫攻坚作为全面建设小康社会的底线目标和标志性指标，纳入"五位一体"和"四个全面"战略布局，确立了到 2020 年现行标准下的贫困人口实现脱贫，贫困县全部"摘帽"，消除区域性整体贫困的目标。2017 年 10 月 25 日习近平总书记在十九届中共中央政治局常委同中外记者见面时的讲话时指出："全面建成小康社会，一个也不能少；共同富裕路上，一个也不能掉队。我们将举全党全国之力，坚决完成脱贫攻坚任务，确保兑现我们的承诺。"

　　自 1979 年中央提出并实施对口支援以来，浦东新区（原川沙县、南汇县）在上海市委、市政府的领导下，勇担历史责任，积极开展对西藏、新疆、云南、青海、重庆、贵州等地的对口援建工作，与当地干部群众手拉手、肩并肩，为促进受援地区经济发展，保持边疆稳定和社会稳定，谱写了历史新篇章。浦东援建干部把对口支援之地作为"第二故乡"，积极建功立业，历练人生，留下了一个个深情厚谊的故事。通过口述记录对口支援工作的历程，对进一步促进民族团结和边疆稳定，进一步贯彻、实施中央全面建成小康社会的战略部署，继续深入、持久做好对口支援工作和受援地的改革发展，具有重要的参考价值和借鉴意义。

　　本书的口述者是浦东对口援建工作的见证者、参与者，包括浦东新区相关职能部门的领导，援建当地的领导及干部代表，浦东新区外派援建干部代表，等等。他们以对历史负责的态度，真情讲述案例，真实还原历史，真切体现了浦东与援建地一道"携手奔小康"的深厚情谊。

《浦东的责任》是在中共浦东新区区委、浦东新区人民政府的领导和支持下，由中共浦东新区区委组织部、区委党史办公室、浦东新区合作交流办公室共同策划推进的。该课题开展以来，得到了浦东新区各部、委、办、局、街镇及上海援建当地分指挥部、工作组的全力配合和支持。区合作交流办奚晓龙处长、宋建东副处长、何伟同志，区委组织部干部二处俞颂雍副处长，浦东援建干部沈李峰、陈剑、冯辉、奚浩伟等同志以及许多访谈对象对我们的工作积极建言献策，提供了无私的帮助。中共上海市委党史研究室精心指导本书编纂工作，学林出版社的领导和编辑为本书的出版倾注了大量的心血，在此一并表示诚挚的谢意。

由于我们水平有限，不当之处在所难免，希望广大读者给予批评指正。

图书在版编目(CIP)数据

浦东的责任/中共上海市浦东新区委员会组织部，
中共上海市浦东新区委员会党史办公室，上海市浦东新区
人民政府合作交流办公室编. —上海：学林出版社，
2020
ISBN 978-7-5486-1697-9

Ⅰ.①浦⋯　Ⅱ.①中⋯　②中⋯　③上⋯　Ⅲ.①纪实文
学-中国-当代　Ⅳ.①I25

中国版本图书馆 CIP 数据核字(2020)第 196464 号

责任编辑　李晓梅
封面设计　范昊如

上海助力打赢脱贫攻坚战口述系列丛书
浦东的责任
中共上海市浦东新区委员会组织部
中共上海市浦东新区委员会党史办公室 编
上海市浦东新区人民政府合作交流办公室

出　　版　学林出版社
　　　　　　(200001　上海福建中路 193 号)
发　　行　上海人民出版社发行中心
　　　　　　(200001　上海福建中路 193 号)
印　　刷　商务印书馆上海印刷有限公司
开　　本　720×1000　1/16
印　　张　19.75
字　　数　31 万
版　　次　2020 年 12 月第 1 版
印　　次　2020 年 12 月第 1 次印刷
ISBN 978-7-5486-1697-9/K·194
定　　价　108.00 元